一橋大学経済研究叢書 36

藤野正三郎著

大学教育と市場機構

岩波書店

経済研究叢書発刊に際して

　経済学の対象は私たちの棲んでいる社会である．それは，自然科学の対象である自然界とはちがって，たえず変化する．同じ現象が何回となく繰返されるのではなくて，過去のうえに現在が成立ち，現在のうえに将来が生みだされるという形で，社会の組立てやそれを支配する法則も，時代とともに変ってゆくのが普通である．したがって私たちの学問も時代とともに新しくなってゆかねばならぬ．先人の業績を土台として一つの建造物をつくりあげたと思った瞬間には，私たちは新しい現実のチャレンジを受け，時には全く新しい問題の解決をせまられるのである．

　いいかえれば経済学者は，いつも摸索し，試作し，作り直すという仕事を，性こりもなく続けなければならない．経済研究所の存在意義も，この点にこそあると思われる．私たちの研究所も，一つの実験の場である．あるいは，所詮完全なものとはなりえない統計を，すこしでも完全なものに近づけることに努力したり，あるいは，その統計を利用して現実の経済の動きの中に発展の法則を発見しようとしたり，あるいは，分析の道具そのものをみがくことに専念したり，あるいは，外国の経済の研究をとおして日本経済分析のための手がかりとしたり，あるいは，先人のきわめようとした原理を追求することによって今日の分析のための参考としたり，私たちの仕事はきわめて多岐にわたる．こうした仕事の成果を，その都度一書にまとめて刊行しようというのが本叢書の趣旨にほかならない．ときには試論の域を出でないものがあるとしても，それは学問の性質上，同学の方々の鞭撻と批判を受けることの重要さを思い，あえて刊行を躊躇しないことにした．ねがわくば，読者はこの点を諒承していただきたい．

　本叢書は，一橋大学経済研究所の関係者の筆になるものをもって構成する．必らずしも定期の刊行は予定していないが，一年間に少なくとも三冊は上梓のはこびとなろう．こうした専門の学術書は，元来その公刊が容易でないのだが，

私たちの身勝手な注文を心よくききいれて出版の仕事を受諾された岩波書店と，研究調査の過程で財政的な援助を与えられた東京商科大学財団とには，研究所一同を代表して，この機会に深く謝意を表したい．

1953年8月

一橋大学経済研究所所長
都 留 重 人

はしがき

　大学制度・大学院制度を含む教育制度全般について，現在，臨時教育審議会において検討が進められている．しかし，その審議過程をみていると，教育の経済的側面の分析を踏まえた上での審議が稀薄であるように思われる．そのことは，裏を返せば，経済学者がこれまで教育サービスについて，ほとんど経済学的検討を加えてこなかったということの反映でもあるということができるかもしれない．

　この書においては，そのようにわが国においてほとんど分析の行われなかった大学教育サービスの提供に関連をもつ4個の市場について，その市場機構の働きを分析する．第1は，大学教育サービスに対する大学進学希望者の需要と大学のその供給，この需給の出合う市場の分析である．ここでは，高等学校卒業生が，どのような経済的要因の影響を受けて大学教育サービスを需要するのかという大学教育サービスへの需要の分析，またそのような大学教育サービスへの需要に対して，大学，特に私立大学はどのような供給行動をとるのであろうかという大学の経済行動の分析をこころみる．

　第2は，大学卒業者の労働市場の分析である．大学教育の需要者は，やがて大学を卒業して大卒労働市場の供給側に現われる．これに対して，企業や官庁などからの大卒労働需要が生ずる．その供給と需要はどのような特性をもち，その間の調整はどのように行われているか．この大卒労働市場のワーキングに関心がもたれる．

　第3に，大学院教育に対する需要と供給の出合う市場がある．そして，その教育サービスの需要者は，多くの場合，やがて第4の大学教員市場の供給サイドに現われる．この労働の需要者は，大学それ自体である．そして，この市場では，近年，いわゆるオーバー・ドクター問題が発生し，大学院修了者の就職難現象がみられる．その現象はどのようなメカニズムから生れているのか．この書は，これらの市場のワーキングを検討し，大学制度・大学院制度の改革に

ついての提言も行う．

　また，後半の部分においては，とくに大学エコノミストの労働市場に範囲を限定し，経済学関係の大学教員市場の状況を明らかにし，大学エコノミストの生年分布が双峰型となっている事情を説明する仮説を構築し，また，大学エコノミストの大学間移動における移動選好関数をまったく新しい方法で検出する．

　経済のワーキングを明らかにしようとする経済学者は，一国経済，さらには世界経済の動きを研究し，そして経済の10年，20年の動きだけでなく，その100年，200年にわたる変動にも関心をいだかなければならないであろう．しかし同時に，彼または彼女は，彼自身あるいは彼女自身の身辺の経済現象にも関心をもつ必要がある．そして，外国文献追随の研究ではなく，外国文献にあまりない研究もやってみなければならない．その点，寺田寅彦が「線香花火」という随筆の中で，「西洋の学者の掘り散らした跡へはるばる遅ればせに鉱石の欠けらを捜しに行くもいいが，われわれの足元に埋もれている宝をも忘れてはならないと思う」(小宮豊隆編『寺田寅彦随筆集』第2巻，岩波文庫，1947年，p.140)と述べているのに共感がいだかれる．

　1980年頃であったろうか．いわゆるオーバー・ドクター現象が以前に増して日本の大学院における問題となってきていた．そのような状況の中で，それがどのようなメカニズムによって発生しているのかに関心がもたれた．これは，大学教員の労働市場の作動のメカニズムを問うことにほかならない．そこで，この市場，とくに大学エコノミストの労働市場の状況について少し文献を調べてみた．ところが，この関心に応えてくれる研究・分析はほとんどなかったのである．これまでの私の研究歴に照らして，私自身がこの分野の研究を行うのが適当であるとは考えてはいない．しかし，以上のような事情でこの分野の研究に手を着けてみたのである．そして最初は，大学エコノミストの労働市場の分析から始めたのだが，それは，結局，相互に関連をもつ上述の4個の市場全体に及ばねばならなくなってしまい，本書のような形をとることとなった．その過程で発表された研究は，次のようなものである．

　(1) 藤野正三郎・畑中康一「エコノミストの労働市場」，Discussion Paper

Series, No. 48, The Institute of Economic Research, Hitotsubashi University, September 1981.

(2)────・────「エコノミストの労働市場─個票にもとづく分析─」,『経済研究』, Vol. 33, July 1982, pp. 263-284.

(3)藤野正三郎「エコノミストの労働市場─移動の分析─」, Discussion Paper Series, No. 62, The Institute of Economic Research, Hitotsubashi University, July 1982.

(4)────「エコノミストの年齢分布はなぜ双峰型か─エコノミスト労働市場の需給調整─」, Discussion Paper Series, No. 64, The Institute of Economic Research, Hitotsubashi University, August 1982. (後に『季刊理論経済学』, Vol. 35, April 1984. pp. 63-84.)

(5) Fujino, S., An Economic Analysis of University Education, Discussion Paper Series, No. 115, The Institute of Economic Research, Hitotsubashi University, February 1985.

以上の研究にもとづき, 第1章と第2章は, それぞれ論文(1)と論文(5)の一部を, また第3章は論文(5)の一部を書き改めた. 第4章は, 本書の作成に際して新たに執筆した. また第5章は論文(2)を, そして第6章は論文(4)を, 新たに編成し直した基礎データにもとづいて書き改めている. さらに, 第7章は, 論文(3)を拡大し, 新データを用いて根本的に書き改めたものである.

以上のほかに, 本書には

(6)藤野正三郎「『経済研究』における研究動向」,『経済研究』, Vol. 31, July 1980, pp. 193-204.

を第8章として収録した. これは, 私の所属する一橋大学経済研究所の機関誌『経済研究』の発刊30周年を記念してのシンポジァムに際し, たまたま私がこの研究誌における研究動向について執筆したものである. 大学における活動の生産物としては, 教育を受けた人々を社会に送り出すということとともに, 研究成果の産出がある. 大学教育をめぐる市場機構の研究としては, このような研究活動の生産性にも注目する必要がある. この点に関係する研究としては,

誠に範囲の限定されたものであるが，この論文(6)を本書の末尾に副えることにしたのである．

　以上の研究は，最初，関東学院大学助教授畑中康一氏と協同して始められた．しかしその後，同氏がアメリカ合衆国に研究のため海外出張するなどの事情があり，私の手で研究が進められることとなった．今回，この書の発行に際して，私の単独の著書として発表することに関して同氏の快諾をえた．また，本書で展開される分析を進めるに当っては，その初期の段階で1980年度文部省科学研究費(研究課題番号553005)をえ，そしてその全段階を通じて一橋大学経済研究所統計係(当時)の原広和氏の多大の援助をいただいた．そして，本書巻末の索引の作成は，一橋大学大学院経済学研究科で私のゼミナールに所属する三井清・相模裕一両君の助力によっている．記して感謝の意を表したい．

　　1985年11月3日

　　　　　　　　　　　　　　　　　　　　　　　　　藤　野　正　三　郎

目　　次

はしがき

第1章　大学教育への需要 …………………… 1
1.1　はしがき ………………………………… 1
1.2　生涯所得と大学教育需要 ………………… 1
1.3　耐久消費財としての大学教育需要 ……… 5
1.4　予算制約と大学教育需要 ………………… 9

第2章　大学教育の供給 …………………… 12
　　　　——私立大学の経済行動の分析——
2.1　私大経済行動分析の視点 ………………… 12
2.2　私立大学の費用関数 ……………………… 16
2.3　私大の学生数と授業料の決定 …………… 22

第3章　大学教育需要と大卒労働市場 …… 27
3.1　大学教育需要関数の推定に際して ……… 27
3.2　大学教育需要関数 ………………………… 28
3.3　大卒労働市場のワーキング ……………… 33

第4章　オーバー・ドクターはどのようにして生れるか …………… 37
　　　　——大学教員市場の分析——
4.1　大学教員への需要 ………………………… 37
4.2　大学教員の供給 …………………………… 39

4.3 大学教員市場の需給調整モデル(1) ……………………… 42

4.4 大学教員市場の需給調整モデル(2) ……………………… 47

4.5 大学教員賃金の需給調整能力 …………………………… 48

4.6 大学教員供給の動学的調整関数の実証分析 …………… 57

4.7 オーバー・ドクター発生の根源 ………………………… 63
　　　――大学・大学院制度はいかに改革されるべきか――

第5章　エコノミストの労働市場 ……………………… 68
　　　――個票にもとづく分析――

5.1 はしがき ……………………………………………………… 68

5.2 個票の作成 …………………………………………………… 69

5.3 大学別所属エコノミスト数 ………………………………… 85

5.4 出身大学別エコノミスト数 ………………………………… 91

5.5 担当分野別エコノミスト数 ………………………………… 94

5.6 所属学会別エコノミスト数 ………………………………… 102

5.7 地位別エコノミスト数と経済学博士号保有者数 ………… 105

5.8 所属学会別生年分布 ………………………………………… 108

第6章　エコノミストの年齢分布はなぜ双峰型か …… 110
　　　――エコノミスト労働市場の需給調整――

6.1 はしがき ……………………………………………………… 110

6.2 二つの謎 ……………………………………………………… 110

6.3 注目すべき事実 ……………………………………………… 114

6.4 エコノミスト労働市場の需給調整 ………………………… 132

6.5 他の専攻分野との比較 ……………………………………… 136

6.6 エコノミストの年齢分布はなぜ双峰型か ………………… 141

第7章　エコノミストの移動　……144

- 7.1　参入・大学間移動・退出の概観　……144
- 7.2　自発的移動と非自発的移動　……149
- 7.3　移動選好の予備的検討　……153
- 7.4　移動行列の作成　……161
- 7.5　移動選好表分析のモデル　……168
- 7.6　移動選好表の回帰分析　……173
- 7.7　移動者の生年分布　……183

第8章〔補論〕『経済研究』における研究動向　……189

- 8.1　はじめに　……189
- 8.2　事項分類からみた通時的研究動向　……191
- 8.3　事項分類からみた共時的研究動向　……196
- 8.4　所内と所外の執筆動向　……201
- 8.5　『経済研究』への需要動向　……204
- 8.6　『経済研究』と学界・官庁・企業での研究との関係　……209
- 8.7　『経済研究』における研究の方法　……211

引用文献　……215
事項索引　……219
人名索引　……223

第1章　大学教育への需要

1.1　はしがき

　大学教育を経済学的にみると，4個の市場が問題になる．第1は，大学(学部)教育に対する需要と供給の出会う市場である．この市場を通過し，大学教育を受ける者は，やがて大学卒業者として，労働市場の供給側に現われる．それに対して，企業やその他の組織からの労働需要が発生する．そこで第2に，大学卒業者の労働市場が，大学教育に関連して問題となる．
　第3に，大学院教育に対する需要と供給があり，大学教育の経済的分析では，この市場についても考えなければならないであろう．そして，大学院教育の需要者は，若干の期間後，主として大学教員市場の供給サイドに労働提供者として現われる．これに対する需要は，第1の大学学部教育市場での供給側の活動との関連で定められる．これらの需要と供給の間の調整が行われるのが，第4の大学教員に対する労働市場である．この市場は，第2の大卒者についての労働市場とは，その趣を相当異にする．
　この章では，第1の市場での需要，大学教育への需要について，三つのモデルを用いて検討する．

1.2　生涯所得と大学教育需要

　教育サービスは，一種の消費財と考えることもできよう．例えば，成人教育で行われている趣味的・教養的教育——花・茶・絵画・彫刻などの教育——は，一種の消費財の提供と考えることができよう．そして，教育一般においてもそのサービスの内容にこのような側面が含まれている．例えば国語教育，より一般的には語学教育は，その教育を受けたものに印刷物への接近を可能にし，そのことによってその消費生活をより充実させることを可能にする．その意味で

語学教育を受けることは一種の耐久消費財の購入と考えることができる．そして後に述べるように，教育サービスを受けることによってもたらされる効果をこのように考えることは，その需要を検討する上で重要な視点となるであろう．

しかし，教育，別して大学教育は，それを受ける（需要する）人の労働の質を向上させるために需要されることが多いのもまた事実である．教育を受けることにより労働の質が向上し，それによってその労働の生産活動への寄与が増大することは疑うことのできない事実である．その場合，労働の質の向上による生産活動への寄与の増大が，所得の増加につながり，そして人々が，他の事情にして等しい限り，そのことを好むとすれば，教育を需要した結果生み出されると期待される所得の系列の割引された現在値合計の大小，すなわち教育によってもたらされる期待生涯所得の大小が，教育への需要を左右する要因として考えられなければならないであろう．その場合，合理的に行動する新古典派経済学的主体を想定すれば，彼は，高校卒の場合にえられるであろうと期待される所得の流れの割引された現在値合計と，大学卒業することによってえられると期待される所得の流れの割引値合計から大学進学によって発生するコスト（大学進学によって直接発生するコストだけでなく，大学教育期間の間に，大学に進学せず，就職していたならばえられたであろう所得もまた含まれる）を差引いた残額とを比較して，大学教育を受けるか否かを選択することになるであろう．いま，高校卒の場合の年々の期待される所得を y_t^h，利子率を i，期待寿命を T とすれば，高校卒の場合の期待生涯所得 Y_H は（高校の教育コストを無視すると）

$$(1.1) \qquad Y_H = \int_0^T y_t^h e^{-it} dt.$$

他方，大学卒の場合の年々の期待所得を y_t^u，大学教育をうけるためのコストを C^u とすれば，単純化のため大学4年間の時間を無視すれば，その場合の期待生涯所得 Y_U は

$$(1.2) \qquad Y_U = \int_0^T y_t^u e^{-it} dt - C^u.$$

そこで，$Y_U > Y_H$ である限り，大学教育が需要されるであろう．このモデルでは，大学教育コスト C^u は，一定の利子率でいくらでも必要なだけ借入れられ，それを将来所得で返済できると仮定されている．

以上のモデルを，C^u がゼロから連続的に増加するとき，それに対応して $y_t{}^u$ が $y_t{}^h$ から出発して連続的に変化していく場合のモデルに変換し，一般化してみよう．一般的に将来の t 年における期待所得を y_t で示し，この y_t が教育コスト C の増加関数とすれば，人々は

$$\text{Max}_C \left[\int_0^T y_t e^{-it} dt - C \right]$$

となるように教育コスト C を決定するであろう．この極大問題の内点解が存在するとすれば，そこでは

(1.3) $$\int_0^T \frac{dy_t}{dC} e^{-it} dt = 1$$

が成立し，そして(1.3)式が成立するように C の値が決定される．(1.3)式での dy_t/dC を $\varDelta y_t/\varDelta C$ として示せば，(1.3)式を書き改めて

(1.4) $$\int_0^T \varDelta y_t e^{-it} dt = \varDelta C$$

である．これは I. Fisher 型あるいは Keynes 型投資理論と同様な形で教育コストないし教育投資が決定されることを示している．つまりこの理論によれば，教育コストの大きさは，その増加分が，教育コスト控除前の将来所得増加の流れの一定の利子率による割引値合計に等しくなるところで決定されることになる．

T. W. Schultz[45]の人的資本理論の基礎には，教育への支出についての，このような見方のあったことは疑いえない．そして，それは，G. S. Becker[4]によって示された定式で明確化されている．それは，Fisher-Keynes 型の投資理論を教育支出に適用したものにほかならない．

また，R. B. Freeman[13, pp. 2-4]は，人々の経歴選択は，次の極大化行動で表わされると考える．すなわち

$$\underset{i}{\operatorname{Max}}\ U(x_i, w_i + W).$$

ここに，U は間接効用関数であり，x_i は職業 i の職業特性ベクトル，w_i はその職業から期待される生涯所得，W は非賃金所得である．この考え方を基礎として，Freeman は人々の大学教育需要についての分析を進めようとする．これは，人的資本理論を大学教育需要について適用しようとするものにほかならない．

日本における大学進学率をみると，女子の進学率は，4年制大学において男子のそれに比べて低く，他方，短期大学においては，女子の進学率は男子のそれより著しく高い．そして，女子の短大進学率は，その4年制大学への進学率の2倍弱の水準にある(第1.1表参照)．この事実は，女子の大学教育，特に4年制大学教育への支出からえられると期待される生涯所得の増加が極めて小さい(場合によってはマイナスとなる)ということと強い関係をもっているように思われる．

大学を卒業し，就職した女性が，就職後2~3年で結婚のために退職するとすれば，大学進学によって，生涯所得の増加はむしろマイナスとなるであろう．したがって，4年制大学より就学期間，したがって教育支出も少なく，就職可能期間も長い短期大学への進学が，女性によって選択されるとすれば，確かにそこには，大学教育需要について期待生涯所得仮説が想定しているような選択

第1.1表　大学進学率　(%)

年	4 年 制 大 学			短 期 大 学		
	計	男	女	計	男	女
1955	8.11	13.57	2.45	2.23	1.89	2.59
1960	8.35	14.01	2.49	2.12	1.25	3.02
1965	12.83	20.66	4.64	4.14	1.69	6.70
1970	17.10	27.26	6.51	6.50	1.98	11.22
1975	27.15	41.01	12.71	11.20	2.61	20.16
1980	26.10	39.26	12.32	11.28	2.01	20.99

(注)　t 年の大学進学率は，t 年4月の大学入学者数の $(t-3)$ 年3月の中学校卒業者数に対する比率である．原資料は，文部省『学校基本調査報告書』である．

の傾向が働いているのである．

しかしながら，このような考慮によって，女性が短期大学への進学を選択するとしても，短期大学卒業後の就業期間が5年前後であるとすると，短大進学によって，高等学校卒業の場合より，その期待生涯所得が増加すると考えることには大きな疑問がともなう．にも拘わらず，女子の短期大学進学率は急速に上昇してきたし，またその4年制大学への進学率も上昇してきたのである．

さらにまた，1980年度の経済企画庁『国民生活白書』によれば，学歴別の累積所得（大学卒業者については，進学に要する費用を控除する）を計算すると，1965年の賃金体系では，大卒者は，大学卒業後14年を経た36歳2カ月で高卒者の累積所得を追い抜いていた．しかし，1978年には40歳0カ月にならなければ高卒者を追い抜くことができなくなったという．このことは，大学教育を需要することによって生ずる期待生涯所得の増加が減少したことを意味する．あるいはまた，市川昭午・菊池城司・矢野真和[30, pp. 45-46]によれば，投資の限界効率に当る大学教育支出の内部収益率は，高校卒のそれに比べて相対的に低下してきている．しかし，それにも拘わらず，大学進学率は，1965年の12.83％から1978年の26.94％へと上昇しているのである．これらのことは，大学教育がそれを需要する人々の労働の質を向上させ，それによってその将来の所得稼得能力を増加させるメリットをもち，そのことにより大学教育が需要されるという側面はあるとしても，人々がそれだけを考慮して大学教育への需要をきめているのではないことを示唆している．

1.3 耐久消費財としての大学教育需要

ここで，最初に述べた，教育サービスを受けることによりある種の耐久消費財が獲得されるのではないかという点を今一度検討してみる必要がある．すなわち，人々は，大学教育を受けることによりある種の耐久消費財を獲得し，それからえられる用役によって，大学教育を受けない場合よりよりよく生活を享受することができるようになるのではあるまいか．

この点は，既にさきのT. W. Schultz[45]に対する批判として，H. G. Shaffer

[48]によって主張された論点，そしてまた，T. W. Schultz[46]が認めた論点と関係する．T. W. Schultz[45]は，余りに人的富の生産的(productive)側面を強調しすぎた．これに対してH. G. Shaffer[48]は，人的富が生産的な側面をもつ物的資本(physical capital)と違うことを強調しすぎた．しかし，T. W. Schultz[46]がいうように，物的資本設備といえども，消費財として使用されることもある．例えば自動車を，予めそれが生産設備であるのか，あるいは耐久消費財であるのかをいうことはできないのである．このような点は，実は，SchultzとShafferの議論を待つまでもなく明らかなことであった．

さて，大学教育を受けることには，自らの内に耐久消費財を蓄積するという側面がある．あるいは，そのことは，高校卒の場合に比べてより高いprestigeをもたらすことになる．人々はこのprestigeの効用を求めて，大学教育を需要しているのかもしれない．結婚する女性の中には，結婚を機会として多くの人が職を去る．その場合，大学教育を受けているとすれば，その教育のもたらす限界生涯所得は，多分大きなマイナスであろう．にもかかわらず，大学教育を需要する女性は多い．この場合，大学卒という耐久消費財は，まず結婚に際して一つのprestigeを示す道具として結婚に有利に作用するという効用をもっているのではないか．J. S. Duesenberry[11]は，その消費関数の研究において，ある人の消費は，その人を取り巻く周囲の人々の消費との相対関係を考慮して定められており，消費需要の決定にデモンストレーション効果が働いているという相対所得仮説を主張した．以上でみた大学教育需要は大学卒という耐久消費財保有のデモンストレーション効果である．より一般的にいっても，大学卒という耐久消費財のデモンストレーション効果を求めて，人々が大学教育の需要を選択していることも考えられる．そして女性の結婚問題に立ちもどっていえば，次に，結婚後の生活において，大学卒によってえられた耐久消費財から流れ出す用役が，その消費活動をより豊かにするという効用をもっているのではないだろうか．それ故に，大学教育の期待生涯所得に対する影響はマイナスであるとしても，大学教育への需要が生れるのであろう．

さきのR. B. Freeman[13, pp. 11-15]は，人々の労働供給ないし職業の選択

において期待生涯所得とともに，その職業の nonpecuniary characteristics を考慮する必要があると主張している[1]．彼のいう非金銭的特性は，一見，ここでわれわれのいう教育によってもたらされるある種の耐久消費財に対応する考え方のようにみえる．しかし，Freeman のいう非金銭的特性は，われわれのいう耐久消費財とは別の考え方である．前者は，人々がある職業，例えば教育・研究活動をその職業として選択するかどうかを検討している場合，教育・研究活動にはそれにともなう特別の非金銭的特性があり，そのためそこでの賃金がたとえ他より低くても，人々がその職業を選択する可能性のあることを主張しているのである．すなわち，Freeman のいう非金銭的特性とは，それぞれの職業にともなう金銭的には表わされない一種の収入というべきであろう．したがって，広く，緩い意味で期待生涯所得を考える場合には，この非金銭的特性は，その中に含めて考えなければならないであろう．

　大学教育への需要を考える場合，大学を卒業したという資格がないと就職できない職業（例えば学校教員）があり，その職業への就職に効用を見出す人がいる場合，あるいは同一の企業に就職しても，高校卒の場合はその企業内部の職階においてある高さの職階までしか進むことができず，それより高い職階に進むには大学卒の資格が要求され，かつ企業内での高い職階に進むことに効用を見出す人がいる場合には，Freeman のいう職業の非金銭的特性が，大学教育への需要の選択に当って考慮すべき一つの要因となるであろう．しかし，差し当ってここでは，それを人々の期待生涯所得の中に含めて考えるか，あるいは単純化のために無視しておこう．そうすると，大学教育を需要するかどうかの選択は，次のように定式化されるであろう．

　人々の期待生涯所得を Y，また教育によって獲得される耐久消費財から将来えられると期待される用役の流れの割引値合計を E とする．Y と E とは，それぞれ教育コスト C の関数である．この場合，C がゼロから増加してある大きさに達するまでは，Y は C の増加関数となるであろう．しかし，C がある大きさを超えて増加すると，C の増加によってもたらされる期待収入の増加が C の

---

1)　畑中康一[29]も参照されたい．

増加に比べて小となり，そのため Y は C の減少関数となるであろう．あるいは，C がある大きさを超えて増加すると，そのことによって却って期待される収入が減少する場合すらあろう(例えば，社会科学系の大学院に入ると，一般の企業はその大学院修了者を採用せず，企業より賃金の低い教員の職しかないとすれば，C の増加により C 控除前の期待収入が絶対的に減少し，したがって期待生涯所得 Y は，C の増加によりドラスティックに減少する可能性がある)．そうすると

$$(1.5) \quad Y = Y(C), \quad \frac{dY}{dC} > 0 \text{ for } 0 \leq C < C^*,$$

$$\frac{dY}{dC} = 0 \text{ for } C = C^*,$$

$$\frac{dY}{dC} < 0 \text{ for } C^* < C,$$

$$\frac{d^2Y}{dC^2} < 0 \text{ for } 0 \leq C$$

と想定することができよう．

他方，E については，それは C の増加関数であるが，収穫逓減のため dE/dC は C の増加にともなって減少すると考えてよかろう．すなわち

$$(1.6) \quad E = E(C), \quad \frac{dE}{dC} > 0, \quad \frac{d^2E}{dC^2} < 0 \text{ for } 0 \leq C.$$

人々の効用関数 U は，Y と E との関数

$$(1.7) \quad U = U(Y, E), \quad U_Y > 0, \quad U_E > 0$$

として与えられており，人々はなるべく U を大きくするように C を決定し，したがって大学に進学するかどうかを選択する．

いま，C が分割可能であるとすれば，U の C についての極大(内点解)が存在すれば，そこでは

$$(1.8) \quad (Y_C/E_C) = -(U_E/U_Y).$$

$U_E>0, U_Y>0$ であり，また $E_C>0$ であるから，(1.8)の条件は，$Y_C<0$ となるところで成立する．

さて，(1.8)式の意味することは，教育コスト C が増加すると，人々の中に耐久消費財としての教育効果が蓄積され，それから流れ出る用役が効用を増加させるため，人々はその期待生涯所得が C の増加によってむしろ減少する程度にまで教育コストの投下を増加させるということである．大学卒の生涯所得が高校卒のそれより低くなっていても，なお大学への進学が選ばれるという現象は，以上のようにして説明することができる．

以上では，大学教育のデモンストレーション効果を陽表的に考慮しなかったが，他の人々の教育支出に比して，自己の教育支出の増大がデモンストレーション効果をもち，自己の相対教育支出の上昇がその効用にプラスの効果をもつとすれば，以上の結論は，より一層強められた形で現われることになろう．

1.4 予算制約と大学教育需要

1.2節および1.3節の分析は，①教育コストは分割可能である，②必要な教育コストは，一定の利子率でいかほどでも借入れることができることを前提としていた．だが実際上では，教育期間は分割可能ではなく，高校教育は3年，大学教育は4年であり，したがって，教育コストも完全には分割可能ではない．そこで，(1.8)式の成立するような教育コストを各人が選択できるわけではない．そして，大学卒の場合の E を E_U，高校卒の場合のそれを E_H で示すならば，$U(Y_U, E_U) > U(Y_H, E_H)$ なら大学教育を需要し，逆に $U(Y_U, E_U) < U(Y_H, E_H)$ なら高校までの教育を選ぶことになろう．

しかし，さらに人々にとって，必要とされる教育コストは一定の利子率でいかほどでも借入れできるわけではない．教育資金の借入れには限度があり，しかもその限度は低い水準に押えられている．そして，通常の場合，教育コストは借入れによって賄われるのではなく，親の所得からの負担によって賄われる．そのため，教育コストとして投下できる大きさに限度がある．したがって，人々は教育コストとして投下できる金額にある上限があるという制約の下で教育の程度を選択しているのである．この場合，この制約を無視すると，例えば $U(Y_U, E_U) > U(Y_H, E_H)$ であっても，大学進学にともなう教育コストの大きさ

がそれに投下可能な大きさより大きいとすると，大学教育の需要はとりやめられることになろう．

この点をより明確にするためには，大学教育需要を大学に進学しようとする人の立場から分析するのではなく，むしろその親の立場から分析するのが適当かもしれない．いま，親の所得を y_p とし，親の貯蓄活動を無視し，y_p がその子供の大学教育費 C とその他の財への支出 $p \cdot G$ に宛てられるものとしよう．すなわち

$$(1.9) \qquad y_p = p_f \cdot \bar{C} + p \cdot G.$$

ここに p_f は大学授業料(これによりすべての教育費の単位当りコストを代表させる)，$\bar{C}$ は y_p によって賄われる教育期間である．大学教育期間を1単位期間とするならば，y_p は4年間の所得を考えなければならない．

大学への進学を検討している子をもつ親は，(1.9)の制約の下で，次の効用関数

$$(1.10) \qquad U^p = U^p[U(Y(C), E(C)), G]$$

を極大にするように，大学教育への支出とその他の支出を決定すると考えることができる．ここに，U^p は親の，また U は以前と同様，子供の効用関数である．そして，もちろん

$$(1.11) \qquad \frac{\partial U^p}{\partial U} > 0, \quad \frac{\partial U^p}{\partial G} > 0$$

と仮定されている．あるいは簡単に，Y, E を子の効用関数を経由することなく，直接に U^p の中に導入してもよいであろう．

以上の極大化問題を解くと，実質大学教育需要 $\bar{C}$ は，(p_f/p) および (y_p/p) の関数となる．その場合，(p_f/p) の上昇は $\bar{C}$ へマイナスの，そして (y_p/p) の増大は $\bar{C}$ へプラスの効果をもつと考えることができよう．そして，所得制約の強さは，(y_p/p) の $\bar{C}$ への大きな効果として現われるであろう．

奨学金の存在は，この大学教育需要への所得制約の効果をゆるめる方向に働く．また，大学教育資金市場が整備され，安定した利子率で教育資金を借入れることができるようになると，さらに所得制約の効果はゆるめられることにな

ろう．しかし，現在の日本の状況では，奨学金にしても，大学教育資金にしても，大学教育需要への親の所得の制約が及ぼす効果を十分に緩和する程度に整備されているとは考えられない．

以上，この章での検討をまとめると，大学教育需要に影響を与える要因として，期待生涯所得，大学教育の耐久消費財的用役，大学卒のデモンストレーション効果，実質大学授業料，親の実質所得が考えられる．その中で，親の所得の制約の大学教育需要に与える影響が重要ではないかと考えられる．

第2章　大学教育の供給
——私立大学の経済行動の分析——

2.1　私大経済行動分析の視点

　大学教育への需要が，第1章で検討した要因の影響の下に生れてくるとすれば，それに対する供給はどのような形で行われているか．それがこの章で考えるべき問題である．しかし，その検討に入る前に，教育サービスは財としてどのような性格をもっているかを考えておこう．

　家計なり企業なりが，その活動の上で必要とする財・用役には，二つの種類のものがある．第1は，私用財(あるいは個人財——private goods)であり，第2は，公共財(public goods)である．私用財は，各個人，あるいは各企業が，個別的にそれぞれ使用・利用する財であるのに対して，公共財は，その全量が社会のすべて(あるいは多くの)人々によって共同して使用される[1]．教育サービスは，例えば国語教育にしろ，数学教育にしろ，それを受けた本人が直接それを利用するわけであるから，上の区分から考えると，それが公共財であるとはいいえないであろう．教育サービスそれ自体は公共財ということはできないとしても，一国の教育制度は一種の公共財である．それと同様に，一国の法律制度・貨幣制度・金融システム・交通通信制度もまた公共財ということができよう．

　市場機構が作用し，一国の経済活動が円滑に進行する前提としては，以上の諸制度が確立され，しかもうまく機能することがなければならない．ところが，これらの諸制度が機能するためには，それらを理解し，それらを利用できる人々の存在が前提となる．そのためには，社会の人々全体が教育を受けている必要がある．教育を受けた人々の存在が前提されて，始めて市場機構はその機能

---

1)　P. A. Samuelson[43]を参照されたい．

を発揮することができるであろう．その意味で，一定程度以上の教育を受けた人々の存在するということが，大きな外部経済効果を生み出すことになる．教育サービスは，それが社会の多くの人々に需要されるとき，経済のワーキングにとって大きな外部経済をもたらすことになるのである．その意味で公共財に近い性格をもつことになる．

しかしながら，初等教育から中等教育，そして高等教育へと進むにつれて，以上のような意味での教育サービスのもつ外部効果は小さくなるであろう．そして，私用財の性格が強くなってくる．現在ならびにこれまでの日本では，大学教育は，国立大学・公立大学・私立大学の三者によって行われているし，また行われてきた．教育制度確立の初期に国立大学ないし官立大学制度の果した役割は大きい．しかしながら，短期大学を含めて大学進学率が40%に近くなった状況の下では，大学教育の供給がどのような経営形態によって行われるのが適当であるかは，検討し直してよい問題である．

だが，ここでの問題は，価値判断の問題よりむしろ事実認識の問題である．大学教育の供給は，どのようにして行われているのであろうか．第2.1表によると，1955年の大学学部学生数は50万人であったが，80年には174万人へと3倍以上の水準まで増加した．その場合，私立大学の学生は，55年には全体の60.5%であったが，80年には77.0%までそのウェイトを増加させた．また，短期大学においても，55年の学生数は7.6万人であったが，80年には4倍以上の

第2.1表　大学学生数　　　　　　　　(単位：人)

年	大　学(学部)				短期大学(本科)			
	計	国立	公立	私立	計	国立	公立	私立
1955	503,704	174,484	24,254	304,966	76,025	3,588	10,799	61,638
1960	601,464	179,318	27,278	394,868	81,528	6,389	10,815	64,324
1965	895,465	213,450	35,461	646,554	145,458	7,771	13,405	124,282
1970	1,344,358	275,053	45,612	1,023,693	259,747	9,648	15,807	234,292
1975	1,652,003	312,737	45,396	1,293,870	348,922	12,834	17,575	318,513
1980	1,741,504	353,413	46,611	1,341,480	366,248	14,355	18,752	333,141

(注)　文部省『学校基本調査報告書』による各年5月1日現在の計数である．大学(学部)学生数には大学院・専攻科・別科などの学生を含まない．

36.6万人まで増加した．そして，私立短大学生数の割合は55年の81.1％から80年の91.0％まで増加した．80年には大学と短大を併せて大学学生数は210万人であるが，その大部分79.5％は私立学校による大学教育の供給に依存している．

大学教育の供給が，どのようなスケールで，またどのような専攻分野について提供されるかは，もちろん一国の文教政策の在り方によって影響される．しかしながら，民主的な体制の下においては，国の文教政策も基本的には人々の選好の在り方によって方向づけられるであろう．したがって，長期的にみれば，その経済における人々の大学教育に対する選好がどのようなものであるかによって，大学教育サービス提供のスケールと内容とが影響を受けるであろう．

したがって，大学教育サービスに対するある潜在的需要がある場合，これに対する文教政策の対応の仕方が一定であるとすれば，国立（公立）大学での教育サービス提供のスケールは，大学教育への潜在的需要の大きさの変化・増大に対応して変化・増大すると考えてよかろう．そして，われわれは，これら国公立大学の教育サービスの供給行動は，政策的に所与のものとして与えられていると考えなければならない．

そこで，問題となることは，大学教育への一定の潜在的需要があり，そしてそれに対する政策的対応が与えられたとき，私立大学がどのように振舞い，そして教育サービスの提供がどのような仕方で行われるかということである．私立大学には，それぞれ建学の基本的理念があり，その理念にもとづいて質の高い教育サービスを提供し，あるいはそこでの研究の拡充・発展をもたらすべく行動していると考えられる．そして，その理念には，各大学によりそれぞれ特徴があり，そこからそれぞれの大学の特性が生れ，行動パターンの相違が生れると考えられる．したがって，例えば，R. Radner, L. S. Miller[40, p. 15]は，大学は利潤の極大を求める組織ではなく，そこには通常の企業の理論を適用できないと主張する[2]．

---

2) しかし，他方，RadnerとMillerは，大学教育の供給について，他の条件にして一定ならば，供給は授業料の上昇とともに増大するであろうと考える（[40, p. 17]）．こ

第2章 大学教育の供給

　それでは，大学の目的関数がどのようなものであると考えれば，その経済行動を分析することができるのであろうか．彼等はこの問題にはまったく解答を与えていず，したがって彼等の研究には，大学行動の理論的分析がない．これに対して，D. A. Garvin[26]は，この問題に正面から検討を加えている．そしてそこでは，大学の目的関数は，そのprestigeの効用であり，大学はこの効用を極大にするように行動しているという仮説の下にその分析を進めている．たしかに，私立大学の中の幾つかの大学，殊に，その卒業生を需要する企業の立場からみて，また大学進学を考える受験生の立場から判断して，あるいはさらには大学教員の立場から評価してprestigeの高いと考えられるような大学は，そのprestigeの効用を極大にするように行動していると考えられるかもしれない．しかしながら，すべての私立大学がそのような目的関数の下で行動していると考えられるであろうか．企業行動の研究では，しばしば代表企業を想定してその分析を進める．それと同様に，ここで問題にされなければならないのは，代表的私立大学の行動である．

　さて，私立大学の理念が与えられ，そしてその理念についての達成度(理念達成満足度)も与えられているとしよう．それとともに，その大学で教育する学生数も所与とする．この場合，この私大はその一定の理念の達成を一定の学生数の教育において実現するため，費用を支出しなければならない．その場合，私大は，通常の企業とは違うとしても，一定の理念を一定の学生数の教育に実現するため，費用をなるべく少なくするように行動するであろう．この一定の目標達成に要する費用の極小化行動からは，私立大学といえどもまぬがれることはできないはずである．その結果，その学生数を教育するのに必要最小限の教員数(あるいはさらに職員数)と設備とが定まるであろう．以下，大学の投入を教員(および職員)と設備によって代表させる．

　さて，以上で一定とした学生数を私大はどのようにして定めるのであろうか．またその授業料(学生の大学に支払うすべての費用を授業料という言葉によっ

の考えの背後には，大学の利潤を増加させようとする行動が陰伏的に前提されているのではなかろうか．

て代表させる)をどのようにして定めるのであろうか．場合によっては，大学はその学生数を増加させてはその理念に沿った教育ができないと考えるかもしれない．さきに第2.1表でみたように，1955年から80年にかけて私大学生数は急増した．しかし，この間55年の私立大学数は122校であり，それが80年には319校に増加した．私大学生数の増加は，大学数の増加によっても実現された．しかし同時に，55年の1校当り平均学生数2,500人に対して80年のそれは4,205人であり，1校当り学生数の増加によっても私大学生数の増加がもたらされた．したがって，平均的にみて，私立大学はその学生数を増加させることがその大学の教育理念に矛盾するとは考えていないようである．そうした場合，私大がその行動上その理念の一定の達成度の実現を目標としているという仮説をおくと，この目標と矛盾しない限りでは，なるべくその利潤が大きくなるようにその学生数なり，あるいは授業料なりを定めると考えてもよいのではなかろうか．以下われわれは，このような視点から私立大学の経済行動を分析する．それは，私立大学という複雑な組織の行動のただ小さな一面に光を当てようとするものに過ぎない．

2.2 私立大学の費用関数

まず，費用関数から考えよう．前述のように，各私大はその教育についての，また研究についての目標に関してある達成度を考え，それを所与とした場合，一定の学生数の教育にいかほどの教員投入，より一般的には労働投入を必要とするかを考えるとする．この必要教員投入量は，学生数が変化するとき変動する可能性はある．あるいは，資本設備との組み合せで，教員投入と設備との間に代替関係が成立する可能性もある．しかし，この後の可能性は極めて弱いもののように考えられる．

ここで通時的に，学生数との相対的関係で教員投入が実際上どのように行われてきたかを調べてみよう．第2.2表には，国・公・私立の各大学について，大学のすべての学部(研究所を含む)に関する本務教員1人当りの学部学生数が示されている．この教員投入係数の逆数は，若干の変動を示してはいるものの，

第2.2表　大学の教員1人当りおよび職員1人当り学生数　(単位：人)

年	教員				職員			
	国・公・私立	国立	公立	私立	国・公・私立	国立	公立	私立
1955	20.1	11.7	9.9	39.4	9.9	5.3	3.9	25.1
1960	19.9	11.0	10.0	35.2	10.2	5.3	3.7	23.1
1965	22.8	11.2	11.6	37.8	10.6	4.5	3.9	23.7
1970	26.1	12.0	13.9	40.5	13.4	5.1	5.1	26.9
1975	27.0	11.8	13.1	41.4	13.4	5.6	4.8	22.3
1980	24.4	11.4	13.0	36.6	12.1	5.7	5.0	18.5

(注)　文部省『学校基本調査報告書』による各年5月1日現在の計数．教員は学長・副学長・助手を除く本務教員，職員は本務職員，学生は学部学生で大学院・専攻科・別科等の学生を含まない．

国立大学では11～12人の間で安定しており，公立大学では1955～1960年での10人程度から，60年代に増加し，そして70年代には13人強のレベルで安定している．そして私立大学でも，若干の変動を伴いつつ，40人前後の値で安定している．この教員1人当り学生数はすべての学部に亘るものであるから，学部構成の変化によっても変動する．そのことを考慮すると，第2.2表は，必要教員投入係数が通時的に十分安定的であることを示している．

大学での労働需要には，教員への需要とともに職員への需要がある．この需要も，第2.2表にみられるように，学生数との対比においてあまり大きく変動するものではない．また非常勤の教員需要もあり，兼務教員や兼務職員が存在するが，これらを簡単化のため教員需要によって代表させよう．

通時的にみて，全体としては学生数に対し，ある安定した教員需要が発生することがわかった．このことは，規模に違いのある大学の間でも妥当すると考えてよいのであろうか．幸い，この点は，文部省『私立学校の支出および収入に関する調査報告書』によって検討することができる．この調査の1962年度版～1968年度版には，私立大学の昼間の経済学部と工学部とについての学生数規模別の学生1人当り支出の大きさが示されている．この中から，人件費関係の項目と総費用とを取上げ，1962～68年の期間の代表として62年と68年とを取り学生1人当りの費用を学生規模別に示すと，第2.1図と第2.2図のように

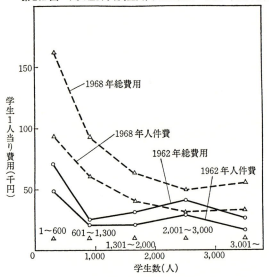

第2.1図 私大経済学部(昼間)学生規模別の学生1人当り費用

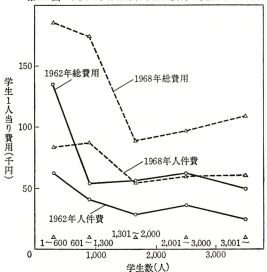

第2.2図 私大工学部(昼間)学生規模別の学生1人当り費用

なる[3]．これらの図の下部に△印とともに示した数字は，規模別の学生数を示している．対象となった学部数は，経済学部では1962年28学部，68年61学部，工学部では62年24学部，68年49学部である．

さて，規模別の学生1人当り人件費の動きをみよう．私大の経済学部においても，また工学部においても，そしてまた，1962年度においては学生数600人以下という最低規模を除き，それを越える規模では学生1人当り人件費は極めて安定した値となっている．ただ，600人以下の最低規模では，学生1人当り人件費が著しく高くなっている．このことは，一つの経済学部，あるいは一つの工学部が成立するには，ある最低限の講義を行う必要があり，したがって，いかに学生数が少なかろうとも，ある最低限の教員数（職員数）をそろえなければならないことを示しているものと考えられる．

他方，1968年度においては，1,301～2,000人の規模から上の規模では，学生1人当り人件費はほぼ安定しているようにもみえるが，それ以下の規模も含めて考えると，一般的には右下りの平均人件費曲線となっているようである．特に経済学部でそうである．この1968年度の規模別平均人件費の動きは，教員が，1962年度とはやや違った形で需要されていることを示唆するようにも考えられる．

いま，学生数をSで示し，教員需要をT_dで示そう．二つの図が示すことは，まず，Sがある値S_Lになるまでは，Sがどのように変化しても，教員需要T_dはある値T_Lより小さくなりえないということである．しかし，SがS_Lを超えて増加する場合には，大学の規模別での賃金格差がないとすれば，T_dがSに正比例して増大すれば，学生1人当りの教員費用（人件費）は一定となる．つ

---

[3] 1962～68年の各年のデータの表示方法には若干の相違がある．そのためここで人件費というのは，本務教員・兼務教員・事務職員・教育補助員・用務員の給与の合計により定義した．それは宿・日直手当とその他の給与を含まない．また総費用というのは，文部省の調査報告書で消費的支出といわれているものと利子支払額の合計である．これには，減価償却費が含まれていないようである．『私立学校の支出および収入に関する調査報告書』は，その後，『私立学校の財務状況に関する調査報告書』と改称され，調査範囲も，フロー勘定だけでなくストック勘定にまで拡大されている．その調査は，極めて重要なものであるが，現行の調査方式では，経済分析上使用しにくい．その内容を企業会計方式に対応したものとするよう，改善が行われることを強く要望する．

まり 1962 年度の状況である。しかし、教員投入に関して規模の経済があり、学生数の増加に比してより少ない割合で教員の投下を増加させることができるとすれば、1968 年度にみられるような現象が観測されるであろう。そこで、教員需要は、一般的には

(2.1) $$T_d \begin{cases} = T_L & \text{for} \quad 0 \leqq S \leqq S_L, \\ = n_0 + n_1 S & \text{for} \quad S_L < S \end{cases}$$

と表わせよう。ここに

(2.2) $$T_L = n_0 + n_1 S_L$$

であり、n_0 と n_1 は、$n_0 \geqq 0$, $n_1 > 0$ の定数である。もし $n_0 = 0$ であれば、ある規模以上で、教員需要は学生数に正比例して変化するし、$n_0 > 0$ であれば、教員投入に規模の経済が、そして $n_0 < 0$ であれば、教員投入に規模の不経済が生ずることになる。以下 $n_0 \geqq 0$ と仮定する。

われわれは、さきに大学における生産要素の投入を、教員投入と設備——土地・建物など——の用役の投入とによって代表させた。そして、以下では教員投入と設備とは、非代替的な関係にあると仮定する。この場合、大学が学生数を決定すれば、労働と資本についての大学の選択を経ることなく、必要な教員投入量が定まり、したがって教員費用が定まる。そこで、学生1人当りの平均教員費用を ACT で示すと、大学規模別の賃金格差がなく、賃金が w で一定であるとすれば、

(2.3) $$ACT \begin{cases} = \dfrac{wT_L}{S} = \dfrac{wn_0}{S} + wn_1 \dfrac{S_L}{S} & \text{for} \quad 0 \leqq S \leqq S_L, \\ = \dfrac{wT_d}{S} = \dfrac{wn_0}{S} + wn_1 & \text{for} \quad S_L < S. \end{cases}$$

まず、S がゼロから S_L まで増加するとき、$wn_1 \cdot (S_L/S)$ は、第2.3図の AB 曲線のように変化するであろう。$S > S_L$ に対しては、この費用部分は wn_1 で一定にとどまる。そして ACT は、この部分と wn_0/S とからなり、後者は S の増加にともなって減少する。そして、ACT は、第2.3図の DEF 曲線で示されることになろう。しかし、n_0 がゼロのときには、ACT は ABC 曲線と一致する。このような平均教員費用（平均人件費）曲線は、第2.1図および第2.2図に

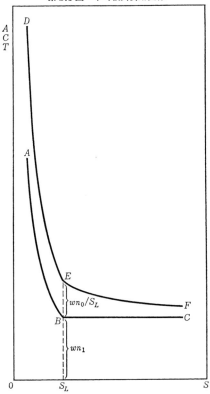

第2.3図　平均教員費用曲線

示された私大経済学部および工学部にみられる事実とよく対応している．

次に，私立大学での設備を考える．教職員の投入の場合と同様に，私立大学の活動においてその理念の達成度をある水準に定めた場合，その下である学生数を収容するにはある一定の大きさの設備を必要とするであろう．この設備を K とすれば，この K のある値に対して，その下での最大可能収容学生数 S_M が定まる．一つの大学，一つの学部を創設するのに最低限の教職員の投入が必要であったと同様に，大学あるいは学部の成立のための最低限の設備 K_L があろう．この K_L とさきの S_L の間に

(2.4) $$K_L = kS_L, \quad k > 0$$
という関係が成立し，そして
(2.5) $$K = kS_M, \quad S_L \leq S_M$$
であるとしよう[4]．K と T_d との代替の可能性を無視するので，k は定数である．

K が一定であり，それに対応して定まる S_M の範囲内で S が変化する場合，K の単位コストを p_K とし，K の下で生ずる固定費を $\rho p_K K$ とすれば，私立大学の総費用 TC は

(2.6) $$TC \begin{cases} = \rho p_K K + w T_L & \text{for } 0 \leq S \leq S_L, \\ = \rho p_K K + w T_d = \rho p_K K + w(n_0 + n_1 S) & \text{for } S_L < S \leq S_M \end{cases}$$

となる．このとき，平均総費用 ATC は

(2.7) $$ATC \begin{cases} = \dfrac{\rho p_K K + w n_0}{S} + \dfrac{w n_1 S_L}{S} & \text{for } 0 \leq S \leq S_L, \\ = \dfrac{\rho p_K K + w n_0}{S} + w n_1 & \text{for } S_L < S \leq S_M \end{cases}$$

となる．この平均総費用曲線は，第2.3図に示したものと類似した形をとる．この費用関数の下で，私立大学は受入学生数をどのような大きさに定めるであろうか．また授業料 p_f の水準はどのように定められるであろうか．

2.3 私大の学生数と授業料の決定

さて，私立大学の収入 R を考えよう．R は学生1人当り授業料(学生が大学に支払うすべての費用を授業料で代表させる) p_f と学生数 S の積である．すなわち

(2.8) $$R = p_f \cdot S.$$

いま，p_f と w が一定であるとすれば，私立大学は $p_f > w n_1$ である限り，出来るだけ S を大きくした方が有利であり，したがって，$S = S_M$ となるように S を決定するであろう．つまり，大学における教育の内容，教員の研究条件などについて，一定の達成度を満足するように S_M の値が定められているから，学

---
[4] 資本設備の投入に関しても，教員投入の場合と同様に，大規模生産の利益が生ずる可能性がある．それを導入しても，以下の議論の大略には変更はないので，簡単化のためにその可能性を無視する．

生数をその S_M まで増加させることは，問題とする私大にとって許容可能であり，したがって，ある大きさの K の下で，学生数をそこでの最大可能収容人員数 S_M まで大きくさせようとする圧力が常に作用するであろう．

このようにして $S=S_M$ であるとしよう．この場合，S，したがって S_M の大きさの変化にともない K が変化する．このとき私立大学の総費用は

(2.9) $\qquad TC = wn_0 + (p_K\rho k + wn_1)S_M, \; S_L < S = S_M$

となる．この長期費用曲線の下で，$(p_f - p_K\rho k - wn_1) > 0$ である限り，K を無限に大きくしようとする傾向，すなわち大学のマンモス化の傾向が発生するであろう．この傾向に制限を与えるものは，第1に K の拡大にともなってその供給価格が上昇する(例えば土地の獲得に制限が生れる)ことであろう．そして第2に，大学教育に対する全体の需要の大きさに限界があるということであろう．そして，この第2の要因の影響は，以上では一定と仮定した授業料 p_f の決定を考えることによってより明瞭となるであろう．そこで，以上のモデルを拡張して授業料 p_f の決定を検討しよう．

ここで，私立大学は，その提供する大学教育サービスについて一定の需要曲線を想定し，その下である授業料の値を決定しようとする price setter であると考える．私立大学では，まず経営側と教職員の団体交渉により賃金水準 w が決定されるであろう．私立大学は，こうしてきまった一定の w の下で，次に p_f の値を決定すると考えられる．第2.2節で分析したようなプロセスを経て全体としての大学教育への需要がきまり，そしてその中で国公立大学への進学者が定まっているとしよう．この全体の需要から国公立大学教育への需要を除いたものの中のある部分が，ここで問題とするある私立大学に受験し，その中のある部分が入学試験に合格する．この合格の決定は私大の側で行われる．しかし，私大が決定した入試合格者のすべてが，この私大の大学教育を需要することにはならない．そこには，需要者側の選択が働いて，最終的にこの大学の教育サービスに対する需要者数がきまるのである．大学教育サービスの需要者は，この大学の授業料とその他の大学のそれを比較して，この大学の教育サービスを需要するかどうかを決定するであろう．その場合，一般的にいえば，授業料が

相対的に安いほどその大学への教育サービスの需要が増加するであろう。しかし，各私立大学には，その大学の伝統，過去における卒業生の就職状況，教授陣の内容などによって一連の格付け(暖簾)があり，そのことにより，私大全体の平均的な授業料のレベルに比べてその大学の授業料をある程度高くしても，なお相当数の学生を引きつけることができる場合もあり，またその逆の場合もあろう。あるいは，私大全体というより，私大の一部にいくつかの competing group があって，それぞれの competing group 内部での競争がより重要な問題であるかもしれない．

いずれにしても，ある私大が，その授業料をきめようとするとき，それが関心を払う他の私大のグループがあろう．これらの私大の授業料について，問題とする私大が期待する水準を p_e で示す．そうすると，この p_e との相対関係において，自校の授業料 p_f をある水準まで上げてもある数の学生を確保できると想定するような p_f の水準が定まるであろう． p_f のこのような水準を p_f^* で示す．その場合，この私大は p_f を p_f^* の水準より引下げるならば，この大学への教育需要が若干拡大すると期待できるであろう．しかし， p_f を p_f^* より引下げても，学生の質を落すことなく学生数を大幅に増加させることは困難であろう．私立大学の間に一連の格付けがあるのと同様に，大学教育を需要する者の間にも，その能力・質においてある序列があり，その質の高低が，ある程度大学の格付けと対応しており，したがって，私大の p_f の p_f^* よりの引下げが影響を及ぼす需要者層が限られているからである．他方，逆に p_f を p_f^* より高い水準に引上げる場合，その大学に合格し，同時に他の大学(それは問題とする大学と competing な関係にあることが多い)にも合格している需要者は，問題とする大学での教育需要をすてて，他の大学に走るであろう．したがって p_f^* より高い水準の p_f の下では，この大学への教育需要は急激に減少すると考えられる．問題とする大学が， p_f^* の授業料の水準での，この大学への教育需要の大きさを S^* と想定しているとすれば， p_f-S 平面にえがかれるこの大学の想定需要曲線は，点 (p_f^*, S^*) で Sweezy 型の屈折をもった需要曲線となるであろう．

しかしその場合，$p_f{}^*$ は必ずしも現行の授業料水準というわけではない．それは，competing group についての予想される授業料水準 p_e を考慮し，かつ，その大学の伝統や教育・研究の実績などに照して考えられる私大間，あるいは competing group 内での格付けを考慮して，ある学生数 S^* を誘引できると判断される授業料水準なのである．

この S^* の値は，私立大学全体に対する教育需要学生数の値とある関係をもっており，私立大学全体としては，私立大学全体に対する教育需要学生数の値が増加しない限り，その S^* の値は増加しえないであろう．したがって私立大学にマンモス化の傾向があるとしても，それは全体としての需要の大きさ，したがって S^* の値によって制約される．長期的にみて，私立大学が，その設備を $S^*<S_M=(K/k)$ となるように拡大することは効率的ではない．

以上により，私立大学の授業料と学生数の決定は次のように行われるであろう．すなわち，この大学が S^* の大きさの学生を収容する設備をもっており，その想定する需要曲線が点 $(p_f{}^*, S^*)$ で Sweezy 型の屈折を示しており，そして $p_f{}^*$ が K を一定とした場合の限界費用 wn_1 より大きい限り，この大学は授業料を $p_f{}^*$ に決定し，そして S^* の学生を採用しようとするであろう．もちろん，S^* の学生を採用しようとすることは，S^* の入試合格者を決定することではない．入試合格者は他大学との競争関係を考慮に入れて S^* より大きな値として決定されるであろう．

以上の分析では，私学振興のための助成金の存在を考慮に入れていない．しかし，この助成金の大きさは，それぞれの私立大学の活動の大きさ，例えば総費用の大きさ，あるいは人件費の大きさとある対応する関係をもっていると考えられる．そうすると，この助成金を考慮に入れることは容易であり，そしてそれを考慮に入れても，われわれの結論には重大な変更は生じないであろう．

さきの第2.1図と第2.2図に示したように，私立大学の費用関数には規模の経済が働いている可能性が強い．その場合，もし私立大学が収入＝支出となるように行動しているとすれば，大規模大学での授業料は，規模の小さい大学に比べて安くなるはずである．しかし，実際上では，そのような傾向はみられな

いように思われる．ということは，私立大学の行動が，以上のわれわれの分析で示したようなものに近いことを示唆しているように思われる．

第3章 大学教育需要と大卒労働市場

3.1 大学教育需要関数の推定に際して

第2章で,大学教育の供給について検討を加えるとともに,私立大学を中心とした大学教育市場において,学生数と授業料がどのようにして定められるかを検討した.そのようにして決定された大学入学者は,4年の大学教育,あるいは2年の短期大学教育の後に,何らかの理由,例えば結婚のために就職しないという者を除いて大学卒業者の労働市場の供給側に現われる.したがって,大卒者供給の振舞いを明らかにするためには,いま一度全体としての大学教育需要を明らかにしておく必要がある.この章では,この大学教育需要関数を統計的に検討するとともに,それにもとづき大卒者市場のワーキングについての分析を展開する.

市場需要関数の統計的確定に際して,ある市場が需要・供給の双方で競争的であるとすれば,そこで観測される価格と取引量の組み合せの集合から需要関数を統計的に推定しようとすると,いわゆる識別問題(identification problem)が生ずることはよく知られている[1].この観点から,R. Radner, L. S. Miller [40, p. 14]は R. Campbell, N. Siegel[7]の大学教育需要関数の計測を批判した.しかしながら,第2章で明らかにしたように,私立大学はその想定需要関数の下で price setter として行動しているように考えられる.その場合,個々の私立大学にとってその想定需要曲線上の一点が実現されるかどうかは別として——個別大学はその想定において間違いを起こす可能性がある——,全体としての大学教育需要量と授業料の組み合せは,需要が大学の供給能力内にある限り客観的需要曲線上の一点にあるはずである.そして,大学の教育供給能力は第2章でみたように需要の状態によって影響をうける.したがって観測される

---

1) 識別問題については,例えば H. タイル[55, pp. 368–382]を参照せよ.

データは，基本的には需要関係を示していると考えることができる．そうすると，全体としての大学教育需要量と授業料の組み合せに，需要に影響を与える他の要因を併せ考慮すれば，全体としての大学教育需要関数を統計的に推定できるはずである．ここでは，このような立場に立って，日本の大学教育需要関数を推定する．

その場合，大学教育需要を表わす指標として何を採るべきか．大学教育を需要する者が大学入試を受験しても，必ずしも大学に入学できるわけではない．その意味である年の大学入学者数は，大学教育需要者数を表わすわけではない．しかしながら，その入学者数の18歳年齢人口(3年前の中学校卒業者数)に対する比率，すなわち大学進学率は，大学受験可能人口の中での大学教育需要者の割合と同一方向に変動すると考えることができよう．つまり，大学進学率は，18歳年齢人口の大学教育需要性向を表わす代理変数とみることができるであろう．このような考え方の下に，以下では大学進学率を用いて大学教育需要関数を推定する．

3.2 大学教育需要関数

さて，第1章におけるわれわれの検討によって，大学教育への需要は，(1)大学教育によって生み出される期待生涯所得の増加，(2)大学教育によってえられる一種の耐久消費財からえられる用役の大きさ——そこにはデモンストレーション効果も含まれる——，(3)実質授業料，(4)親の実質所得に依存することが明らかにされた．そして，(5)大学教育需要と以上の説明変数の間には，若干のタイム・ラッグがありうるであろう．

まず，期待生涯所得の大学教育需要への影響を調べてみよう．いま，この要因の効果をみるため，労働省『賃金構造基本統計調査報告』により全産業(サービス業を除く)における大学卒業者(男)の平均賃金の高校卒業者(男)のそれに対する相対比率を計算し，これと大学進学率(男)の関係をみてみる．もし大学教育による期待生涯所得の増加分が，大学教育需要に正の効果を与えるとすれば，上の相対賃金率が上昇(下落)すれば大学進学率は上昇(下落)し，両者は同

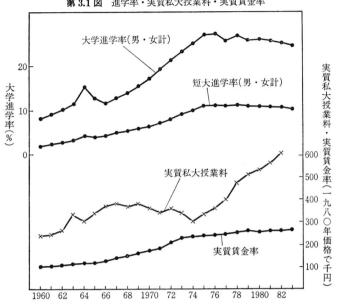

第3.1図 進学率・実質私大授業料・実質賃金率

方向に変動すると考えてよかろう．ところが，後に示す第3.2図にみられるように，大学進学率が上昇すると，それより5年程度のタイム・ラッグをおいて，相対賃金率が低下するという現象がみられる．

第1章で，男子と女子の大学進学率と短大進学率の相違によって，期待生涯所得要因が確かに大学教育需要に影響を与えているであろうことを明らかにした．しかし，この要因は極めて長期的には作用するとしても，年々の動きの中には，容易にはその影響の程度を明らかにしないように思われる．したがって以下の分析では，この要因を無視してもよかろう．

しかし，親の実質所得と実質授業料は，大学進学率に重大な影響を与えているようである．第3.1図をみられたい．ここでは，全体としての大学進学率，同じく全体としての短大進学率を実質私大授業料および実質賃金率の動きと比較してみた[2]．大学進学率にしろ，短大進学率にしろ，その全般的な動向は，

---

2) 文部省『私立学校の支出および収入に関する調査報告書』(1970会計年度より『私

明らかに実質賃金率に大きく依存しているようにみえる.

もっとも,実質賃金率は,1973年以降,その成長を鈍化させたが,なお正の成長率を示しているのに対して,進学率はそれより2年後の1975年以降低下傾向をみせている.これには1974年を底にして始まる私大授業料の上昇の影響が投影されているのかもしれない.とすると,1975年までの大学進学率の上昇には,74年までの実質授業料の低下の効果も反映されていたことになる[3].

そこで,次のような大学教育需要関数を想定しよう.$y(t)$をt年の大学進学率,$x_1(t)$をt年の実質賃金率,$x_2(t)$をt年の実質私大授業料とする.私大授業料は,国公立大学を含めた全体としての授業料の代理変数として用いられる.4年制大学と短期大学を区別するため,前者を添字uで,後者を添字jで示す.また男子の進学率と女子のそれを区別するため,さらに添字mで男子を,また添字fで女子を示すことにする.そして

(3.1) $\quad y_i(t) = a_{0i} + a_{1i}x_1(t) + a_{2i}x_2(t) + a_{3i}y_i(t-1),$
$\quad\quad\quad i = u, um, uf, j, jm, jf$

という線型の大学教育需要関数と

(3.2) $\quad \ln y_i(t) = b_{0i} + b_{1i}\ln x_1(t) + b_{2i}\ln x_2(t) + b_{3i}\ln y_i(t-1),$
$\quad\quad\quad i = u, um, uf, j, jm, jf$

という対数線型の大学教育需要関数を考えてみる.ここに,$\ln$は自然対数を示す.

ある人のある財についての需要がデモンストレーション効果によって影響されているということは,その人のその財に対する需要が,その周囲の人々のその財への需要の状況によって影響を受けること,つまり,人々のある財への需

立学校の財務状況に関する調査報告書』と改題)によりえられる4年制私大(昼間部)の授業料・入学金・実験実習料・施設設備資金・手数料・その他の学生納入金の合計計数を学生数で除した値を,ここでは私大授業料とよぶ.これを1980年=100の消費者物価指数でデフレートした値が,実質私大授業料である.また,労働省『毎月勤労統計』からえられる常用労働者賃金を1980年=100の消費者物価指数でデフレートした計数が,ここでいう実質賃金率である.

3) 市川昭午・菊池城司・矢野真和[30, pp. 25-26]は,最近における高等教育進学率の停滞は授業料・勤労世帯平均実収入比率の上昇と関係をもっているのではないかと考えている.

要の傾向が強まると，それらの人々に接触している人もそれに促されてその財を需要するようになるということを意味している．周囲の人々の需要の状況は，過去の需要の大きさに現われると考えることができよう．(3.1)式，あるいは(3.2)式の説明変数として $y_i(t-1)$，あるいは $\ln y_i(t-1)$ が入っているのは，一つにはこのようなデモンストレーション効果を表わすためである．

それと同時に，大学教育需要は，そのときの実質賃金率，そのときの実質授業料だけでなく，過去のそれらの状況によって影響を受けるであろう．つまり，実質賃金率や実質授業料の影響にはラッグをともなうであろう．これを示す一つの方法は分布ラッグを考えることである．$y_i(t-1)$，あるいは $\ln y_i(t-1)$ は，このために(3.1)式，あるいは(3.2)式に導入されているということもできる[4]．

さて，1961〜82年のデータを用いて，(3.1)式と(3.2)式を最小二乗法により推定すると，第3.1表および第3.2表の結果がえられる．この場合，係数推定値の下のカッコ内の計数は t 値を，$\bar{R}^2$ は自由度調整後の決定係数を，そして$D\text{-}W$ は Durbin-Watson 比を示す．決定係数はそれぞれの場合十分に大きい．t 値も b_{2i} の場合を除き，比較的高い値をとっている．したがって推定結果はまずまずのものといいえよう．

$\bar{x}_1$ を x_1 の，$\bar{y}_i$ を y_i の平均値として，平均値における短期の所得(賃金)弾力性 $a_{1i}\cdot(\bar{x}_1/\bar{y}_i)$ を求めると，これらは1より小さい．また，b_{1i} によって所得弾力性をみても1より小さい．しかし，長期所得弾力性 $a_{1i}/(1-a_{3i})\cdot(\bar{x}_1/\bar{y}_i)$，あるい

---

4) 分布ラッグを考える一つの簡単な方法は，例えば y と x_1, x_2 の間に
$$y(t) = \bar{a}_0 + \bar{a}_1 \sum_{\tau=0}^{\infty} \lambda^\tau x_1(t-\tau) + \bar{a}_2 \sum_{\tau=0}^{\infty} \lambda^\tau x_2(t-\tau)$$
という関係があると想定することである．ここに，$0 < \lambda < 1$．したがって，過去に溯るほど，x_1，あるいは x_2 は現在の y により小さい影響を与えていると考えていることになる．この場合
$$y(t) - \lambda y(t-1) = \bar{a}_0(1-\lambda) + \bar{a}_1 x_1(t) + \bar{a}_2 x_2(t)$$
となる．これを書き改めたものが，(3.1)式に当ると考えることができる．

以上の分布ラッグ関数において，x_1 と x_2 とが十分長い時間に亘って，例えば，x_1^*，x_2^* という水準を続けるとすると，$y(t)$ と $y(t-1)$ とは一致し，例えば y^* という水準となるであろう．この場合，上式より
$$y^* = \bar{a}_0 + [\bar{a}_1/(1-\lambda)]x_1^* + [\bar{a}_2/(1-\lambda)]x_2^*$$
をうる．$\bar{a}_1, \bar{a}_2$ を x_1, x_2 の y に対する短期的影響を示すものというならば，$[\bar{a}_1/(1-\lambda)]$，$[\bar{a}_2/(1-\lambda)]$ はそれらの長期的影響を示すものということができる．

第3.1表 方程式(3.1)の推定

	y_u	y_{um}	y_{uf}	y_j	y_{jm}	y_{jf}
a_{0i}	2.0399 (2.057)	4.8295 (3.137)	−0.1276 (−0.268)	−0.0464 (−0.099)	1.2878 (4.425)	−0.7234 (−0.769)
a_{1i}	0.0685 (4.032)	0.0985 (3.780)	0.0307 (5.245)	0.0227 (3.912)	0.0042 (2.974)	0.0394 (4.032)
a_{2i}	−0.0098 (−2.997)	−0.0153 (−2.890)	−0.0050 (−4.605)	−0.0031 (−3.605)	−0.0019 (−3.175)	−0.0046 (−3.257)
a_{3i}	0.4396 (3.073)	0.4315 (2.819)	0.5808 (6.583)	0.6291 (6.079)	0.3373 (1.930)	0.6724 (7.405)
$\bar{R}^2$	0.974	0.966	0.991	0.994	0.741	0.996
$D\text{-}W$	1.9415	1.8652	1.6665	1.8142	1.9789	1.4236
$a_{1i}\cdot(\bar{x}_1/\bar{y}_i)$	0.6688	0.6211	0.8384	0.5645	0.3965	0.5526
$a_{2i}\cdot(\bar{x}_2/\bar{y}_i)$	−0.1952	−0.1964	−0.2297	−0.1547	−0.3654	−0.1323
$a_{1i}/(1-a_{3i})$	0.1222	0.1732	0.0733	0.0613	0.0063	0.1202
$a_{2i}/(1-a_{3i})$	−0.0176	−0.0270	−0.0119	−0.0083	−0.0029	−0.0142
$a_{1i}/(1-a_{3i})\cdot(\bar{x}_1/\bar{y}_i)$	1.1934	1.0925	1.6560	1.5220	0.5983	1.6869
$a_{2i}/(1-a_{3i})\cdot(\bar{x}_2/\bar{y}_i)$	−0.3483	−0.3455	−0.5479	−0.4171	−0.5513	−0.4037

第3.2表 方程式(3.2)の推定

	$\ln y_u$	$\ln y_{um}$	$\ln y_{uf}$	$\ln y_j$	$\ln y_{jm}$	$\ln y_{jf}$
b_{0i}	−0.5525 (−0.903)	−0.0522 (−0.101)	−1.3866 (−1.694)	−0.7053 (−0.782)	0.7066 (1.468)	0.2297 (0.272)
b_{1i}	0.5943 (3.310)	0.5523 (3.200)	0.6694 (3.687)	0.3782 (2.041)	0.3153 (2.727)	0.1635 (0.938)
b_{2i}	−0.1637 (−1.788)	−0.1654 (−1.751)	−0.1991 (−2.573)	−0.1107 (−1.575)	−0.3258 (−2.860)	−0.1105 (−1.701)
b_{3i}	0.4706 (3.103)	0.4594 (2.892)	0.5687 (5.009)	0.7146 (6.016)	0.4141 (2.593)	0.8587 (8.814)
$\bar{R}^2$	0.961	0.950	0.986	0.989	0.738	0.994
$D\text{-}W$	1.7621	1.7216	1.8174	1.9313	1.9434	1.7365
$b_{1i}/(1-b_{3i})$	1.1227	1.0215	1.5520	1.3254	0.5382	1.1573
$b_{2i}/(1-b_{3i})$	−0.3093	−0.3059	−0.4616	−0.3880	−0.5560	−0.7825

は $b_{1i}/(1-b_{3i})$ は, y_{jm}, あるいは $\ln y_{jm}$ の場合を除いて1より大きい. これに対して, 価格(授業料)弾力性は, 短期のそれも長期のそれも, すべての場合において負であり, その絶対値は1よりは小さいが, 理論的に想定される符号と一致している.

男子の大学教育需要と女子のそれを比べてみると, 長期的にみる限り, 女子の大学教育需要は, 男子のそれより所得についても価格についてもより弾力的である. 女子の所得弾力性が高いことは, 女子の大学教育需要は男子の場合よりより贅沢財であることを意味する. 他方, その高い価格弾力性は, 親たちが男子の場合よりより慎重に, 大学教育からえられる期待生涯所得の増とその教育費を比較し, かつ敏感に反応していることを示しているということができよう.

3.3 大卒労働市場のワーキング

さて, ここで大学卒業者の労働市場はどのようにワーキングするであろうかという点の検討に進むことにしよう. 大卒労働市場への供給で主として問題になるのは, 4年制大学では男子のそれであり, 短期大学では女子のそれである. したがって, この場合, 男子の大学教育への需要の状況と女子の短期大学教育への需要の状況とに関心がもたれる.

第3.1表および第3.2表によれば, 男子の大学教育需要の長期所得弾力性は1.09および1.02であり, ほぼ1の大きさである. また女子の短大教育需要の長期所得弾力性は, 第3.1表では1.69, 第3.2表では1.16である. 1.69の場合には, a_1, a_3 の t 値は十分に高い. 1.16の場合には, b_1 の t 値が低く, b_3 の t 値は十分高い. 前者をとり, その長期所得弾力性が1より相当大きいとしても, 以下の議論はより強められた形で起こりこそすれ, 結論の方向には変りはない. そこで, 男子の場合と同様に, その長期所得弾力性は, ほぼ1であると考えておこう.

さて, 簡単化のため, 大学教育需要の長期所得弾力性が1であるとしよう. この場合, 大学教育への需要は, 他の条件にして変化のない限り, 長期的にみ

て,全体としての実質産出額の成長率と等しい成長率を示すことになろう.したがって,大卒労働市場に現われる労働供給の成長率は,産出量のそれと同一となる.

この労働供給の成長に対して,大卒労働需要はどのように動くであろうか.ここで,Harrod 型経済成長理論で想定される,能力産出量の増加とそれに必要な資本の増加との関係,すなわち限界必要資本係数という概念を想起するのである.もし大学教育を受けた人々が,人的資本を体化しているとすると,能力産出量の増加とそれに必要な人的資本を体化した人々の増分との間に限界必要人的資本係数という概念を介在させることができよう.すなわち,能力産出量の増加を ΔY_f,それに必要な大卒者数を G_d,限界必要人的資本係数を H_r とすれば,

$$(3.3) \qquad G_d = H_r \cdot \Delta Y_f.$$

もし H_r が時間的にみて十分安定しているならば,そして能力産出量の成長率が一定に保たれるとき,G_d の成長率は能力産出量 Y_f の成長率と一致する.したがって,最初,G_d が新規大卒労働供給 G_s と一致している状態から出発すれば,大卒労働需給は均衡状態を保ちながら,通時的に成長していくことになろう.このような状態が成立するとすると,経済の成長に伴って大学進学率が上昇し,高校卒業者に比べて大学卒業者が増加していっても,大学卒業者と高校卒業者の間の相対賃金率は一定にとどまると期待される.

ところが歴史的な時間の流れの上で長期的にみて,資本・産出量比率(資本係数)は安定しているが,産出量・労働比率(労働生産性)は上昇するという傾向がみられる[5].このことは,技術進歩が労働増大的であることを意味している.労働増大的技術進歩を前提し,その他若干の仮定をおくとき,新古典派成長モデルにおいて,均斉成長状態において物理的単位で測った労働生産性は上昇するが,能率単位で測った労働生産性は一定となるということを示すことができる.つまり,産出量と,物理的単位で測った労働量に労働増大要因を乗じ

---

5) 例えば,S. Fujino[21, pp. 179-184],あるいは藤野正三郎[20, pp. 243-252]を参照されたい.

てえられる能率単位で測った労働量との関係は，一定となるのである．この労働増大要因が人的資本への投資を示すものであるとの解釈も下しうる．そのように考えると，大卒労働需要 G_d に労働増大要因を乗じた値と ΔY_f との間には，長期的に安定的な関係が成立するであろう．しかし，(3.3)式における G_d と ΔY_f との間の限界必要人的資本係数 H_r は，経済成長過程で低下すると考えなければならないであろう．そのとき，G_d の成長率は Y_f の成長率より低くなるであろう．

新規大卒労働供給 G_s が産出量と同一の成長率で成長し，他方，新規大卒労働需要 G_d が産出量の成長率より低い成長率で成長するとすれば，初期的に需給均衡状態にあったとしても，時間の経過とともに大卒労働市場では労働の超過供給が現われるであろう．この傾向を解消し，大卒労働市場で長期的にみて需給均衡をもたらすものがあるとすれば，それは，大卒賃金率の高卒賃金率に対する相対関係，相対賃金率であろう．すなわち，この相対賃金率が労働需給状況に反応して低下傾向を示すならば，大卒労働市場における労働需給の調整が円滑に進行すると期待される．

さて，実際はどのようになっているか．ここで，第3.2節で期待生涯所得の大学教育需要への影響を検討した際にみた，大卒(男)の平均賃金率の高卒(男)の平均賃金率に対する相対賃金率と，大学進学率(男)との関係をみてみよう．前述したように，そこには，大学進学率が上昇すると5年程度のタイム・ラッグをおいて，相対賃金率が低下するという関係がみられる．ここで t 年の相対賃金率 $w(t)$ と5年前の男子大学進学率 $y_{um}(t-5)$ との相関図をえがいてみよう．第3.2図をみると，明らかに両者の間には右下りの関係がみられる．この図はまことに印象深い．大学進学率が上昇してそれから4年たつと，大卒者の労働供給が高卒のそれに比べて相対的に増加する．ところがそれから1年おいて，大卒の相対賃金が低下する傾向が極めてきれいに現われているのである．この場合，大卒賃金にしろ高卒賃金にしろ，新規卒業者の賃金だけでなく，それまでのすべての大学卒業者なり高校卒業者なりの賃金に関係しているのである．そのような全体としての賃金が，賃金にはその硬直性という重要な特徴がある

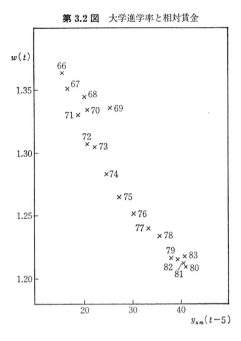

第3.2図　大学進学率と相対賃金

にもかかわらず，大学卒と高校卒の労働の相対的状態および大学卒の労働需要と労働供給の相対的な関係を反映して，労働市場の調整者として変動していると考えられる傾向がみられるということは，まことに驚くべき事実である．この傾向を通じて，大卒労働市場の需給関係は，比較的円滑に調整されているように考えられる．

第4章 オーバー・ドクターはどのようにして生れるか
——大学教員市場の分析——

4.1 大学教員への需要

オーバー・ドクターという言葉がある．和製英語である．overpopulation（過剰人口），overproduction（過剰生産）になぞらえ，過剰博士という意味の作語であろうか．あるいは，大学院の修士課程(博士前期課程)2年，博士課程(博士後期課程)3年を越えてなお大学院に留まっている学生，あるいは就職できないでいる者という意味であろうか．とにかく，大学院5年の課程を経過したのに就職できずにいる者である．彼等の大部分は，大学教員になることを志しているので，それは大学教員の超過供給であるということができる．このオーバー・ドクターはどのようにして発生するのであろうか．それは，大学教員市場がどのようにワークしているか問うことでもある．そのメカニズムを明らかにするため，まず，大学教員への需要を検討しよう．

われわれは，第2章の私立大学の経済行動の分析において，それぞれの私立大学は，その理念・目的の一定の達成度を前提とした上で，次の形で教員を需要するであろうことを明らかにした．すなわち

(4.1) $\qquad T_d = n_0 + n_1 S, \qquad n_0 \geqq 0, n_1 > 0.$

ここに，T_d は大学教員需要量，S は学生数である．全体としての私立大学の教員需要は，(4.1)を集計してえられる．その場合，(4.1)式での n_1 に当る係数は，各私立大学の学生数による各大学の n_1 の加重平均値となり，私立大学学生数の構成に依存することになる．しかし，この点は無視してよかろう．そしてまた，国公立大学についても，一定の文教政策の下で，その教員需要関数は(4.1)式と同様のものとなると考えられる．したがって，全体としての大学教員需要

も(4.1)式の形で示されるものと考えることができよう.

それは,大学教育を需要する学生数に依存する.大学教育への需要がどのような要因によって支配されるかは,第1章で検討した.そして,第3章で全体としての大学教育への需要を統計的に検討し,それが実質賃金率,実質授業料,および過去の大学教育需要状況に依存していることを明らかにした.

いま,学生数を大学入学者数で代表させ,18歳年齢人口をN_{18}として大学進学率を(S/N_{18})で示し,実質賃金率を生産年齢人口当りの産出量(Y_r/N)でおきかえ,大学教育需要関数を線型であるとすれば,第3章での検討にもとづき,それを

$$(4.2) \quad \left(\frac{S(t)}{N_{18}(t)}\right) = a_0 + a_1\left(\frac{Y_r(t)}{N(t)}\right) + a_2\bar{p}_f(t) + a_3\left(\frac{S(t-1)}{N_{18}(t-1)}\right)$$

と表わすことができよう.ここに,$\bar{p}_f$は実質授業料である.いま簡単化のために,人口とその構成の変化を無視し,N_{18}とNとが通時的に変化しないものとすれば,その時間添字tを除いて

$$(4.3) \quad S(t) = a_0 N_{18} + a_1 \cdot \left(\frac{N_{18}}{N}\right) \cdot Y_r(t) + a_2 N_{18} \cdot \bar{p}_f(t) + a_3 S(t-1)$$

をうる.

(4.1)式に(4.3)式を代入すると,大学教員需要関数は

$$(4.4) \quad T_d(t) = n_0 + n_1\left[a_0 N_{18} + a_1 \cdot \left(\frac{N_{18}}{N}\right) \cdot Y_r(t) + a_2 N_{18}\bar{p}_f(t) + a_3 S(t-1)\right]$$

となる.この大学教員への需要は,いわばストックとしての需要である.その大部分は,すでに過去において供給とミートし,年々自動的に供給との間の雇用関係が更新されるものである.日本の労働市場では,雇用に際して定年を除き任期の限定を受けることは殆どなく,人々は一度職をうると,被用者が他への移動を決意しない限り,定年までその職に留まることができる.したがって,一度雇用契約の成立した労働需給においては,定年にいたるまで年々自動的に需要と供給がミートすることになる.大学教員市場もこの例外ではなく,むしろその典型的な事例であるということができる.そこで,大学教員市場の需給

状態をみる上では,既契約の教員需給は問題とならない.問題とされなければならないのは,教員市場での新規の需要と新規の供給との関係である.

教員の新規需要は,上にみたストックとしての教員需要の年々の増加分に,大学教育から引退していく人々に対する置換需要を加えたものである.t 年の置換需要を $R(t)$ で示すと,新規の教員需要は(4.4)式に(4.1)式を考慮して

$$(4.5) \quad \Delta T_d(t) + R(t) = n_1 \left[a_1 \cdot \left(\frac{N_{18}}{N} \right) \cdot \Delta Y_r(t) + a_2 N_{18} \Delta \bar{p}_f(t) + (a_3/n_1) \Delta T_d(t-1) \right] + R(t)$$

となる.この新規教員需要が,大学教員市場に新規参入しようとする新しい供給者への需要を形成する.

4.2 大学教員の供給

他方,大学教員の新規の供給は,主として大学院教育の修了者の中から生れる.理工系・医学系の大学院修士課程修了者および博士課程終了者に対しては,一般の企業などからの若干の需要があるようであるが,人文・社会科学系のそれに対しては,一般の企業や官庁からの需要は殆どゼロという状態が定着してしまっている.そうすると,官庁・銀行・会社退職者の大学教員市場への新規参入を無視すると,人文・社会科学系の大学院教育の需要者が,すなわち人文・社会科学系の大学教員の新規供給者であるということができる.

いずれにしても,大学教員市場での新規供給者は,その大部分が大学院教育の需要者である.この大学院教育の需要については,大学教育への需要の分析が適用できる.ただその際注意すべきことは,大学院教育を受けることによって生ずるコストは極めて大きく,しかも企業が大学院教育の効果を評価して,それ相応の賃金を大学院出身者に支払うという傾向も少ないようであるので,大学院教育を受けることによってもたらされる期待生涯所得は,大卒者のそれに比べてドラスティックに減少するということである.そこで学部卒業者,とくに人文・社会科学系学部の卒業者にとっては,大学院教育によって獲得される耐久消費財から将来えられると期待される用役の流れの割引値合計 E の効

用に及ぼす効果は，それにもとづく期待生涯所得 Y の減少による効用の減退をカバーするほどのものとはならず，大学院進学希望者は，大学進学希望者に比べて著しく限定されてくる．このような状況の下で大学院教育を需要する人々は，その効用関数において，教育を受けることによってえられる用役 E の効用に及ぼす正の効果を極めて高く評価する特殊な人々であるということになろう．

あるいは，期待生涯所得 Y，および教育によってえられる耐久消費財からの用役 E だけでなく，ここに R. B. Freeman[13]のいう職業の非金銭的特性を，労働供給によってえられる一種の収入として，効用関数の中に導入する必要が，大学教育への需要分析に比べて大きくなるといえるのかもしれない．

大学院教育を需要し，大学教員となろうと志す人々の中には，大学教員としての教育・研究の活動，とくにその研究活動の実施がその効用に及ぼす正の効果を高く評価して大学院教育を需要する人がいよう．その場合，彼は職業上の非金銭的特性を研究活動の実施という形で把えているのである．

ところで，大学の学部を卒業して，一般の企業や官庁に就職する場合には，企業なり官庁なりの組織の中に組み込まれ，その制約の中で労働を供給することを要求される場合が多い．そして，人々の中には，このような制約の中で労働の供給を行うこと，それを会社人間になることと表現すれば，会社人間になることが，彼の効用をそうでない場合よりはなはだしく低下させるような人もいるようである．しかるに，大学教員においては，その活動に際して大学という組織体からの行動制約を受けることが少ない．そこで，場合によっては，大学教員という職業の非金銭的特性として，この側面を高く評価し，それ故に，大学卒で一般の企業に就職するより，大学院教育を需要する人もいよう．大学院教育を需要するに際して，大学教員の第1の非金銭的特性を重視する人を教育・研究型といえば，その第2の非金銭的特性を重視する人は，非組織型ということができよう．

大学院教育への需要の分析に際しては，大学教育への需要の分析に対し，以上のような修正を加えるとしても，基本的には，前者に後者が適用される．しかしながら，大学教員の供給を考えるに当っては，大学院教育への潜在的需要

第4章 オーバー・ドクターはどのようにして生れるか

だけでなく，いま一つの要因を考慮しなければならないように思われる．

大学教育の場合には，私立大学の行動分析から明らかにされたように，大学教育に対する潜在的需要が，常に充足される方向で調整が行われると考えられる．このことは，しかし，実は大学卒業者に対する需要が，年々ほぼその供給をカバーできるという事情を前提にしていた．大学の卒業者は，比較的スムースにいろいろのタイプの企業からの労働需要にその労働供給を調整させるし，また企業は，理工系と社会科学系の区別くらいには留意するとしても，経済学部卒業者もあるいは法学部卒業者もあまり神経質に区別せずに需要している．そして，第3章で明らかにしたように，大学進学率の上昇による高卒者に比べての大学卒業者の供給の相対的増大は，両者の間の相対賃金率の変化によって調整されている．

ところが，大学院教育の修了者の場合には，少くとも社会科学系で大学教員（あるいはその他の教員）以外にその労働を供給することは困難であり，大学教員への新規需要自体が極めて限定された大きさである．しかも，大学院教育の内容が専門化し，労働供給者が極めて特化している上に，教員需要側も，教員の採用において特定研究分野での教育を受けたことを要求する．したがって，全体としてみても，あるいは細分化してみても，大学教員の新規供給がそれに対する需要によってほぼ満されるということは恒常的には期待できない．そして超過供給が持続する場合には，大学側が大学院への入学者を制限しようとする．この点が，大学教育への需要に追随して大学教育サービスの供給が行われる傾向をもつ大学学部教育と比べ，大学院教育の一つの相違点である．つまり大学教育への潜在的需要は，そのまま実現される傾向があるが，大学院教育への需要の実現には，大学側のポリシーの影響が加わり，必ずしも潜在的需要が実現されない．したがって，大学教員の供給は大学院教育への潜在的需要がそのまま反映されるというわけではない．この点については，教員市場の需給調整過程に関連して，次に検討を加える．

4.3 大学教員市場の需給調整モデル(1)

　労働市場で需要と供給が一致しないとき,賃金率が変化し,それによって需要と供給の調整が進行すると考えたのが,古典派経済学ないし新古典派経済学であった.これに対して,労働市場で非自発的失業が存在するとき,生産物に対する有効需要が増加し,したがって,それに伴って労働への(有効)需要が増大すれば,失業が解消されると考えたのが,ケインズ理論であった.

　大学教員市場での新規労働供給は,第4.2節でみたように,賃金(期待生涯所得)の変化に鈍感であると考えられるし,そこでの新規労働需要は,第4.1節でみたように賃金水準よりむしろ大学教育への需要の変化に依存している.したがって,全体としての古典派ないし新古典派理論,およびケインズ理論の当否は別としても,大学教員市場は著しく非新古典派理論的であり,そしてケインズ理論的である.にも拘らず,R. B. Freeman[13]は,大学教員のための労働市場が賃金率の変動を媒介としてクリアーする形のモデルの理論的検討と実証的検討を行っているし,また新規 Ph. D. エコノミスト(Ph. D. はラテン語 Philosophiae Doctor—哲学博士の略)の市場について賃金変動で市場がクリアーされるという形の検討を行うものとして,W. L. Hansen, H. B. Newburger, F. J. Schroeder, D. C. Stapleton, D. J. YoungDay[27]などの研究があるが,それらは極めてテキスト・ブック的であり,大学教員市場のもつ特性に十分の注意を払ったものとは考えられない.かれらが問題にしているアメリカ合衆国の大学教員を含むエンジニアー・科学者の市場についても,K. J. Arrow, W. M. Capron[2]は市場の調整に遅れがあるモデルでそこでの現象を説明しようとしているのである.

　大学教員市場で,その賃金の変化がそこでの需給を調整する能力をもたないとすると,その需給調整はどのように進行するのであろうか.いま,t期の教員フロー需要量 $FD(t)$ を,t期の教員引退者に対する置換え需要 $R(t)$, t期の教員需要量純増加分,および t 期首,したがって $(t-1)$ 期末における未充足の教員需要量 $UD(t-1)$ の合計からなるものと定義しよう.このとき,(4.5)式を考慮して

(4.6)　　$FD(t) \equiv \bar{a}_1 \Delta Y_r(t) + \bar{a}_2 \Delta \bar{p}_f(t) + \bar{a}_3 \Delta T_d(t-1) + R(t) + UD(t-1).$

ここに，$\bar{a}_1 \equiv n_1 a_1 (N_{18}/N)$, $\bar{a}_2 \equiv a_2 N_{18}$, $\bar{a}_3 \equiv (a_3/n_1)$ である．

さて，博士課程修了者が30歳で大学教員として就職し，その後死亡することなく70歳で退職するものとすれば，$R(t)$ は40年前の教員フロー雇用量＝min[$FS(t-40)$, $FD(t-40)$]に依存する．ここに，$FS(t-40)$ は40年前の教員フロー供給量であり，それは後出の(4.8)式で定義される．この40年という期間は極めて長いから，簡単化のため $R(t)$ の動きは体系外から与えられているとしよう．また大学教員需要純増に影響を与える ΔY_r, $\Delta \bar{p}_f$, 人口の年齢構成などの動きも体系外から与えられているものと考えることができる．そこで，(4.6)式右辺の第1項～第4項を一括して $\overline{FD}(t)$ で示し，その動きは所与と仮定しよう．すなわち

(4.7)　　　　　　　$FD(t) = \overline{FD}(t) + UD(t-1).$

他方，単純化のため，大学院博士課程修了者のうち大学教員市場外に流出するもの，および官庁・銀行・会社などから大学教員市場に流入するものを無視する．このとき，t 期の教員フロー供給量 $FS(t)$ は，t 期における大学院博士課程修了者 $\bar{S}(t)$ と，$(t-1)$ 期末での実現されずに残っている供給量 $US(t-1)$ の合計である．したがって

(4.8)　　　　　　　$FS(t) \equiv \bar{S}(t) + US(t-1).$

いま，大学教員の超過供給 $OD(t)$ を

(4.9)　　　　　　　$OD(t) \equiv FS(t) - FD(t)$

と定義すれば，$OD(t)$ が正であるときには，$OD(t) = US(t)$ であり，また $OD(t)$ が負であるときには，$OD(t) = -UD(t)$ である[1]．すなわち，$OD(t) = 0$ の場合も含めて

(4.10)　　　　$US(t) \begin{cases} = OD(t) & \text{if} \quad OD(t) \geqq 0, \\ = 0 & \text{if} \quad OD(t) < 0, \end{cases}$

(4.11)　　　　$UD(t) \begin{cases} = 0 & \text{if} \quad OD(t) \geqq 0, \\ = -OD(t) & \text{if} \quad OD(t) < 0. \end{cases}$

---

1) この OD が正のとき，それがいわゆるオーバー・ドクターに当る．

次に，教員の供給側における博士課程修了者の数は，大学院教育を需要する人々の行動と大学のポリシーに依存する．しかもこの場合，大学院入学希望者数より，その希望者の何パーセントを大学院に入学させようとするかという大学のポリシーの方が，$\bar{S}(t)$ の大きさに重大な影響を与えるものと考えられる（もっとも，大学院教育サービスへの需要者の数が極端に少ない場合には，その制約が $\bar{S}(t)$ の大きさを左右するではあろうが）．そして，大学の大学院入学者数の決定は，大学院修了者の教員への就職状況を考慮することによって行われるであろう．すなわち，OD が正であれば，大学院入学者数を少なくし，OD が負となれば，それを増加させるであろう．その結果，大学院修了年限の経過の後の $\bar{S}(t)$ の大きさが定まる．

この $\bar{S}(t)$ の決定過程を次のように定式化しよう．すなわち，大学はある期の大学院博士課程（後期）への入学者数を，前の期における博士課程入学者数にその期における大学教員市場の超過需給状態を勘案することによって決定する．この場合，ある年の博士課程入学者が3年後に大学院博士課程修了者になるとすれば，単位期間を1.5年とするとき，この決定過程は

$$(4.12) \qquad \bar{S}(t) = \bar{S}(t-1) - \alpha \cdot OD(t-2), \qquad \alpha > 0$$

で表わされる．

さて，(4.9)式に(4.7)式と(4.8)式を代入し，かつ(4.10)式と(4.11)式を考慮すると

$$(4.13) \qquad OD(t) = \bar{S}(t) + OD(t-1) - \overline{FD}(t).$$

これを書き改めると

$$(4.14) \qquad \bar{S}(t) = OD(t) - OD(t-1) + \overline{FD}(t)$$

であり，また

$$(4.15) \qquad \bar{S}(t-1) = OD(t-1) - OD(t-2) + \overline{FD}(t-1).$$

(4.14)式と(4.15)式を(4.12)式に代入して整理すると

$$(4.16) \qquad OD(t) - 2OD(t-1) + (1+\alpha)OD(t-2) + \Delta\overline{FD}(t) = 0$$

がえられる．いま，$\Delta\overline{FD}(t)$ が一定であるとすると，この2階定差方程式の解は

$$(4.17) \qquad OD(t) = A_1\lambda_1^t + A_2\lambda_2^t - (1/\alpha) \cdot \Delta\overline{FD}.$$

第4章 オーバー・ドクターはどのようにして生れるか

ここに A_1, A_2 は初期条件に依存する定数であり，そして

(4.18)
$$\lambda_1 = 1+\sqrt{-\alpha},$$
$$\lambda_2 = 1-\sqrt{-\alpha}$$

である．この根の実数部は，偶々1となるので，$OD(t)$ の振動は単弦振動となる．

この振動における周期は，$\tan\bar{\theta}=\sqrt{\alpha}$ によって定まる $\bar{\theta}$ によって，$(2\pi/\bar{\theta})$ となる．いま α にいろいろの値を与えてみると，それに対応して第4.1表に示すように周期が定まる．$(2\pi/\bar{\theta})$ から計算した周期は1.5年を1単位期間とするものであるから，年単位で測った周期に直すと，この表の下段の値となる．

α の値が1に近いときには，12年程度の周期で，また0.2～0.3のときには，20年前後の周期で大学教員市場の超過供給 OD がサイクリックに変動することになる．景気循環には，在庫投資の動きを中心とした3～4年程度の周期のサイクル，設備投資の動きと密接な関連をもつ10年前後の周期の波，それに建設投資の動きとかかわりをもつ20年前後の周期の波動がある[2]．大学教員市場での需給の循環的変動は，これらの中のどのサイクルと関連をもっているのであろうか．(4.12)式で，市場の超過需給の状態を考慮して前期の $\bar{S}(t-1)$ に比べて今期の $\bar{S}(t)$ の値を修正する場合，α が1に近いような値をとって，調整が急速に進むとは考えにくい．すると，周期は長くなる可能性がある．われわれは，後にこの点を実証的に検討するが，以上のモデルに修正を加えたモデルによる分析で，いろいろの専攻分野について20年前後の周期を発見した．

以上では，大学の大学院博士課程修了者数 $\bar{S}(t)$ の決定について(4.12)式を仮定した．そこでは，大学院博士課程入学時における大学教員市場での超過需給

第4.1表 超過需給サイクルの周期(1)

α	1	0.9	0.8	0.7	0.6	0.5	0.4	0.3	0.2
$2\pi/\bar{\theta}=$周期	8.0	8.277	8.610	9.019	9.534	10.209	11.142	12.539	14.941
1.5年×$(2\pi/\bar{\theta})=$ 年単位での周期	12.0	12.416	12.915	13.529	14.301	15.314	16.712	18.808	22.411

2) このような景気循環のタイプについては，藤野正三郎[16, pp.2-13], [17]を参照されたい．

状態だけが，$\bar{S}(t)$ に影響を及ぼすと考えられている．しかし，超過需給状態の $\bar{S}(t)$ への影響には相当のタイム・ラッグを伴うであろう．そこで OD が分布ラッグをもって $\bar{S}$ に影響すると考え，(4.12)式の代りに

(4.19)
$$\bar{S}(t) = \alpha_0 - \alpha_1 \sum_{\tau=0}^{\infty} \theta^\tau OD(t-2-\tau), \quad \alpha_0 > 0, \ \alpha_1 > 0, \ 1 > \theta > 0$$

を想定することができよう．この場合，(4.19)式を

(4.20) $$\bar{S}(t) = (1-\theta)\alpha_0 + \theta\bar{S}(t-1) - \alpha_1 OD(t-2)$$

と書き改めることができる．この(4.20)式に(4.14)式と(4.15)式を代入すると

(4.21) $$OD(t) - (1+\theta)OD(t-1) + (\theta+\alpha_1)OD(t-2) - (1-\theta)\alpha_0$$
$$+ [\overline{FD}(t) - \theta\overline{FD}(t-1)] = 0$$

をうる．この式で $\overline{FD}(t)$ が $\overline{FD}$ で一定であるとすれば，(4.21)の解として

(4.22) $$OD(t) = B_1\rho_1^t + B_2\rho_2^t + (1/\alpha_1) \cdot \{(1-\lambda)\alpha_0 - (1-\theta)\overline{FD}\}$$

がえられる．ここに，B_1, B_2 は初期条件に依存する定数である．そして

(4.23)
$$\rho_1 = (1/2) \cdot [(1+\theta) + \sqrt{(1+\theta)^2 - 4(\theta+\alpha_1)}],$$
$$\rho_2 = (1/2) \cdot [(1+\theta) - \sqrt{(1+\theta)^2 - 4(\theta+\alpha_1)}]$$

である．$[(1+\theta)/2]$ は正で1より小であるから，$(1+\theta)^2 - 4(\theta+\alpha_1) = (1-\theta)^2 - 4\alpha_1 < 0$ であれば，この場合減衰振動がえられることになる．そして $\tan\bar{\theta} = (\sqrt{4(\theta+\alpha_1) - (1+\theta)^2})/(1+\theta)$ によって定る $\bar{\theta}$ によりその周期が $(2\pi/\bar{\theta})$ として与えられる．θ と α_1 のいろいろの組み合せを考えると，第4.2表のような周期をうる．この表のマトリックス内の上段の数字は1.5年を単位期間とする周期で

第4.2表 超過需給サイクルの周期(2)

α_1 \ θ	0.8	0.6
0.3	11.653 17.479	11.325 16.987
0.2	13.921 20.896	13.654 20.481
0.1	19.528 29.292	19.852 29.778

あり，下段の計数は年単位のそれである．$\theta=0.6\sim0.8$，$\alpha_1=0.2$ 前後という数値の組み合せによって，ここでも 20 年前後の周期がえられる．

4.4 大学教員市場の需給調整モデル (2)

われわれは，前節で展開した (4.20) 式の動学モデルを，実際のデータをあてはめるため若干の修正をほどこした上で，実証的検討をこころみた．その結果，人文科学・社会科学・理学などの分野で (4.21) 式の θ, α_1 に当る値が推定され，それらから 20 年に近い周期が発見された．

しかし，その検討過程で，以上のモデルは超過需給がゼロとなる水準の周りでの，つまり定常的水準の上下でのサイクルを説明するものであり，大学教員数が成長過程をたどる場合には必ずしも適当でないことに気付いた．そこで，博士課程修了者による大学教員の供給が成長過程をたどるモデルを展開し，それを実証的に検討した．後の節では，この成長率調整モデルによる実証的分析の結果を示す．そこで，この節でその成長率調整動学モデルを示しておく．

まず，(4.13) 式を書き改めて

$$(4.24) \quad \Delta OD(t) = \bar{S}(t) - \overline{FD}(t)$$

とし，この両辺を $\bar{S}(t-1)$ で割って

$$(4.25) \quad \Omega(t) = s(t) - f(t)$$

とする．ここに $\Omega(t) \equiv (\Delta OD(t)/\bar{S}(t-1))$，$s(t) \equiv (\bar{S}(t)/\bar{S}(t-1))$，$f(t) \equiv (\overline{FD}(t)/\bar{S}(t-1))$ である．つまり，$s(t)$ から 1 を引けば，$\bar{S}$ の成長率となる．(4.19) 式に対応して，この $s(t)$ が，超過需給の増分の 1 期前の $\bar{S}$ に対する比率に分布ラッグをもって反応すると考え

$$(4.26) \quad s(t) = \beta_0 - \beta_1 \sum_{\tau=0}^{\infty} \Theta^{\tau} \Omega(t-2-\tau) \quad \beta_0 > 0,\ \beta_1 > 0,\ 1 > \Theta > 0$$

と想定する．これより

$$(4.27) \quad s(t) = (1-\Theta)\beta_0 + \Theta s(t-1) - \beta_1 \Omega(t-2)$$

をえ，これに (4.25) 式を代入する．そのとき

$$(4.28) \quad \Omega(t) - \Theta\Omega(t-1) + \beta_1\Omega(t-2) + [f(t) - \Theta f(t-1)] - (1-\Theta)\beta_0 = 0$$

という関係がえられる．そして，$[f(t)-\Theta f(t-1)] \equiv F$ を一定と仮定すれば

(4.29) $\quad \Omega(t) = C_1 \rho_1{}^t + C_2 \rho_2{}^t + [1/(1-\Theta+\beta_1)][(1-\Theta)\beta_0 - F]$

の解をうる．ここに

(4.30)
$$\rho_1 = (1/2)\cdot[\Theta + \sqrt{\Theta^2 - 4\beta_1}],$$
$$\rho_2 = (1/2)\cdot[\Theta - \sqrt{\Theta^2 - 4\beta_1}]$$

である．$1>\Theta/2>0$ であるので，$\Theta^2-4\beta_1<0$ のとき減衰振動となる．そして $\Theta=0.8$, $\beta_1=0.2$ 程度で 20 年ほどの周期となる．

以上の分析では，大学教員需要に与える全体としての産出量，実質授業料，人口構成などの変動効果，および置換需要 $R(t)$ の変動は，体系外から与えられ，時間を通じて所与の動きをすると仮定した（すなわち，$\varDelta \overline{FD}, \overline{FD}(t), F$ を一定と仮定した）．実際の大学教員市場では，これらの要因がさらに教員市場の需給状態に大きな影響を及ぼすであろう．とくに全体としての産出量の変動が大学教員市場に与える効果は大きいであろう．

それらの影響の下に，大学教員市場は，恒常的にある時期には超過供給となり，また次のある期間には超過需要となる傾向を潜在的にもっているように考えられる．この傾向から，いわゆるオーバー・ドクター(OD)問題が生れてくる．その重要な原因は，大学の，教員市場の需給状況に対する大学院入学者数調整の遅れ，そして大学院教育のため博士課程では少なくとも 5 年間という長い期間を要し，そのため大学教員市場での需給状況に対する供給の対応が，極めて長いラッグをもってしか反応することができないということにある．そして，そこでの賃金率の需給調整力はほとんどネグリジブルと考えられることである．

4.5　大学教員賃金の需給調整能力

以上の第 4.4 節で展開した理論モデルに，若干の実証的検討を加えておこう．われわれは，以上の分析において，大学教員市場での需給調整は，大学教員の供給量の変動を通じて行われると前提した．この前提に関して，まず第 1 に，その調整が賃金を媒介として行われることはないか．そして第 2 に，大学教員の新規供給が，われわれの想定した (4.27) 式に類する形で行われているのか．

第4章 オーバー・ドクターはどのようにして生れるか

これらの二点のうち，前者をこの節で，そして後者を次節で検討する．

大学教員市場の需給調整が大学教員賃金の変化を通じて行われることはないか．この問題は，二つの側面から検討する必要がある．第1は，大学教員賃金の変化率は，その超過需要が大きくなるほど，大きくなり，逆にその超過供給が大きくなるほど，小さくなるかどうかである．そして第2は，賃金が上昇すれば，大学教員への労働需要が減少し，その供給が増加する傾向をもつかどうかである．もし，第1の傾向が生れ，そして第2の反応が発生するならば，大学教員の労働市場は，その賃金の変動によって調整される傾向をもつことになろう．

まず，第1の点について検討してみよう．国立大学教員は国家公務員であり，その賃金水準がどうきまるのかは，人事院勧告に依存している．そして，人事院は，大学教員の需給状態をみてその賃金水準に関する勧告を出すわけではない．全体としての民間企業での賃金の動きをみて，国家公務員の賃金水準の変化を勧告するのである．公立大学の場合もこれに準じて考えてよい．

では，私立大学の場合はどうか．ここでは教員賃金は，第2章でみたように，経営側と教職員組合との団体交渉によってきまるであろう．その場合，国立大学や他の産業での賃金水準の動きがその賃金決定に大きく作用するとしても，大学教員市場の需給状態が影響を与えるとは考えられない．世間並みの賃金アップ率という考え方が強く作用しているのではなかろうか．

ここで，大学教員の賃金がどのように変化してきたかをみなければならない．そこで，私立大学全体，あるいは国立大学全体についての教員賃金，あるいは職員賃金を推計してみる．推計結果は第4.3表に示されている．この推計に当っては，文部省『私立学校の支出および収入に関する調査報告書』――この調査は後に『私立学校の財務状況に関する調査報告書』となる――，文部省『学校基本調査報告書』を用いた[3]．その結果のうち，私立大学に関するものを，

---

3) 文部省は，われわれの分析しようとする問題に関連して実に多種多様の資料を調査している．しかしながら，その調査資料の多くが概念定義上いわば個々ばらばらのものであることが多く，そのため有意味な計数を算出するのに困難を感ずる場合が多い．例えば，ここで問題としている1人当り平均賃金を計算するためには，全体としての賃

労働省『毎月勤労統計』による全産業(サービス業を除く)の常用労働者の年間賃金とともに示したのが第4.1図である.

この図によれば,私立大学職員の賃金は,全産業常用労働者のそれと極めてよく一致している.中村忠一氏の私立大学に関する分析は,極めて興味のある多くの検討を行っており,貴重な研究である.しかしながら,その指摘するように職員ならびに教員の賃金が,一部の私立大学において,極めて高い水準にあるのは事実であるとしても,私立大学全体としてみれば,第4.3表と第4.1

金支払額の計数と,その賃金を受取った人々の数の計数を必要とする.ところが,文部省調査では,賃金支払額の計数,教員など雇用人員計数などそれぞれ存在はしているが,それらの定義範囲が斉合的となっていない.したがって,直ちには1人当り平均賃金を算出できない状態にある.第4.3表の計数にはこのような問題点が存在している.

あるいは,学校の収入・支出の分類項目が通常の企業会計上の概念とは違ったものが採用されているし,さらには,近年,私立学校の経常勘定(損益計算書)の計数とともに,資産・負債勘定(貸借対照表)の計数を調査するようになったのはよいことであるとしても,フロー勘定の計数が年度ベースであるのに,ストック勘定は年末計数であり,したがって,フロー計数とストック計数とを突き合わせて分析を進めることはできない形になっている.文部省の統計調査のやり方は,全体として斉合的となるよう,また経済学的分析をよりよく進めることを可能とするよう根本的に改正される必要がある.

ここで示した私立大学の教員(本務者)の賃金は,『私立学校の支出および収入に関する調査報告書』に示された,私立大学(昼間・夜間・通信教育)本務教員(学長を含む)への年間支払給与を,各年5月1日における本務教員数(休職者を除く)で除してえた1人当り年間給与額である.この計数をうるのに1960-62年の統計は不完全であるので,推計を加えた.63年度以降は『学校基本調査報告書』の本務教員数などを用いている.

教員兼務者の賃金は,それへの年度間支払給与額を教員兼務者数で除し,また,職員賃金は,本務事務職員等給与・本務教育補助員給与・本務用務員給与・兼務職員給与の合計たる職員給与を,本務者と兼務者の合計で除して計算する.

他方,国立大学教職員の賃金は,『学校基本調査』にもとづいて推計する.すなわち,本務教員の賃金は,大学・附属病院・附置研究所の本務教員の給与の合計を,外国人を含む本務教員数から本務外国人教員数と本務休職者数を除外したもので除して計算する.兼務教員の賃金は,大学・附属病院・附置研究所の兼務教員の給与を合計し,これを兼務教員から兼務外国人教員数を除いたもので除して計算する.

第3に,職員の賃金は,大学・附属病院・附置研究所の職員給与の合計を,本務職員と兼務職員の合計数で除して計算する.ただし,上の職員給与の中には,学生の健康管理のための看護婦の給与は含まれていないため,職員数の計算において,これらの本務看護婦数,および兼務看護婦数を除外する.

『学校基本調査』では,国立大学の外国人教員のうち,一般職の職員の給与に関する法律の適用をうけている外国人教員は,本務者なら「本務教員の給与」に,兼務者なら「兼務教員の給与」に含めて記入することになっている.ここでの計算では,教員数から外国人を除いているが,以上の記入指定により,本務教員ならびに兼務教員の給与には,一部,外国人教員の給与が含まれていることになり,この分を調整することができなかった.

第4.3表 大学教職員の年間賃金　　　　　　（単位：円）

年また は年度	全産業(サービス業を除く)常用労働者	私立大学			国立大学		
		本務教員	兼務教員	職　員	本務教員	兼務教員	職　員
1960	292,500	456,545	69,622	212,837			
1961	319,512	573,341	81,794	254,007			
1962	353,496	639,205	101,563	340,674			
1963	392,724	727,025	114,365	434,712			
1964	429,288	814,284	133,517	473,773			
1965	472,320	957,003	140,528	524,623			
1966	527,100	993,011	137,672	577,520			
1967	584,568	1,094,242	172,005	621,679			
1968	664,860	1,198,104	179,480	705,768			
1969	771,996	1,378,680	187,041	754,556			
1970	893,232	1,590,261	192,416	938,962			
1971	1,021,440	1,954,417	202,134	962,019	2,050,140	236,485	1,070,240
1972	1,182,336	2,154,118	226,580	1,206,878	2,294,017	282,082	1,405,840
1973	1,445,160	2,586,192	239,995	1,446,151	2,653,231	306,754	1,670,749
1974	1,820,328	3,343,996	269,068	1,933,721	3,577,209	370,132	2,308,984
1975	2,067,420	3,880,659	302,954	2,211,067	4,034,308	395,499	2,607,072
1976	2,330,484	4,360,740	341,401	2,524,985	4,361,253	400,120	2,851,009
1977	2,563,620	4,867,371	381,131	2,798,406	4,742,909	416,777	3,070,606
1978	2,745,324	5,223,773	427,769	3,023,740	4,954,420	453,148	3,208,129
1979	2,896,812	5,615,767	464,964	3,231,484	5,178,766	488,779	3,375,384
1980	3,086,796	6,006,535	523,285	3,471,852	5,498,202	583,082	3,557,873
1981	3,280,716	6,451,384	535,345	3,818,932	5,759,313	619,067	3,707,433
1982	3,227,876	6,776,083	579,423	4,004,005			

(注) 全産業(サービス業を除く)は暦年計数，私立大学，国立大学は年度計数.

図にみられるように，その職員の賃金は一般の産業における常用労働者の賃金と殆ど違わない水準にとどまっているのである[4].

私立大学本務教員の賃金は，そこでの職員の賃金のほぼ1.7～1.8倍の水準で安定している．したがって私立大学本務教員の賃金も一般の産業の常用労働者の賃金とほぼ平行的に上昇している．そこには，大学教員市場，あるいはエコノミスト市場の需給状況を反映して変化した傾向は見出せそうにない．

国立大学の本務教員の賃金に比べて，私立大学の本務教員の賃金は，1971年度において94.3%であった．ところがその後年々相対的に上昇し，1981年度

---

4) 中村忠一[36, pp.53-83]，[37, pp.36-38]参照．中村氏も，地方の私立大学で教員給与レベルが，国立大学のそれより低いところがあることを認めている．中村忠一[38, pp.124-125]参照．

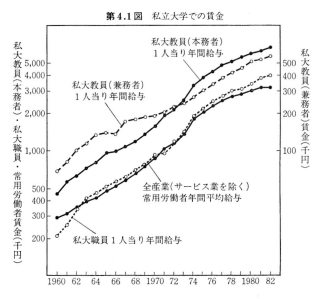

第4.1図 私立大学での賃金

には，私大本務教員賃金は，国立大学のそれの112%となった．1971年度に私大職員の賃金は国立大学職員の89.9%であったが，その後相対的に上昇し，1981年度には103%にまでなった．したがって，国立大学での賃金は，私立大学でのそれに比して相対的に低下の傾向をたどっている．

以上のような私大教員（本務者）の賃金の絶対水準の動きをみても，その賃金が教員の需給状態を反映して変動しているとは思われない．それは，むしろ全体としての労働需給に応じて変動する一般の労働者の賃金と一定の関係をもって動いている．

以上を確認した上で，さらに，大学教員，とりわけ私大教員の賃金が，大学教員市場の超過需給状態に反応して変化しているかどうか吟味を進めよう．利用できるデータについていろいろ検討をこころみた結果，大学教員市場における超過需給状態を示す指標として現在のところ最も適当な計数は，博士課程（博士後期課程）3年次の学生数の1年次学生数に対する比率であるように思われる（場合によってはその逆数．第6章では逆数型のものを用いる）．大学教員

第4章 オーバー・ドクターはどのようにして生れるか

市場で超過供給が生じ、大学院5年の課程を経ても大学教員として就職できない場合には、博士3年次への留年者が増加する。したがって、3年次学生数の1年次学生数に対する比率が上昇する。これに対して、超過需要状態にあるときには、この比率は1前後の値まで低下するであろう。したがって、この比率は、一般の労働市場についての失業率、あるいは有効求人倍率の逆数に対応する動きを示すであろう。

これに対して第4.4節では、超過供給の増分の1期前の大学院博士課程修了者数に対する比率 Ω に、博士課程修了者数の対前期比が反応すると前提した。これは、以上の3年次学生数・1年次学生数比率との関連でいえば、3年次学生数の増分の1年前の1年次学生数に対する比率で Ω を把えるということになる。

もし、大学教員市場の需給状態にその賃金変化率が反応するとすれば、賃金変化率は、以上の博士3年次・1年次比率に負の反応をもつとも考えられるし、あるいは、博士3年次学生増加数の1年前の博士1年次学生数に対する比率に負の反応を示すとも考えられる。ここで、この二つの関係を検討してみよう。

医学と歯学では大学院の年限が他の大学院研究科の場合と異なっており、また臨床医・開業医を養成するという目的をもっている。そこで、これらを除いて博士3年次・1年次比率を求める。これと私大賃金の上昇率を比較すると第4.2図がえられる。

超過需要が教員賃金を上昇させ、超過供給がその賃金を下落させるとすれば、ここに期待される私大教員賃金上昇率と博士3年次・1年次比率との関係は、右下りのそれである。ところが、第4.2図によると、少なくとも、1961年から75年にかけての期間で両者の関係は AA 線のように右上りとなっている。もっとも、75年から82年にかけては、BB 線のように右下りの関係がある。しかしこれは、第4.1図でみたように、私大教員賃金が一般の賃金と同方向に動いた時期に、たまたま博士3年次・1年次比率が上昇して、このような関係が生れたものと判断される。いずれにしても、1961年から82年までの22年間のうち61年から75年までの15年間という大部分の期間で、理論的期待に反する事実が生じている。

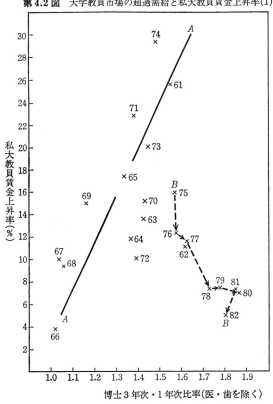

第4.2図　大学教員市場の超過需給と私大教員賃金上昇率(1)

　次に，博士3年次学生数増分の1年前の博士1年次学生数に対する比率を第4.4節の Ω を表わすものとして，それに対する私大賃金の上昇率の反応をみてみよう．この場合，Ω を計算するため，t 年の学生数として t 年と $(t-1)$ 年のそれの移動平均値をとった．それは，後に説明するように，さきの第4.4節での Ω に関連する分析が，単位期間を1.5年として行われたことに関係する．しかし，ここでは不規則変動を除くためと考えておいてよい．

　さて，第4.3図によると，私大賃金上昇率と Ω との関係は，期待される右下りのそれではなく，むしろ右上りとなっているようである．73年と74年の賃金の高い上昇率は石油危機の影響として無視するとしても，Ω が高くなるにつ

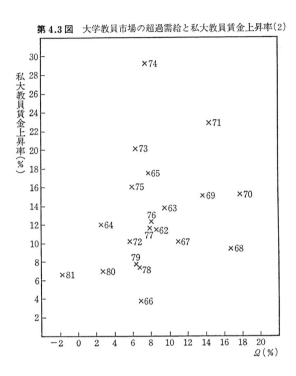

第4.3図 大学教員市場の超過需給と私大教員賃金上昇率(2)

れて，私大教員賃金の上昇率も高くなる傾向がある．

以上のようにして，私大教員賃金が超過供給，あるいは超過供給の変化に負の反応を示すという傾向はみられない．

大学教員市場での需給状況との関連において，興味をもたれるのは，私立大学の兼務教員の賃金の動きである．いわゆる非常勤講師の賃金である．それは，1967年度頃まで私大本務教員の賃金とほぼ歩調を合わせて上昇してきた．ところがそれ以後，その上昇率は低下した．1970年頃から，第4.2図からわかるように博士3年次・1年次比率は上昇し，大学教員市場は超過供給状況に入っていったのである．私立大学では，大学教員についての超過需要が満されないときには，それを非常勤講師によって埋め合わせるという調整をとる可能性がある．その場合，非常勤講師への需要が増加すれば，この市場状況は，その

賃金の上昇率を押し上げる可能性がある．逆に，大学教員への需要が充足され，そして大学教員市場で超過供給が生ずるならば，非常勤講師賃金の上昇率は低くなる可能性がある．第4.1図の私大非常勤講師賃金の動きは，このような意味で大学教員市場の需給状態を反映して動いている唯一の賃金率であるかもしれない．

　第2に，教員賃金が上昇すれば，教員供給の増加と教員需要の減少が生ずるか．さきに検討したように，大学教員需要は学生数となって現われる大学教育需要に依存する．後者は，第3章でみたように大学教員賃金とは無関係である．したがって，大学教員需要は大学教員賃金には依存しないであろう．問題は大学教員供給が教員の実質賃金の動きに反応するかどうかである．大学教員の新規供給は博士課程修了者数でみることができる．しかしその修了の前後では留年という要因が加わるため，博士課程（博士後期課程）の入学者数によって大学

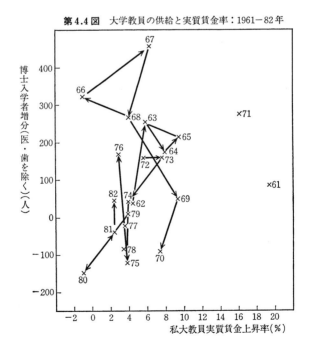

第4.4図　大学教員の供給と実質賃金率：1961－82年

教員新規供給量を代表させよう．そして，その増加分の方が敏感な動きを示すので，博士入学者数の増分と私大教員の実質賃金の上昇率とを対比してみよう．供給が実質賃金に正の反応を示すとすれば，上の両者の間には右上りの関係がみられるはずである．私大教員賃金を消費者物価指数(1980年=100)で割って，実質賃金を計算し，その上昇率と博士入学者増分とを比較してみる．すると第4.4図にみられるように，実質賃金の上昇率が高まるとき，博士入学者増分は減少するという，むしろ逆の関係が支配的であるようである．ここでもまた，教員賃金の教員市場調整能力が働いていないという事実が浮び上ってくる．

かくして，超過需給に対する賃金の反応という点でも，(実質)賃金の動きに対する需要と供給，特に供給の反応という点でも，大学教員市場で賃金率には需給調整能力がないといわなければならない．

4.6 大学教員供給の動学的調整関数の実証分析

次に，大学教員新規供給が教員市場の超過需給に動学的に反応し，超過需要があるときには増加し，超過供給の場合には減少する傾向があるかどうか検討しよう[5]．まず，博士課程(後期)入学者数，あるいは博士課程(後期)1年次学生数で，さきの $\bar{S}$ を代表させることにする．彼等は3年後には新規大学教員供給となると考えられるからである．そして，前節でも用いた博士課程3年次学生数の前年比較での増加分の，前年の入学者数，あるいは1年次学生数に対する比率でもって Ω の値を代表させる．この場合，前述のように，t 年の学生数(入学者数)の計算に，t 年と $(t-1)$ 年のそれの移動平均を用いる．というのは，ある変数 x の t 年値 $x(t)$ についてこのような移動平均値をとると，その場合の対前年比は $[x(t)+x(t-1)]/[x(t-1)+x(t-2)]$ となり，分母と分子に $x(t-1)$ を含むから，この比率の動きは $x(t)/x(t-1)$ と $x(t)/x(t-2)$ の中間のものとなり，1年スパンと2年スパンの成長率(に1を加えたもの)の中間的な動きを示し，わ

---

5) 山崎博敏[60]は分野別に大学院修了者の雇用に関する動向を検討し，博士課程修了で無業に留まっている者の数は，博士課程修了者数が増加すれば増大し，大学・短大就職者増分が増加すれば減少するという関係を検出している．このような関係は，ここで検討する動学的調整関数に関連をもつ．

れわれの1.5年を単位時間とするという想定に合致するからである．これは s についてであるが，Ω についても同様のことがいえる．

さて，(4.27)式に対応する関係を以上のデータを用いて推定しようとすると，(4.27)式の左辺の $s(t)$ と右辺の $\Omega(t-2)$ には2単位期間の時間差があるが，これを同一時点の関係に改めなければなるまい．というのは，博士課程入学者，あるいは博士1年次学生は，3年後に新規供給者となり，t 時点の入学者数，あるいは1年次学生数は t 時点の Ω の影響を受けていると考えなければならないからである．

いま，博士入学者数対前年比を $\bar{s}_1$，博士1年次学生数の対前年比を $\bar{s}_2$ とすれば，(4.27)式の代りに

(4.31) $\quad \bar{s}_1(t) = a_0 + a_1 \bar{s}_1(t-1) - a_2 \Omega(t-i), \quad i = 0, 1, 2$

あるいは

(4.32) $\quad \bar{s}_2(t) = a_0 + a_1 \bar{s}_2(t-1) - a_2 \Omega(t-i), \quad i = 0, 1, 2$

を統計的に検討することになる．ここに，Ω について三つのケースを考えたのは，実際上 $\bar{s}$ と Ω との間にラッグがあるとした方がよいのかどうかをみるためである．

ここで(4.31)式，あるいは(4.32)式による大学院のいろいろの専攻分野に関する計測に入る前に，大学院専攻分野の博士課程の規模をその学生数によってみておこう．1958年度と1982年度の計数は，第4.4表に示したようになる．58年度から82年度にかけて，博士課程学生数は3.18倍まで増加した．医学・歯学の含まれる保健を除くと，3.38倍となる．その構成比は，保健が40%前後，人文・社会科学が27～28%，理学・工学・農学が28～30%，その他が3～4%である．

さて，文部省『学校基本調査報告書』により，1958年から1982年についての原データを専攻分野別にえ，この計数を用いて(4.31)式と(4.32)式を最小二乗法で推定した．その場合，博士入学者数は，人文科学・社会科学・理学など（医・歯を除く）の3分類しかえられなかった．博士1年次学生数と3年次学生数は，この期間について，人文科学・社会科学・理学・工学・農学・その他

第 4.4 表 大学院博士課程学生数

専攻分野	1958 年度		1982 年度	
	学生数(人)	構成比(%)	学生数(人)	構成比(%)
人文科学	810	13.73	2,937	15.65
社会科学	792	13.43	2,376	12.66
商学・経済学	(486)	(8.24)	(1,034)	(5.51)
理　学	916	15.53	2,403	12.81
工　学	421	7.14	2,151	11.47
農　学	339	5.75	1,030	5.49
保　健	2.447	41.49	7,104	37.87
その他	173	2.93	760	4.05
商　船	(—)	(—)	(—)	(—)
家　政	(—)	(—)	(51)	(0.27)
教　育	(167)	(2.83)	(554)	(2.95)
芸　術	(6)	(0.10)	(80)	(0.43)
その他	(…)	(…)	(75)	(0.40)
計	5,898	100.00	18,761	100.00
保健を除く計	3,451	58.51	11,657	62.13

(注) 文部省『学校基本調査報告書』による.

(第4.4表のその他に薬学・その他保健を加えたもの)の専攻分野についてえられる. 推定結果を示す前に, $\bar{s}_2$ と Ω の動きを図示しておく(第4.5図, 第4.6図を参照).

一般的にみて, $\bar{s}_2$ と Ω との間には逆方向に動く傾向があるようである. そして, 人文科学や社会科学において $\bar{s}_2$ の Ω の動きに対する負の反応は迅速であるようである. 他方, 理学・工学・農学においては, $\bar{s}_2$ が上昇し, 博士1年次学生増加率が高まると, それがやがて Ω の上昇となって現われ, そして Ω の上昇がある程度のラッグをおいて $\bar{s}_2$ の低下をもたらしているようである.

さて, 以上を念頭においた上で, まず, (4.31)式について Ω の三つのケースの中で最も適当と思われる結果を示すと

人文科学

$$\bar{s}_1(t) = 0.859 + 0.192\bar{s}_1(t-1) - 0.310\Omega(t), \quad \bar{R}^2 = 0.131, \quad D\text{-}W = 1.638,$$
$$(4.080)\ (0.954) \qquad (-1.987)$$

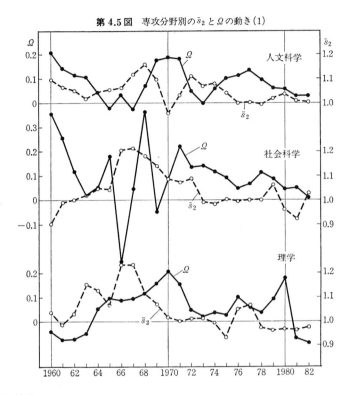

第4.5図 専攻分野別の$\bar{s}_2$とΩの動き(1)

社会科学

$$\bar{s}_1(t) = 0.329 + 0.699\bar{s}_1(t-1) - 0.130\Omega(t), \quad \bar{R}^2 = 0.470, \quad D\text{-}W = 1.984,$$
$$(2.056)\ (4.515) \qquad (-1.174)$$

理学など

$$\bar{s}_1(t) = 0.155 + 0.879\bar{s}_1(t-1) - 0.439\Omega(t-2), \quad \bar{R}^2 = 0.795, \quad D\text{-}W = 1.435$$
$$(1.433)\ (8.556) \qquad (-3.151)$$

となる.対前年比についての回帰なので,決定係数の低いのは当然であるが,それでも社会科学と理学などでは相当に良好な推定結果がえられている.

これらの推定係数をそのまま用いて周期を計算すると,単位期間でみて,人文は4.496,社会は11.558,理学などは7.431となる.単位期間が1.5年だとす

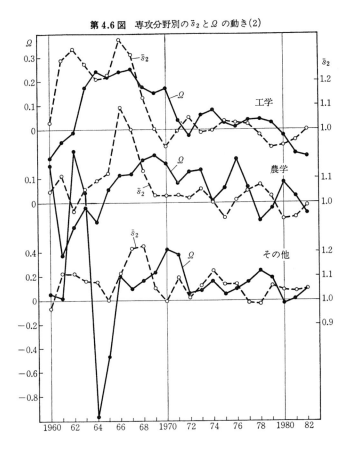

第4.6図 専攻分野別の $\bar{s}_2$ と Ω の動き(2)

ると，社会科学の場合は17.337年の周期となり，20年周期に近くなるが，他では20年周期より相当短かくなる．しかし，理学などの場合では $\bar{s}_1$ が Ω に対して2単位期間のラッグをもっている．これは3年に当る．そこで，理学などの場合，単位期間が3年であると考えるべきである．その場合の周期は22.293年となり，まさに20年周期の長期波動を示すことになる．人文科学の場合は推定結果が不良なので，そこから計算される周期も信頼しがたい．

次に，$\bar{s}_2$ を用いると，この方が一般的に良好な結果をもたらした．すなわち，(4.32)式について

人文科学

$$\bar{s}_2(t) = 0.554 + 0.490\bar{s}_2(t-1) - 0.285\Omega(t), \quad \bar{R}^2 = 0.286, \ D\text{-}W = 1.879,$$
$$(2.856) \ (2.647) \qquad (-2.065)$$

社会科学

$$\bar{s}_2(t) = 0.331 + 0.702\bar{s}_2(t-1) - 0.167\Omega(t), \quad \bar{R}^2 = 0.549, \ D\text{-}W = 1.627,$$
$$(2.317) \ (5.113) \qquad (-1.731)$$

理学など

$$\bar{s}_2(t) = 0.149 + 0.872\bar{s}_2(t-1) - 0.229\Omega(t-1), \quad \bar{R}^2 = 0.619, \ D\text{-}W = 1.740,$$
$$(0.970) \ (5.875) \qquad (-1.188)$$

理　学

$$\bar{s}_2(t) = 0.364 + 0.665\bar{s}_2(t-1) - 0.251\Omega(t-2), \quad \bar{R}^2 = 0.439, \ D\text{-}W = 1.978,$$
$$(2.056) \ (3.955) \qquad (-1.326)$$

工　学

$$\bar{s}_2(t) = 0.111 + 0.915\bar{s}_2(t-1) - 0.279\Omega(t-1), \quad \bar{R}^2 = 0.662, \ D\text{-}W = 1.178,$$
$$(0.726) \ (6.351) \qquad (-1.472)$$

農　学

$$\bar{s}_2(t) = 0.338 + 0.695\bar{s}_2(t-1) - 0.361\Omega(t-2), \quad \bar{R}^2 = 0.480, \ D\text{-}W = 1.474$$
$$(1.944) \ (4.241) \qquad (-2.173)$$

その他

$$\bar{s}_2(t) = 0.622 + 0.425\bar{s}(t-1) - 0.055\Omega(t-2), \quad \bar{R}^2 = 0.201, \ D\text{-}W = 2.057$$
$$(2.909) \ (2.130) \qquad (-1.824)$$

となる．

　$\bar{s}_2$ と Ω との間にタイム・ラッグなしの場合と1単位期間のタイム・ラッグの場合に単位期間の長さを1.5年とし，$\bar{s}_2$ と Ω との間に2単位期間のラッグがあるとき，単位期間を3年とすると，周期は，人文科学では8.615年，社会科学では17.529年，理学などでは22.184年，理学では22.305年，工学では18.008年，農学では19.758年，その他は43.152年となる．人文科学とその他の場合，推定結果が良好でない．いずれにしても，多くの専攻分野での需給調整が約20年周期の長期波動の形で行われているのを見出すのである．このように，大学教員市場での需給調整過程が長期波動をもつ傾向のあることは，後の第6章に

おける経済学分野の大学教員市場の分析との関連で，極めて興味のもたれる事実である．というのは，そこで明らかにするように，エコノミストの労働市場では，超過需要状態と超過供給状態が10年おきに交替的に発生し，したがって，超過需要なり，超過供給は，20年くらいの周期で発生すると考えられるからである．

4.7 オーバー・ドクター発生の根源
―――大学・大学院制度はいかに改革されるべきか―――

これまで，われわれは，オーバー・ドクター発生の動学的メカニズムを探り，理論モデルを構築し，その実証的裏付けを明らかにしてきた．このメカニズムを簡単に述べれば，博士課程修了者に対する大学教員市場が狭隘であり，大学は，大学教員市場での需給状態に反応して大学院入学者数を調整せざるをえないこと，そして，大学院の年限が長いため，大学の決意から長いラッグをもってその調整結果が現われ，需給の調整に遅れをとること，これである．しかし，このオーバー・ドクター発生機構の底には，その機構を生成させた根源的事情が横たわっているように思われる．そして，それに照らして考えると，オーバー・ドクター問題は，ただそれだけの孤立した問題ではなく，今日の大学制度，より一般的には教育制度全般に関して生じている諸問題と深くかかわりをもっているように思われる．

次の第4.7図をみられたい．現在の大学・大学院制度は，旧制の大学と高等学校・専門学校を一本化して4年制の新制大学とし，そしてその上に人的にも財政的にも内容のともなわない5年制の大学院を設置することによって作り上げられた．その結果がどうであったか．まず第1に，企業・官庁の高等教育機関卒業生に対する労働需要は，それまで旧制の大学卒と専門学校卒に対し分れて発生していたが，(一部工学系などを除いては)これが新制大学卒への需要に一本化してしまい，大学院修了者に対しては，企業・官庁からの需要は生れなかった．したがって，大学院修了者に対する需要は，大学からの大学教員への需要だけとなり，大学院修了者への需要は狭く，オーバー・ドクター発生の一

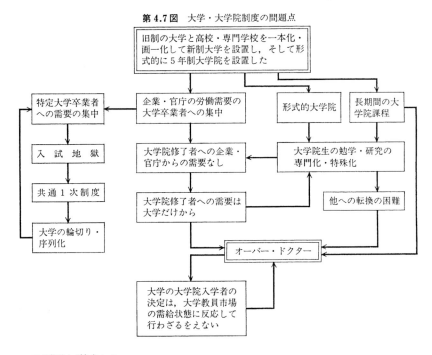

第4.7図　大学・大学院制度の問題点

つの原因を形成した.

　そして,それにともなって第2に,大学は大学院入学者数の決定に際して,大学教員市場の需給状況を考慮し,それに反応せざるをえなくなる.このことが,オーバー・ドクター現象に深い関連をもっていることは,さきに分析した通りである.

　第3に,人的に,また財政的に内容をともなわない大学院を設置したため,大学院での教育では,広い範囲にわたって講義を行い,訓練するということに欠け,大学院生は最初より狭い特殊問題にその勉学・研究を集中させ,将来,高水準の研究成果を生み出す基盤の修得に欠けるとともに,勉学・研究の専門化・特殊化が生じた.そのため,大学教員以外の他の職業への転換が困難となり,これがオーバー・ドクター問題の一つの原因となった.

　第4に,5年という期間の大学院課程が長すぎるという問題がある.この長

期間での大学院教育は，第3の要因と並んで，大学院学生の勉学・研究の専門化・特殊化を促進する．そして他への転換の困難を生む．

　それと同時に，大学院学生の勉学・研究の専門化・特殊化は，さなきだに小さい企業・官庁からの大学院修了者への需要を一層低下させ，オーバー・ドクター問題を激化させる方向に働く．

　第5に，大学院修了者への需要が大学教員需要に限られることによって，大学院学生の勉学・研究はますます専門化・特殊化して，この需要に応えようとするが，それが，需要側の要求する研究分野と供給側の行っている研究分野の間の調整を困難にして，オーバー・ドクター現象をより深刻にする．

　第6に，長期間の大学院課程は，いま一つのルートを通じて，オーバー・ドクター発生に寄与する．それは，これまでの節の検討で明らかにした，大学の大学院学生採用数の調整から，大学院修了者数の調整までのタイム・ラッグにともなうオーバー・ドクターの発生機構の成立に関係する．

　このようにして，旧制の大学と高等学校・専門学校を一本化・画一化して新制大学を作り，そして形式的に5年制の大学院を置いたことによって，それから派生するいろいろの要因が相互に促進的にオーバー・ドクターの発生に寄与している．しかし，新制大学制度・新制大学院制度のもつ問題点はそれのみにとどまらない．企業と官庁の高等教育機関卒業者への労働需要が大学卒に集中するという現象が生ずる中で，その需要は実はさらに特定大学の卒業生へと集中しているのである．かつては旧制大学卒と専門学校卒があり，企業はその間の賃金格差も考慮して，その労働需要を両者の間に配分した．しかし，新制度の下で両者が一体化・画一化されてくると，同一賃金ならば，よりよい質の大学卒を採用しようとする競争が激化するのは当然である．このため，特定大学卒への需要の集中を生む．この傾向が，短期大学制度の設置によって緩和されていないことは，短期大学の卒業生は圧倒的に女性であることをみても明らかである．

　このような企業・官庁の大学卒業者への需要が特定大学に集中すると，それが大学の入学試験において激烈な競争をよび，入試地獄を発生させ，予備校・

塾などの正規教育制度以外の教育組織の繁栄をもたらす．そして，その状況を改めようとして共通１次試験の制度が創設されると，それが大学の輪切りをよび，大学の序列化を一層はげしいものにする．そして，そのことがまた，企業・官庁の特定大学卒への需要の集中を促進するのである．したがって，今日の大学教育問題にまつわるいろいろの問題点が，旧制の大学と高等学校・専門学校を一体化・画一化して，新制大学を設置したことに，その根源が求められることになる．

　この新制度の発足によって，旧制度の小学校から大学までの６・５・３・３の17年間の教育期間は，新制度の６・３・３・４の16年間へと１年短縮された．この事実は，今日の教育改革の議論で無視されているようであるが，重大な一つの事実である．しかも，大卒者の企業の採用決定の時期が早期化したため，学生は学部第４年次の教育を受ける機会をほとんど放棄して就職活動を行っている．このことを考慮に入れると，旧制大学での３年間の専門課程教育に比べ，新制大学では僅かに１年間のそれを受けているにすぎないことになる．戦前の状態に比べて，日本経済の現状は大きく変化し，１人当りの実質所得水準は著しく上昇した．その状況で，戦前の旧制度より形式的には１年教育年限の短い教育制度を実施し，実質的には２年短い教育内容となっているのである．今日ではむしろ，全般的な教育年限が長められて然るべきなのである．

　以上のような現在の大学・大学院制度のもつ問題点を考え，そして，日本経済の状況の変化を考慮するとき，大学・大学院改革の方向として，次のようなことが考えられるであろう．すなわち，旧制度の下で大学であったいくつかの国立大学を中心として，大学学部から修士課程までの教育課程を引続き行い，修士だけを卒業させる大学院大学を制度化し，その大学院課程を内容的に充実させることである．これにともなって，私立大学の有力校が大学院大学になることが期待される．

　現行の４年制大学と以上の大学院大学が併立するようになると，企業・官庁はその学歴差に応じて，学士（大学卒）と修士との間に賃金の格差を設けざるをえないであろう．そのことによって，企業・官庁の労働需要の現在の特定大学

第4章 オーバー・ドクターはどのようにして生れるか　　67

への集中という事態に変更が加えられることになろう．すなわち，賃金格差の存在によって，企業・官庁はその労働需要を特定大学卒から一般の4年制大学卒へとシフトさせるであろう．このことにより，入学試験での受験で特定大学への集中が緩和される．

　他方，大学院大学となった大学への教育需要は，そこでの教育コストの上昇と放棄所得の増大によって，相対的に減少することになろう．それはまた，入学の受験における特定大学への集中を緩和する．

　しかしながら，現在の大学院にみられるようにそれへの進学者も少なく，その課程の修了者への企業・官庁からの需要もないという状態は解消されるであろう．新しい大学院大学の修士課程の修了者に対しては，企業・官庁からの需要が生ずるものと考えられる．このようにして，現在の大学卒業者に対する企業・官庁からの労働需要が，大学学部卒業者への需要と大学院修士課程修了者への需要に二分すると，大学院大学は修士課程修了者への需要の少なさという困難になやまされることなく，大量の修士学生の教育を行うことができる．優秀な研究・教育者は，このような厚い修士学生層から生れてくるであろう．優秀な研究者が出るためには，多数の大学院学生が存在することが，その前提となると思われるからである．

　しかし，新しい大学院大学の修士課程の上に，アメリカ型の3年間の博士課程を形式的に設置することについては慎重でなければならない．それは，現在の修士2年・博士3年の大学院の状況を，改めて博士課程3年という形で再生産することになる畏れがあるからである．そうする代りに，採用者数を限定した2年程度の新しい研究生制度を設置し，彼等に対しては，公共的機関から返済義務のない奨学金を与えて勉学・研究させることが考えられる．

　大学・大学院を取巻く状況は，今日，由々しい状態に立到っている．ここで検討したオーバー・ドクター現象を含めて多くの大学・大学院問題を解消するには，上述したような根本的制度改革を必要としているように考えられる．

第5章 エコノミストの労働市場*
―― 個票にもとづく分析 ――

5.1 は し が き

　第4章で，われわれは，大学教員市場の需給調整過程を分析し，そこに，いわゆるオーバー・ドクター現象が発生するメカニズムが内在していることを明らかにした．ここで，分析の対象を大学教員市場の中の筆者の属する経済学関係のそれに限定し，さらに立入ってその市場の状態を明らかにしよう．

　労働市場が，市場機構の中で重要な位置を占めていることは，エコノミストのよく認識するところであり，彼等はこれまで労働市場について理論的に，また実証的に多くの研究を積み重ねてきた．ところが，エコノミスト自身の労働市場については，アメリカ合衆国では *American Economic Review* などに時としてその検討が行われ，あるいはエコノミストを含む大学教員についての分析が行われたりしているが，その分析は一般的な労働市場の分析に比しては十分なものとはいいがたいように思われる．そして，わが国においては，エコノミストの労働市場の研究は皆無である[1]．

---

　* この章の研究は，最初，藤野正三郎・畑中康一[23]として発表されたものを，その後，藤野が基礎データであるエコノミスト個票を新しく作成し直し，それにもとづいて藤野の責任で書き改めたものである．上記初期研究の段階で，1980年度文部省科学研究費(研究課題番号 553005「経済学研究者についての労働市場の分析」)の援助をえた．そして，その後の研究の過程で，個票作成のための基礎資料の所在調査および収集には，一橋大学経済研究所資料調査室元助手宮地幹夫氏の，個票作成作業では同統計係・原広和氏の，また個票の電算機処理においては原広和氏および同電算機室・野島教之助手の協力・援助をえた．また，藤野・畑中の1981年度理論・計量経済学会における研究報告に対し，西川俊作教授のコメントをえた．記して深く感謝の意を表したい．

　1) アメリカ合衆国における研究にはエコノミスト労働市場に範囲を限定すると，E. Claque & L. Morton[9], F. M. Boddy[5], [6], G. G. Somers[50], A. M. Cartter[8], L. R. Harman[28], R. P. Strauss[51], A. H. Amsden & C. Moser[1], M. H. Strober [52], B. B. Reagan[41], [42], C. E. Scott[47], D. E. Ault, G. L. Rutman & T. Stevensen[3], W. L. Hansen, H. B. Newburger, F. J. Schroeder, D. C. Stapleton, D. J. Young-

第5章 エコノミストの労働市場

エコノミストには，大学で経済についての教育・研究を行っている人々の他に，官庁・銀行・会社などで研究・調査を行っている人々がある．ここでは，大学エコノミストの市場が問題とされる．それを考える際，それと官庁などのエコノミストの労働市場との関連も一つの検討すべき点となる．しかし，後者はその実態を把握するのが極めて困難である．両者の間には，大学エコノミスト市場は官庁エコノミストなどに対して開かれており，彼等の参入がみられるけれども，逆に，官庁エコノミストなどの市場は大学エコノミストに対しては開かれていないという注目すべき現象がある．しかし，ここでは，そのような問題に立入るのを断念し，われわれの検討を大学エコノミスト市場に限定する．以下，エコノミストという言葉は，特に断わらない限り，大学エコノミストの意味で用いられる．

以下，われわれは，1957～83年の期間にわたるエコノミスト個票を作成し，それにもとづいて，この章では，エコノミストの経済学関係担当科目の担当状態・大学別所属状況・出身大学・学会所属状況などを明らかにする．また，第6章では，エコノミストの年齢分布が双峰型となっている事実を明らかにし，その発生の原因を第4章の分析との関連で検討する．そして，第7章ではエコノミストの大学間移動における移動者側，あるいは移動受入側の移動選好関数の内容を検討する．

5.2 個票の作成

まず，原データとなるエコノミストに関する個票の作成について説明しておく．大学職員録刊行会編『全国大学職員録』，広潤社は，全国の4年制大学に所属する大学教員について，その所属大学・所属学部・地位・学位・氏名・生年・出身大学・担当科目についての情報を提供している．もっとも初期に遡ると生年についての情報が与えられていない．そこで，後に述べるその他の情報・資料も利用し，以上の情報を個々のエコノミストについて獲得し，個票化

Day[27]などがある．これらのうちのいくつかを含め，大学教員市場の研究についてサーベーを行ったものとして，畑中康一[29]がある．

する作業を行った[2]．

さて,『全国大学職員録』は，1957年5月1日時点に関する調査にはじまり，第5.1表に示すような出版状況となっている．この表から明らかなように，途中，59年と61年については調査を欠いている．そして，それが発行された時期により，その発行年と表題に付された〇〇年版の数値は必ずしも一致しない．また，調査時点は1971年以降は6月30日時点となっているが，それ以前は，時に4月から5月にわたって，あるいは5月から6月にわたって広がりをもつことがある．しかし，年度始めの1・四半期内にある．

この資料を基礎資料として，1958年にはじまり，5年おきに63年，68年，73年，78年，83年を基準年として，これらの年の第5.1表に示す調査時点に大学に在職するエコノミストについて，さきに示した所属大学・所属学部・地位・学位・氏名・生年・出身大学・担当科目の情報を個票化した．その上で，57年以降の中間年について，参入・移動・退出の情報を個票に附加した．その場合，参入・移動に関しては，その時点での参入先・移動先における所属大学・所属学部などさきに掲げた情報が個票に記録されていることになる．これら参入・移動の場合を除き，個票記載の情報は各基準年におけるものであり，各基準年時点における情報の共時的比較が行われるとともに，基準年間の情報の通時的比較が行われる．

脚注2)で述べたように，ここで使用するデータは，第3次作成の個票にもとづくものである．それが，第1次個票および第2次個票にもとづくデータと相

---

2) ここで，エコノミスト個票作成作業の実施状況とその間で進められた研究の過程を明らかにしておく．この作業は，3回にわたって行われた．第1次個票作成は，1978年時点に関し，関東学院大学助教授畑中康一によって行われ，それをベースとして，藤野が73年，68年，63年，58年に遡って個票を作成した．この第1次個票の78年データにもとづき，藤野正三郎・畑中康一[22]のディスカッション・ペーパーが書かれた．
　その後，藤野が，第1次個票を担当科目などについて調整・整理を加えて，第2次個票を作成した．これにもとづいて発表されたものが，藤野正三郎・畑中康一[23]，藤野正三郎[18]，[19]である．
　第3次個票は，エコノミストの定義範囲などにさらに訂正を加え，今度は58年から個票の作成を開始し，5年おきに83年までの基準年個票を完成し，後述するように基準年間の参入・大学間移動・退出の情報を附加した．この作業は藤野の手によって行われた．以下の分析は，この第3次個票にもとづいている．

第5.1表 『全国大学職員録』の出版状況

年版名称	調査年月日	出版年月
昭和33年版	1957年5月1日	不明
34年版	1958年5月31日	1959年1月
……	1959年は調査を欠く	……
36年版	1960年6月30日	1960年12月
……	1961年は調査を欠く	……
37年版	1962年5月30日	1962年8月
38年版	1963年4月~5月31日	1963年9月
39年版	1964年4月~5月31日	1964年9月
40年版	1965年4月30日~5月31日	1965年9月
41年版	1966年5月31日	1966年8月
42年版	1967年5月~6月30日	1967年8月
44年版	1968年5月~6月30日	1968年9月
45年版	1969年5月~6月30日	1969年9月
46年版	1970年5月~6月30日	1970年9月
47年版	1971年6月30日	1971年10月
48年版	1972年6月30日	1972年10月
49年版	1973年6月30日	1973年10月
50年版	1974年6月30日	1974年9月
51年版	1975年6月30日	1975年9月
52年版	1976年6月30日	1976年9月
53年版	1977年6月30日	1977年9月
54年版	1978年6月30日	1978年9月
55年版	1979年6月30日	1979年9月
56年版	1980年6月30日	1980年9月
57年版	1981年6月30日	1981年9月
58年版	1982年6月30日	1982年9月
59年版	1983年6月30日	1983年9月

違する点は,大きくいって三つある.第1は,第1次・第2次個票ではエコノミストの範囲に教授・助教授・講師のほか助手も含めていたが,第3次個票では助手を除いたこと.第2に,エコノミスト担当の科目を再整理したこと.この第1と第2の点により,エコノミストの定義範囲が変ってくる.第3は,個人情報のとり方を大きく改めたことである.第1次・第2次個票では,最初,1978年6月30日に大学に在職するエコノミストについて,その所属大学・所属学部・地位・学位・氏名・生年・出身大学・担当科目についての情報を記録し,合せて後述の所属学会の情報を附加し,その後,73年6月30日時点で存

在し，78年時点では存在しないエコノミストについて，学会情報を除いた情報に関して個票を作成した．同時に，78年作成個票に，73年時点での所属大学・所属学部の情報を附加した．しかし，その他の情報中時間の経過とともに変化する可能性のある地位・学位・担当科目については，73年時点の情報を附加しなかった．

　以下同様にして，58年まで5年おきに遡って個票を作成した．そして，エコノミストの担当科目は通時的に大きくは変化しないと考え，以上のデータを用いて，エコノミストの通時的担当科目の内容を分析した．そこには，当然誤差が含まれている．今回の第3次個票では，時間的に変化する可能性のある情報は，学会情報を除き，すべて基準年においてその時点のものに改められており，また参入・移動については，それらが発生した時点の情報がとられ，あるいは情報の変化が記録されている．したがって，基準年における共時的比較および基準年間の通時的比較が斉合的に行われることになる．

　以上の情報のほか，1978基準年について，経済学関係10学会のこの時点に近い時点で作成された学会名簿により，エコノミストの学会所属状況についての情報をえ，これを個票情報として附加した．選ばれた経済学関係10学会およびその学会名簿作成時点は次のようである．理論・計量経済学会(1978年度)，金融学会(1978年11月現在)，日本財政学会(1979年1月30日現在)，日本経済政策学会(1976年11月1日現在)，経済理論学会(1977年10月10日現在)，国際経済学会(1975年7月現在)，日本統計学会(1978年3月31日現在)，経済学史学会(1978年1月1日現在)，社会経済史学会(1978年7月現在)，土地制度史学会(名簿作成時点不明)．

　さて，所属大学・所属学部・地位・学位・氏名・生年・出身大学・担当科目の順に，個票作成に関して注意しておくべき点に言及しよう．

　①所属大学　エコノミストの中には複数の大学において兼職している人達がいる．この場合には，いずれの大学が本務であるかを検討し，単一の大学のみの所属とした．したがって，われわれの把握したエコノミスト数には二重計算はない[8]．

大学間の移動の途中で1年間だけ所属大学不明の場合がある．この場合，可能性としては，一度，エコノミスト市場より退出し，再度参入することもありうる．しかし，これについては，後の年の情報が，その情報不明年に適用できるものと仮定した．2年以上情報不明の場合は一度退出し，再参入したものとする．

②所属学部　エコノミストの所属学部を，経済学部(政治経済学部・政経学部・国際政治経済学部・法経学部・文経学部を含む)，商学部(商経学部・法商学部を含む)，経営学部(経営情報学部を含む)，人文学部(人文社会学部・法文学部・総合科学部・国際関係学部・人間科学部・社会福祉学部・文理学部・産業社会学部・人文社会科学部を含む)，農学部(酪農学部・農林学系を含む)，教育学部(学芸学部・学校教育学部を含む)，教養学部(教養部・教職課程を含む)，その他学部(社会科学部・社会科学系・社会工学系・情報学部・図書館情報学部・通信教育学部およびその他の学部を含む)，研究所(センターを含む)に分けた．そして，担当が大学院だけのエコノミスト，学長などで学部に併任されていない人の所属は，その他学部となっている[4]．

③地位　『全国大学職員録』の記載では，助手は，大学によって記載されている場合もあるし，また記載されていない場合もあり，まちまちであるようである．それに加えて，助手というポストの使用の内容は極めて雑多である．そこで，われわれの検討では，助手をその対象からはずし，本務の教授・助教授・講師の地位にあるものに対象を限定した．この場合，教授には，特任教授・嘱

---

3) 1968〜71年の青森大学では，学長・理事・学部長の氏名しか示されていない．そこで1972年にその所属者が全員参入したものとする．秋田経済大学と九州女子大学では，1977年までのいくつかの時点で所属教員のデータが示されていない．そこで，秋田経済大学では1978年在職者をその年の参入とし，九州女子大学については少数のため検討対象からはずした．さらに，沖縄県所在の大学では，参入を1967年とする．その場合，沖縄大学・国際大学については1967年情報不明のため，68年情報が67年に適用できるものとした．

4) 鹿児島大学では，1964年まで，文理学部とともに理学部があり，65〜71年には文理学部，法文学部，理学部の併存，そして72年以降文理学部は法文学部と理学部とに分離吸収される．そして，65〜71年の期間文理学部と法文学部の両者に所属するエコノミストがいる．しかし文理学部と法文学部とは，われわれの学部区分では人文学部に含まれるので，一つの人文学部所属として処理されている．

託教授・準教授が含まれている．ただし日本大学の嘱託教授は名誉教授のようであるので除外する．また，客員教授・名誉教授は教授の中には含まれない．

④学位　学位は，経済学博士，その他の博士(Ph. D. およびドクトル・アンドローを含む)，経済学修士，その他の修士(M. A., M. D. A., M. A. O. を含む)，その他(学士，BP, リッチエンチアート，学位なしを含む)の5分類とする．

⑤氏名と生年　個票作成過程で，氏名の読み方(電算機にローマナイズした氏名を入力するのに氏名の読み方が必要となる)や生年など不明な場合，文部省学術国際局監修・日本学術振興会『大学研究者・研究題目総覧(1956年版)』上下2巻，1956――1956年5月1日現在の記録――，同『専門別大学研究者・研究題目総覧(1961年版)』人文科学編，自然科学編，1961――1959年6月1日現在の記録――，同『専門別大学研究者・研究題目総覧(1971年版)』, 1971――1969年11月1日現在の記録――，同『研究者・研究課題総覧(1979年版)』人文・社会科学編，自然科学編，1979――1977年11月1日現在の記録――，総合大学問題研究所編『日本大学大鑑(1978年版)』日本学術通信社，1978, 国立国会図書館『国立国会図書館著者名典拠録――明治以降日本人名――』紀伊国屋書店，1979によりチェックした．しかし，それでも不明な場合，氏名についてはわれわれの決定した読み方が当人の氏名の読み方であると約束し，そして生年については不明のままに残した．1957年に在籍した人，57～66年に参入した18名および83年参入の1名について生年不明のため，年齢を計算できないエコノミストが極く少数存在する．移動者の中には生年不明者はいない．

⑥出身大学　『全国大学職員録』では，出身大学は学部名か大学院名かのいずれかで示されている．したがって，出身学部と出身大学院が同一大学に属する場合には，いずれの仕方によっても出身大学に変更はない．しかし，両者が異なる場合には，いずれによるかによって，出身大学が違ってくるという問題がある[5]．

---

5) 『全国大学職員録』が示す出身大学には，次のような問題点もある．それは，旧大阪商科大学(現大阪市立大学)出身者が大阪商大出身とされるとともに，現大阪商業大学出身者も大阪商大出身とされ，そして，旧神戸商業大学(現神戸大学)出身者が神戸商大出身とされるとともに，現神戸商科大学出身者も神戸商大出身とされている可能性があ

第5章 エコノミストの労働市場

⑦担当科目　われわれは，個票の作成に際し経済学関係の担当科目を以下に示すように分類した．われわれのいうエコノミストとは，以下の担当科目を担当する大学教員である．この場合，3桁の分類番号を付して各担当科目を分野分けし，そしてこれらをさらに10番刻みの大分類に統括した．例えば，理論経済学(000～009)は大分類を示し，また理論経済学(000)は小分類を，そしてこの理論経済学(000)の次に表示してある基礎経済学，基礎経済論，基礎理論(経済学部)，……などは，理論経済学(000)という分類に含ませた科目である．

これらの担当科目の中で，統計学・数理計画法(020～029)関係のエコノミストとしては，経済学部，商学部，経営学部，人文学部，農学部・農業経済科，教養学部，および経済学関係研究所所属の統計学・数理計画法担当者をとり，それ以外の学部(研究所)の統計学・数理計画担当者は除いた．また，都市経済(111)についても，統計学・数理計画法の場合と同様の取扱いとした．さらに，経済学部(経済関係研究所)に属する中国研究・アメリカ研究などは各国経済(100)のそれぞれ中国経済(103)，アメリカ経済(104)などに含めたが，それ以外の学部での中国研究・アメリカ研究などは除外した．

その他(130～139)という担当科目における経済学関係ゼミナール(130)，経済学関係講読(131)には，ある基準年に単に「ゼミナール」あるいは「演習」などや「講読」などとのみ示されているものの担当者でも，その年の直前および直後の年で，同一の大学でここにわれわれの定義した経済学担当科目を担当している人は，この経済学関係ゼミナール(130)，あるいは経済学関係講読(131)の担当者に含める．そして，前後の年に経済学を担当しながら，その中間年に経済学以外の科目名を明示した「ゼミ」や「講読」の担当の場合には，その他の担当科目(136)の担当とする．

さらにまた，ある年から経済学の担当をはじめ，その前の基準年，またはそ

ることである．この点については，それぞれの大学の名称変更時点と，大阪商大，あるいは神戸商大出身とされている人の生年とを突合せ，いずれの大学の出身であるかを決定した．この場合，結果的には，大阪商大出身とされている人で，大阪商業大学出身者は存在しなかった．神戸商大出身とされている人には，旧神戸商業大学出身者と現神戸商科大学出身者とが混在している．

の後の基準年に同じ大学で「ゼミ」,「演習」,あるいは「講読」を担当している場合には,その前の基準年,あるいはその後の基準年にその人をエコノミストとして記録し,その担当を経済学関係ゼミナール(130),あるいは経済学関係講読(131)とする.ただし,その前の基準年に経済学以外のゼミまたは講読担当の場合には,その参入を経済学担当が明らかな時点からとする.

ある年に経済学を担当していて,その前後で同一大学に所属しかつ海外留学となっている場合には,海外留学者(135)とする.また一度経済学担当者となったものが,その後経済学以外の担当となった場合,その他の担当科目(136)の担当として処理する.また同様のケースで休講の者,担当科目空欄の者も,この担当とする.教授・助教授・講師ではあるが,学長やその他の役職を務めている者の担当は,役職(137)とする.学部長の職にあり,学部への所属が示され,かつ担当科目が示されているときは,その科目の担当とし,学部への所属は示されているが担当科目が示されていないときは,その他の担当科目(136)の担当とし,そして,学部への所属が示されていないときには,役職(137)の担当とする.

なお,参入年の担当が空欄となっていても,その後経済学の担当となれば,その参入年からその他の担当科目(136)の担当のエコノミストとして取扱う.しかし初出年に,学長・学部長以外の役職(例えば厚生課長,短大関係)となっているものは,経済学の担当となったときからの参入とする[6].

経済学関係担当科目分類表

理論経済学(000-009)

理論経済学(000):基礎経済学,基礎経済論,基礎理論(経済学部),経原論,経済学一般,経済学基礎講義,経済学原理,経済学原論,経済学理論,経済原理,経済原論,経済原論(2)1,経済原論(2)2,経済原論(2)I,経済原論第1,経済原論第1部,経済原論第2,経済原論第2部,経済原論特講,経済原論特殊,経済原論特殊研究,経済原論特論,経済原論理論,経済原論1,経済原論2,経済原論A,経済理論,経済理論研究,経済理論1,経済理論2,現代理論経済学,原論,理論,理論経済,理論経済学,理論経済学研究,理論経済学第1,理論経済学第2部,

---

6) 1971年の横浜国立大学の経済学部・経営学部では,担当科目が示されていない.そこで,1971年の参入者の担当科目は72年のそれと同じであるとする.

理論経済学第2，理論経済学特講，理論経済学特殊研究，理論経済学特殊講義，理論経済学特殊問題，理論経済学特修，理論経済学特論，理論経済特論

経済学通論(001)：一般経済学，経済科学，経済学，経済学各論，経済学概説，経済学概論，経済概論1，経済学研究，経済学総論，経済学第3部，経済学通論，経済学特講，経済学特殊講義，経済学特殊問題，経済学特殊理論，経済学特問，経済学特論，経済学1，経済学2，経済社会，経済社会学，経済社会論，経済通論，国民経済学，社会経済，社会経済学，社会的経済学，社会文化研究(経済学)，政治経済，政治経済学，政治経済学第一部，政治経済学第二部，政治経済特講

近代経済学(002)：近代経済学，近代経済学概論，近代経済学特殊問題，近代経済学特論，近代経済学1，近代経済学2，近代経済理論

現代経済学(003)：経済分析，経済分析論，現代経済学，現代経済分析，現代経済理論

価格理論(004)：価格分析，価格理論，価格論，所得分配論，市場分析，市場論，地代論の研究，分配論，ミクロ経済学

所得理論(005)：貨幣物価論，経済循環論，国富，国民経済計算論，国民所得，国民所得特殊研究，国民所得分析，国民所得論，物価論，マクロ経済学

数理経済学(006)：経済学のための数学，経済工学，経済数学，経済数学1，経済数学2，経済の数学的方法，ゲーム理論，産業連関論，数学経済学，数学的経済学，数理経済学，数理経済学序説，数理経済学専門研究，数理経済学第1，数理経済学第2，線型計画論，線型経済学，モデル分析，理論・計量経済学

マルクス経済学(007)：価値論，再生産論，資本蓄積論，資本論，マルクス経済学

景気循環論(008)：恐慌論，景気循環，景気循環論，景気分析，景気変動，景気変動論，景気変動論研究，景気変動論特殊研究，景気論，経済動学，経済動態論，経済変動，経済変動論，産業循環論，動態経済学，動態経済論

経済成長論(009)：経済成長，経済成長理論，経済成長論

計量経済学(010-019)

計量経済学(010)：エコノメトリックス，経済計測，経済計測学，経済測定学，経済予想と計量経済学，計量経済，計量経済学，計量経済学第1，計量経済学第2，計量経済学第3，計量経済学の統計的方法，計量経済分析，計量経済論，計量分析学，産業構造の計量経済学的研究，産業別投資活動の計量的分析，資源配分の計量的研究，数量経済分析

応用経済学(011)：応用経済学，応用経済学特講，経済データ解析，需要分析

経済予測(012)：経営計測，経済予測，シミュレーション，シミュレーション論，需要予測，需要予測論

計量経営学(013)：計量経営学

統計学・数理計画法(020-029)

統計学(020)：一般統計，基礎統計，近代統計学，計量統計学，数量統計学，社会文化研究(統計学)，情報行動基礎研究(統計学)，時系列論，推計学，統計，統計各論，統計学，統計学各論，統計学概論，統計学原理，統計学原論，統計学総論，

統計学第1, 統計学第2, 統計原理, 統計原論, 統計理論, 統計論研究, 統計論特殊研究, 統計・計量経済, 理論統計

数理統計学(021)：確率統計, 管理統計, 管理統計学, 推測統計学, 数理統計, 数理統計学, 多変量解析, 統計解析, 統計解析論, 統計推理論, 統計数学, 統計標本論, 標本調査論

経済統計学(022)：経済統計, 経済統計学, 経済統計学研究, 経済統計学特講, 経済統計学特殊研究, 経済統計学特論, 経済統計特殊問題, 経済統計論, 経済の統計的研究, 財政統計学, 社会経済統計, 社会経済統計論, 生活統計学, 統計経済学, 統計資料論, 農業経済統計学, 比較経済統計

応用統計学(023)：応用統計, 応用統計学, 経営統計, 経営統計学, 経営統計論, 社会現象と統計学, 社会統計, 社会統計学, 社会統計論

産業統計(024)：産業統計, 産業統計学, 産業統計の解析と応用, 産業統計論, 商業統計論, 農業調査論, 農業統計学

統計調査法(025)：広告調査論, 国際市場調査, 社会調査, 社会調査統計, 社会調査法, 社会調査法概説, 社会調査方法論, 社会調査論, 社会統計法, 商業経営各論(市場調査論), 市場調査, 市場調査論, 統計調査法, 統計調査論, 農産物市場調査

数理計画法(026)：OR 特論, OR 論, オペレーション・リサーチ, オペレーションズ・リサーチ, 管理経済学, 管理工学, 管理工学総論, 管理数学, 企業行動科学, 経営計画, 経営計画論, 経営工学, 経営工学概論, 経営工学特論, 経営情報システム, 経営数学, 経営数学特講, 経営数理, 計画数学, 計画数学第1, 計画理論, 計画・経営科学, 経済システム分析, 社会経済情報学, 社会工学, 社会工学概論, 社会システム論, 社会情報システム論, 社工実習, 情報管理, 情報管理論, 数理計画, 数理計画法, 統計オペレーションズ・リサーチ論

経済学説史(030-039)

経済学説史(030)：アメリカ経済学史, 英国経済学, 価値学説, 外国経済学, 学説史, 恐慌論史, 近代経済学説, 経済学史, 経済学史研究, 経済学史第2部, 経済学史特講, 経済学史特殊, 経済学史特殊研究, 経済学史特別講義, 経済学史特論, 経済学史特論専門研究, 経済学史2, 経済学説, 経済学説史, 経済学説史研究, 現代経済学説, 古典経済学, 古典経済学史, 古典派経済学, 西洋経済学, 西洋経済学史, 特殊研究(経済学説史), 理論経済学史

経済思想史(031)：イギリス社会経済思想史, 近代の経済と経済思想, 経済思想, 経済思想史, 財政思想史, 社会経済思想概論, 社会思想史(経済), 社会政策思想史, 東洋経済思想史, 日本近代社会経済思想史, 日本経済思想史, 貿易思想史

経済哲学(032)：経済哲学, 経済哲学研究, 経済哲学特殊研究, 特講(経済学と社会哲学)

経済学方法論(033)：経済学方法論

近代経済学説史(034)：近代経済学史, 近代経済学説史

農業経済学説史(035)：農業経済学説研究

計画・政策・体制 (040-049)

経済計画 (040)：計画基準としての社会的費用・利益，経済管理論，経済計画，経済計画論，経済計算，公共経済学及び数理経済計画理論の研究，産業計画，産業計画第一

経済政策 (041)：景気政策，経済安定政策，経済政策，経済政策及び経済史，経済政策及び社会政策，経済政策各論，経済政策概論，経済政策学，経済政策学原論，経済政策学特殊研究会，経済政策研究，経済政策原理，経済政策原論，経済政策史，経済政策総論，経済政策第1部，経済政策第2，経済政策特殊研究，経済政策特殊講義，経済政策論，国際経済政策，消費者政策，食糧政策，数量経済政策

社会保障・社会政策 (042)：医療社会保障計画，医療保障論，厚生経済学，公的扶助，公的扶助処遇論，公的扶助の研究，公的扶助論，国際社会政策，産業公害論，社会政策，社会政策各論，社会政策学，社会政策研究，社会政策原理，社会政策史，社会政策総論，社会政策特講，社会政策特殊，社会政策特殊研究会，社会政策特殊問題，社会政策論，社会政策論特殊講義，社会政策論(労働問題)，社会政策2，社会保障，社会保障概論，社会保障学，社会保障研究，社会保障総論，社会保障問題，社会保障理論，社会保障論，社会労働政策特研，生活保障論，福祉経済学，福祉経済論，労働・社会政策

経済体制 (043)：金融資本論，経済体制，経済体制論，経済類型論，現代資本主義論，国家独占資本論，国際比較経済，独占資本主義論，比較経済対照論，比較経済体制論，比較経済論，比較社会経済論，比較体制論

社会主義経済論 (044)：計画経済，計画経済学，計画経済法，計画経済論，現代社会主義論，社会主義経済，社会主義経済学，社会主義経済論，社会主義圏経済，社会主義圏経済論

現代経済論 (045)：現代経済論

財政学 (050-059)

財政学 (050)：行財政論，公共財政学，公共支出計画，公共投資論，財政，財政学，財政学各論，財政学研究，財政学史，財政学総論，財政学第1，財政学第2，財政学特講，財政学特殊研究，財政学特殊講義，財政計画経済論，財政事情，財政制度論，財政総論，社会福祉財政学，租税論，都市財政史，日本財政論

公共経済学 (051)：公共経済，公共経済学，公共経済論

地方財政論 (052)：地方行財政，地方行財政論，地方財政，地方財政学，地方財政論，都市財政

財政政策 (053)：公共政策，財政政策，財政政策特殊研究，財政政策論

財政金融論 (054)：財政学及び金融論，財政金融，財政金融政策，財政金融政策特講，財政金融論

社会資本論 (055)：社会資本論

財政学及び経済論 (056)：財政学及び経済論

金融論 (060-069)

金融論 (060)：英語(金融論)，貨幣及び金融論，貨幣金融，貨幣金融論，貨幣経済論，

貨幣論及び金融論,貨幣・金融論,金工経済論,金融,金融学,金融経済,金融経済学,金融経済特論,金融経済論,金融構造論,金融財政学,金融市場論,金融特殊講義,金融問題,金融理論,金融論,金融論研究,金融論特研,金融論特講,金融論特論,現代金融理論,現代金融論,国民金融論
貨幣論(061):貨幣学,貨幣均衡論,貨幣理論,貨幣論,貨幣論研究,貨幣論講,貨幣論特殊研究,信用論
銀行論(062):貨幣銀行論,貨幣論(銀行論),金融機関論,金融銀行論,金融制度論,銀行及び信託業論,銀行金融市場,銀行金融事情,銀行金融論,銀行信託論,銀行論,銀行論及び貨幣論,信託論,信託論研究,信託論特殊研究,信用制度論
証券市場論(063):金融証券,証券価格論,証券機関,証券経済学,証券市場論,証券分析,証券論,証券,証券金融論,証券経済論,証券市場,証券分析論,投資信託論,有価証券論
国際金融論(064):外国為替,外国為替特講,外国為替特論,外国為替論,国際金工論,国際金融,国際金融論,国際金融論特講,国際資金,国際資本移動論,国際通貨制度論,国際通貨論特論,国際投資論,貿易金融
企業金融論(065):企業金融論,産業金融論
個別産業金融論(066):水産金融論,農業金融論,農業金融論学
金融政策(067):金融政策,金融政策学,金融政策論,金融物価政策
消費者信用論(068):消費者信用論

産業経済論(070-079)

産業経済論(070):現代産業論,産業解説,産業開発論,産業概説,産業概論,産業経済,産業経済分析,産業経済論,産業経済論研究,産業合理化論,産業事情,産業総論,産業分析,産業論,産業論概説,産業論特講,生産経済,生産経済学
産業組織論(071):経済組織,経済組織論,産業関係論,産業関係論特講,産業工学,産業構造,産業構造の国際的比較の研究,産業構造論,産業政策,産業政策理論,産業政策論,産業組織論
農業経済論(072):園芸経済論,国際農業論,小農経済論,食品市場論各論,食品市場論,食品市場論総論,食糧経済,食糧経済学,畜産経済学,畜産経済論,畜産物市場論,日本農業構造論,日本農業論,農家経済分析,農家経済分析方法,農業,農業一般,農業開発学原論,農業開発論,農業関連産業論,農業経済,農業経済学,農業経済学概論,農業経済学研究部門,農業経済学第1特講,農業経済学第2,農業経済学特別講義,農業経済学汎論,農業経済研究部,農業経済汎論,農業経済論,農業経済論特講,農業財政学,農業市場経済学,農業市場論,農業総論,農業地域経済学,農業投資論,農業土木経済学,農業問題,農業論,農産物市場論,農村経済学,農村工業論,農林経済学,比較農業,比較農業論
農業政策(073):近代農政史,経済学農政学,国際農業政策,農業政策,農業政策学,農業政策学第1,農業政策学第2,農業政策特講,農業政策特殊問題,農業政策論,農政学,農政学実験,農政経済学,農政史,農村政策
工業経済・政策論(074):化学工業論,機械工業,機械工業論,軽工業,工業,工業

概論，工業経済，工業経済概説，工業経済学，工業経済論，工業経済論特論，工業政策，工業政策学，工業政策総論，工業政策論，工業，重工業，繊維工業論
商業政策(075)：商業，商業政策，商業政策総論，商業政策論，商工政策，中小企業商業政策
水産経済論(076)：漁業経済学，漁業経済論，国際漁業経済論，水産経済学，水産経済学概論，水産経済政策，水産経済論，水産市場論，水産政策，水産政策学，日本漁業経済論
個別産業経済論(077)：医療経済学，海運経済，海運経済学，海運経済論，海事経済，観光経済学，観光経済論，建設工業論，建築経済，港湾経済論，蚕糸経済学，食品経済，食品経済学，食品経済論，森林経済学，森林経済論，醸造経済学，情報産業論，繊維経済学，地域産業論，土地経済論，土地住宅経済論，農業技術論，不動産価格論，不動産業論，貿易産業論，マス・コミュニケーション産業論，薬業経済，薬業経済学，輸出産業論，林業経済学，林業経済論，林産経済学
産業技術論(078)：技術経済論，現代技術論，産業技術論

企業経済論・労働経済論・家計経済論(080-089)
企業経済論(080)：寡占価格理論，寡占経済，寡占経済論，株式会社経済論，官公企業論，協同組合企業論，協同組合原論，協同組合総論，協同組合論，企業経済，企業経済学，企業経済論，企業行動論，企業集中論，企業総論，企業と社会，企業理論，企業論，企業論特殊講義，漁業協同組合論，組合論，現代企業論，現代産業企業論，現代ビジネス論，公営企業総論，公益企業，公益企業論，公益事業，公益事業論，公共企業論，公企業論，国際企業論，国鉄経済論，社会主義企業論，小企業論，水産協同組合論，生活協同組合論，世界企業，多国籍企業論，中小企業，中小企業経済論，中小企業政策論，中小企業論，中小商工問題，中小商工業問題，独占経済論，独占の経済理論，独占理論，農協論，農業協組論，農業協同組合論
労働経済論(081)：国際労働，サービス労働論，産業人口論，産業労働論，女子労働論，人口政策，人口政策特殊問題，人口統計学，人口問題，人口問題特研，人口論，人口論特殊，賃金形態論，賃金論，賃銀論，日本の雇用関係，日本労働問題，農業労働論，労使関係の理論，労使関係論，労資経済論，労働，労働組合論，労働経済，労働経済学，労働経済論，労働者状態，労働事情，労働政策，労働政策学，労働政策研究，労働問題
家計経済論(082)：家政経済学，家政経済学概論，家族経済，家族経済学，家族経済論，家庭経済，家庭経済学，家庭経済学概論，家庭経済論，国民生活論，消費経済論，消費者行動論，消費経済学，消ヒ経済学，消費者運動論，消費者行動の理論，消費者問題論，食糧生計費論，生活経済学，生活経済論，生活と経済，婦人及労働問題

国際経済学(090-099)
国際経済学(090)：海外市場論，外国貿易，外国貿易各論，外国貿易総論，外国貿易論，国際経済，国際経済関係論，国際経済学，国際経済機構論，国際経済経営環

境，国際経済論，国際経済論研究，国際経済論特講，国際収支論，国際市場論，国際政治経済論研究，国際的経済学，国際貿易，国際貿易論，国際マクロ経済学，世界貿易論，貿易，貿易概論，貿易学，貿易学概論，貿易理論，貿易論，貿易論研究，貿易論研究指導(含演習)，貿易論専門研究

貿易事情(091)：アジア貿易論，国際貿易事情，産業発展と世界市場，社会主義貿易論，日中貿易論，農産物貿易論，貿易各論，貿易事情，貿易部門の研究，貿易問題

貿易政策(092)：貿易政策，貿易政策史，貿易政策論，貿易政策論研究，貿易政策論特殊研究

世界経済論(093)：現代世界経済論，世界経済，世界経済各論第四，世界経済学，世界経済事情，世界経済特殊，世界経済特殊問題第1，世界経済分析，世界経済論，世界食糧需給構造，世界政治経済論，戦後世界経済論

国際経済事情(094)：国際経済事情，国際事情，国際政経事情

国際比較論(095)：国際比較論

経済協力論(096)：経済協力論

各国経済(100-109)

各国経済(100)：各国経済，各国経済事情，各国経済論，外国経済各論，外国経済事情，外国経済論，経済事情，内外経済事情

日本経済(101)：各国経済事情(日本)，現代日本経済，現代日本経済論，戦後日本資本主義論，日本経済，日本経済学，日本経済研究，日本経済構造論，日本経済社会論，日本経済事情，日本経済第1，日本経済第2，日本経済分析，日本経済論，日本産業論，日本の近代化過程，日本の経済構造，日本貿易論，本邦経済産業，本邦財政金融

アジア経済(102)：アジアアフリカ農業論，アジア経済，アジア経済概論，アジア経済事情，アジア経済比較論，アジア経済論，アジア圏事情概論，アジア社会経済論，アジア政経事情，アジア農業論，インド経済事情，インド経済論，印度・東南アジア経済学，極東経済論，中国及び東南アジア研究，中国・東南アジア経済，中東経済論，中東研究，朝鮮社会経済，東亜経済論，東南アジア経済，東南アジア経済社会，東南アジア経済論，東南亜細亜経済論，東南アジア研究，東南アジアの政治と経済，東北アジア経済，東北アジア部門，東洋経済，東洋経済事情，東洋経済論，南方アジア経済，西アジア経済論，西アジア部門，日本・アジア経済，汎アジア経済，汎アジア経済部門，比較地域圏研究(アジア)，比較地域圏研究(中近東)，北東アジア研究，北東アジアの社会と経済，南アジア経済，南アジア政治・経済

中国経済(103)：各国経済事情(中国)，華僑経済学，現代中国経済特研，現代中国経済論，中国，中国及び英連邦経済研究，中国経済，中国経済研究，中国経済事情，中国経済論，中国研究，中国現代経済論，中国社会経済論，中国市場論，中国政治経済論，中ソ経済論，中国経済(工業化)，中国経済(財政)，中国事情，中国政経事情総論，比較地域圏研究(中国)

アメリカ経済(104)：アメリカ，アメリカ経済，アメリカ経済(一般)，アメリカ経済事情，アメリカ経済特研，アメリカ経済特論，アメリカ経済論，アメリカ圏経済，アメリカ社会，アメリカ事情，アメリカ政治経済，アメリカ政治経済研究，アメリカの経済，アメリカ・ヨーロッパの経済，英米の経済，現代アメリカ経済論，中南米経済，中南米経済論，中南米論，中南米経済特研，南米経済事情，南米経済特論，ブラジル研究，米経済，米国経済事情，米国研究，米政治経済，北米経済事情，ラテンアメリカ経済論，ラテンアメリカ研究，ラテンアメリカ農業論，ラテンアメリカ経済，ラテンアメリカ事情

ヨーロッパ経済(105)：イギリス，イギリス経済，イギリス社会，イギリス事情概論，イギリスの経済，イベロアメリカ政治経済，英連邦研究，欧州経済論，欧米経済事情，欧米経済論，西洋経済事情，西洋経済論，東欧経済，東欧経済事情，東欧経済論，ドイツ経済，ドイツの経済，フランス，フランスの経済，ヨーロッパ経済，ヨーロッパ経済事情，ヨーロッパ経済論，ヨーロッパ圏経済，ヨーロッパ圏経済第1，ヨーロッパ圏経済第2

ソ連経済(106)：ソヴェット経済，ソヴェット連邦，ソヴェット経済論，ソビエト経済，ソビエト社会，ソ連経済，ソ連経済研究，ソ連経済事情，ソ連経済特研，ソ連経済論，ソ連研究，ソ連東欧経済論，ソ連邦事情，ソ連・中国経済論，ソ連・東欧の社会と経済，ロシヤ・ソビエト経済論

オセアニア・アフリカ経済(107)：アフリカ経済，アフリカ経済論，アフリカ農業論，オーストラリア経済論，オセアニア経済，太平洋英連邦研究，太平洋英連邦経済特研，比較地域圏研究(アフリカ)

低開発経済論(108)：開発計画，開発経済学，開発経済論，開発政策，開発政策論，経済開発，経済開発特研，経済開発特論，経済開発論，経済発展，経済発展論，後進国開発論，国際開発政策，国際開発論，新興国経済論，拓殖，拓殖概論，拓殖学，拓殖学原論，拓殖原論，拓殖政策，拓殖政策学，低開発経済論，低開発国開発理論，低開発国経済論，低開発地開発理論，低開発地域経済論，低開発地域論，低開発社会経済論，農業拓殖学原論(各論)，発展途上国経済論

植民地論(109)：移植民政策，移民学，移民論，植民地論

地域経済(110-119)

地域経済(110)：経済成長と地域格差の研究，経済成長と地域間格差の研究，三多摩の地域研究，地域，地域開発論，地域計画及び都市計画，地域計画論，地域経済，地域経済学，地域経済研究，地域経済論，地域研究，地域研究論，地域の経済分析の研究，地域論，農山村地域開発学

都市経済(111)：環境計画論，環境経済学，環境経済論，環境論，現代都市問題，現代都市論，国土及び都市計画，世界環境論，地区計画，都市，都市開発，都市環境計画，都市計画，都市計画概論，都市計画史，都市計画手法，都市計画論，都市経済，都市経済学，都市経済生活の基礎理論，都市構造論，都市数量分析，都市政策，都市政策論，都市地域数理的解析，都市農村問題，都市問題，都市論，土地利用計画

地方経済(112)：地方経済論，地方産業政策，地場産業論，北海道開発論，北海道経済論

経済地理(113)：アメリカ工業の地理的分布の研究，経済学地理概論，経済地学，経済地誌，経済地誌学，経済地理，経済地理学，経済地理学特研，経済立地論，計量経済地理学，工業立地論，産業地理学，産業配置論，産業立地論，社会経済地理学，集落経済地理，資源経済地理，資源経済地理学，資源産業立地論，水産地理，政経地理学，政治経済地理，中国経済地理，立地管理論

経済史(120-129)

経済史(120)：一般経済史，一般工業史，一般商業史，各国経済史，外国商業史，概論経済史，近世経済史，近代経済史，近代商業史，経済史，経済史概説，経済史概論，経済史学，経済史研究，経済史総論，経済史第1，経済史第3，経済史特講，経済史特殊研究，経済史特殊講義，経済史特問，経済史特論，現代経済史，現代商業史，工業経済史，工業史，古代中世経済史，産業経済史，産業史，産業史概論，産業発達史，産業発展史，社会経済史，社会経済史特殊講義，商業史，商業史論，商業史概論，商業史研究，商業史特講，資本主義経済発達史，資本主義発達史，資本主義発達史論，資本発達史，資本主義発達史論，政治経済史，特講経済史論，日本経史，比較経済史，比較社会経済史，流通経済史，歴史経済科学，労働史

日本経済史(121)：一般日本経済史，近世日本経済史，現代日本経済史，日本経済史，日本経済史研究，日本経済史特講，日本経済史特殊研究，日本経済史Ａ，日本産業史，日本社会経済史，日本商業史，日本商業史論，日本資本主義史，日本資本主義発達史，日本中小工業史論，日本労働運動史，北海道経済史

東洋経済史(122)：アジア経済史，アジア太平洋経済社会史，中国経済史，中国経済史特研，中国経済史特論，中国社会経済史，東亜経済史，東洋経済史，東洋経済史学，東洋経済史研究

西洋経済史(123)：アメリカ経済史，イギリス経済史，イギリス労働運動史，英経済史，英国経済史，英米研究(経済史)，欧州経済史，欧米経済史，西欧経済史，西洋経済史，西洋経済史(一)，西洋経済史研究，西洋商業史，西洋資本主義発達史，ドイツ産業史，仏現代社会経済史

各種経済史(124)：金融史，漁業制度史，経済史及び経済政策，産業科学技術史，産業技術史，社会労働運動史，社会労働運動史2，水産経済史，水産制度史，地方経済史，東亜通商史，東西通商史，都市発展史，南海貿易史，日本商業貿易史，農史，農業革命史論，農業経済史学，農業史，農村社会経済史，比較農業史，部門別経済史，貿易史，林業経済史，労働運動史

世界経済史(125)：経済人類学，国際経済史，世界経済史

外国経済史(126)：外国経済史，外国産業史

その他(130-139)

経済学関係ゼミナール(130)：演習，演習1，管理工学演習，外国為替演習，教職政治経済演習，経営工学演習，経済演習，経済学演習，経済学基礎演習，経済学原

理ゼミナール，経済学ゼミナール，経済原論演習，経済史第二演習，経済史特殊問題演習，経済政策演習，経済政策論演習，経済統計演習，経済特別演習，計量経済学実習，研究会，財政演習1，財政学演習，財政政策論演習，社会政策演習，社会調査演習，食品経済演習，市場論演習1，市場論演習2，政治経済演習，専門研究，ゼミ，ゼミナール，特殊研究(経済学説史)演習，都市計画演習，日本経済思想史演習，農経演習，農業金融論演習，農業経済学演習，農業経済論演習，農業経済論研究指導，プロゼミ，プロゼミナール，貿易政策演習，林業経済演習，労働組合論ゼミ

経済学関係講読(131)：イギリス原書研究，英経講義，英経済書講読，英語経済学，英書経済，外経書講読，外国経済文献研究，外国経済書研究，外国語経済学，外国書講読，外書研究(英)，外書経済学，外書研究，外書研究第二，外書講読1，外書講読2，外書ゼミ，経済英書研修，経済英書研修講読，経済外国書研究，経済外国書講読，経済学講読，経済原書，経済史料講読，経済仏書，経済仏書研究，経済名著講読，原書講読，原典研究，原典講読(露)，三年外国書研究，三年外書研究，専門外国書講読，中国語経済学，独系講義，独語経済学，独書経済，二年英書研究，農業経済学書講読，仏語経済学，仏文経済書研究

経済研究(132)：経済，経済研究，経済と社会，経済特講，経済の研究，経済・商業部門，政治経済研究

その他の経済論(133)：教育経済論，教職経済学，経済構造論，経済論，原子力経済論，産業資源論，資源計画，資源経済，資源論，実務経済学，水資源計画，世界資源論，地球資源論，特殊経済論，貿易資源論，利用経済学

経済時事問題(134)：経済時事問題，経済生活の諸問題，経済特殊問題，時事問題，時事問題特講，時事問題特論

海外留学者(135)：海外留学者，海外留学中

その他の担当科目(136)：休講中の者，担当科目空欄の者，その他の科目担当者

役職(137)：学長で在職の者，役職在職者

5.3 大学別所属エコノミスト数

以上の手続きを踏んで作成された個票にもとづき捉えられた年々のエコノミストの数は，その参入・退出の数とともに，第5.2表に示されている．前述したように，1959年と1961年の両年には原資料を欠くので，この表の1960年の参入者数と退出者数は実際上は59年と60年の，また62年の参入者数と退出者数は61年と62年の参入者数と退出者数であり，その結果，計数が過大となっていることに注意されたい[7]．

───────
7) われわれの原データでは，6月30日現在(初期データには4月～5月時点のもの

第5.2表 エコノミストの年別参入・退出・在籍者数 (単位:人)

年	参入				退出				在籍者数			
	国立	公立	私立	計	国立	公立	私立	計	国立	公立	私立	計
1957	…	…	…	…	…	…	…	…	684	132	741	1,557
1958	35	10	108	153	0	0	0	0	713	142	855	1,710
1959	…	…	…	…	…	…	…	…	…	…	…	…
1960	45	12	149	206	24	8	55	87	723	146	960	1,829
1961	…	…	…	…	…	…	…	…	…	…	…	…
1962	71	32	198	301	26	3	43	72	763	178	1,117	2,058
1963	47	27	135	209	10	4	20	34	796	203	1,234	2,233
1964	36	15	103	154	15	2	37	54	809	216	1,308	2,333
1965	33	9	103	145	17	2	33	52	807	225	1,394	2,426
1966	53	8	184	245	11	7	37	55	846	220	1,550	2,616
1967	43	15	195	253	14	6	22	42	868	227	1,732	2,827
1968	71	13	191	275	16	4	21	41	918	237	1,906	3,061
1969	36	11	112	159	26	10	73	109	920	235	1,956	3,111
1970	47	30	165	242	29	6	82	117	934	254	2,048	3,236
1971	45	13	172	230	17	3	69	89	956	262	2,159	3,377
1972	38	17	166	221	19	7	49	75	971	266	2,286	3,523
1973	45	20	185	250	29	5	36	70	981	278	2,444	3,703
1974	44	10	139	193	19	4	72	95	1,006	278	2,517	3,801
1975	51	10	147	208	25	4	77	106	1,032	282	2,589	3,903
1976	32	12	178	222	19	10	73	102	1,049	279	2,695	4,023
1977	52	10	165	227	20	5	80	105	1,082	279	2,784	4,145
1978	51	6	171	228	12	4	54	70	1,117	277	2,909	4,303
1979	46	10	118	174	21	7	98	126	1,141	278	2,932	4,351
1980	48	8	128	184	21	5	96	122	1,163	277	2,973	4,413
1981	56	14	165	235	29	10	84	123	1,185	279	3,061	4,525
1982	55	14	151	220	14	1	85	100	1,222	292	3,131	4,645
1983	62	16	170	248	17	8	84	109	1,259	293	3,232	4,784

(注) 1959年および1961年は原資料を欠く。

　この表によると，エコノミスト数は，1957年の1,557人から，83年の4,784人へと3倍強の水準まで増加した．この間，年々の新規参入者は，ほぼ200人から250人の間にあり，退出者は，30～40人の水準から増大し，70年代以降100人程度の水準となっている．また，国立大学と私立大学を比べると，57年には両者所属のエコノミスト数はほぼ同水準にあったが，その後，私立大学の

もある)でエコノミスト在籍者を把握している．そして，例えば1980年の参入者数とは，1979年6月30日に在籍せず，その7月1日以降1980年6月30日までに参入し(その大多数は，多分，80年4月1日に発生する)，80年6月30日に在籍する人の数であり，1980年の退出者数とは，1979年6月30日には在籍し，79年7月1日以降80年6月30日までに退出し(多分，その大多数は80年3月31日に発生する)，80年6月30日には在籍していない人の数である．したがって，79年在籍者数に80年の参入者数を加え80年の退出者数を差引くと，80年の在籍者数となる．

それは急速に増大して,83年には57年の4.36倍の3,232人となった.これに対して,国立大学では,57年の684人に比し,83年にはその1.84倍の1,259人となっているにすぎない.この間,公立大学も国立大学とほぼ同様の動きをみせ,その所属者数は57年の2倍強へ増加しているにすぎない.

エコノミスト数の変動については,次の章で詳しく分析するので,その大略の動きを念頭におき,大学別の所属者数の検討に進むことにしよう.第5.3表に,われわれの基準年における大学別所属エコノミスト数の上位20大学(20番目に同数の大学がある場合は21大学となっている)の所属者数が示されている.これによると,58年から83年にかけて,日本大学(45人→122人),早稲田大学(47人→97人),慶応義塾大学(53人→93人),法政大学(40人→92人),中央大学(35人→73人),専修大学(22人→71人),関西大学(33人→67人),立命館大学(20人→67人),同志社大学(32人→67人)などの私立大学で所属エコノミスト数が急成長している.そして,国公立大学のそれは,概して低成長にとどまった.その中で,第5.3表には示されていないが,58年から73年にかけて10人から11人程度の水準にあった筑波大学が,83年に64人のエコノミストを擁するようになったこと,また大阪大学が,58年の18人から83年の37人にエコノミスト数を急成長させたことが目につく.そのような動きの中で,上位10大学の中に,58年には大阪市立・一橋・東京・神戸・京都の5国公立大学が入っていたのに,83年には一橋・東京の2国立大学しか入らず,他はすべて私立大学によって占められることとなった.上位21大学(58年には上位20番目の大学と21番目の大学の所属者が同数なので21大学をとる)の所属者数が全体のエコノミスト数に占める割合は,58年の42.81%から83年の30.06%へ低下した.

エコノミストのこのような各大学への配分は,時間の流れの上で,均等化の動きをもつのであろうか,それとも不均等化の動きをもったのであろうか.所得の個人間分配の不平等度を測る指標としてジニ係数がある.この値が高くなるほど,所得の個人間分配が不均等になると考えられている.いま,このジニ係数を大学別所属エコノミスト数について計算することにより,エコノミスト

第5.3表 大学別所属エコノミスト数（上位20大学）

1958年		1963年		1968年		1973年	
慶応義塾大学	53	大阪市立大学	65	早稲田大学	79	早稲田大学	87
明治大学	51	早稲田大学	62	慶応義塾大学	73	慶応義塾大学	80
大阪市立大学	50	明治大学	59	法政大学	68	日本大学	79
早稲田大学	47	慶応義塾大学	56	大阪市立大学	68	法政大学	75
一橋大学	46	一橋大学	56	一橋大学	66	中央大学	65
日本大学	45	法政大学	51	東京大学	63	大阪市立大学	65
東京大学	44	日本大学	51	日本大学	60	東京大学	65
法政大学	40	東京大学	49	中央大学	57	専修大学	61
神戸大学	40	中央大学	47	明治大学	56	一橋大学	61
中央大学	35	京都大学	46	関西大学	55	明治大学	55
京都大学	35	関西大学	45	京都大学	48	同志社大学	54
関西学院大学	33	神戸大学	43	同志社大学	46	立命館大学	53
関西大学	33	関西学院大学	40	専修大学	44	関西大学	51
同志社大学	32	同志社大学	34	神戸大学	44	京都大学	49
東北大学	22	専修大学	34	立命館大学	43	神戸大学	45
専修大学	22	立命館大学	30	福岡大学	42	福岡大学	41
九州大学	22	大阪府立大学	28	関西学院大学	36	関西学院大学	40
福島大学	21	福岡大学	26	大阪経済大学	36	近畿大学	40
北海道大学	21	九州大学	26	立正大学	36	大阪府立大学	38
福岡大学	20	東北大学	26	北海道大学	32	独協大学	37
立命館大学	20			立教大学	32		

の大学間配分がどのように変化したかをみてみよう．第5.4表には，全体についてのジニ係数とともに，所属者5人以上をもつ大学だけを対象とした場合，所属者10人以上の大学を対象とした場合，そして所属者20人以上の大学を対象とした場合のジニ係数が，対象大学数とともに示されている．

まず，全体についてのジニ係数をみると，68年に比べて73年，78年の値が少し低くなっているものの，一般的には58年から83年にかけて，エコノミストの大学間配分はその不均等度を増加させているようである．不均等度の上昇は，所属者数でみた小規模大学の数の相対的な急増によっても起こりうるし，あるいは大規模大学の相対的急増によっても発生しうる．そこで，規模を5人以上，10人以上，20人以上と限定してジニ係数を計算してみる．そうすると，

(単位：人)

1978年	1983年
日本大学 104	日本大学 122
早稲田大学 95	早稲田大学 97
法政大学 91	慶応義塾大学 93
慶応義塾大学 84	法政大学 92
中央大学 71	一橋大学 78
一橋大学 70	東京大学 74
東京大学 69	中央大学 73
専修大学 64	専修大学 71
立命館大学 63	明治大学 70
明治大学 63	関西大学 67
大阪市立大学 63	立命館大学 67
関西大学 62	同志社大学 67
同志社大学 55	筑波大学 64
神戸大学 53	大阪市立大学 61
京都大学 49	神戸大学 58
筑波大学 45	福岡大学 54
近畿大学 45	関西学院大学 49
関西学院大学 44	近畿大学 46
亜細亜大学 44	青山学院大学 46
駒沢大学 40	駒沢大学 45

　5人以上，10人以上の場合，68年までのジニ係数の上昇，その後の横ばい気味の動きに対して，所属20人以上に対象を限定すると，58年以降83年までの上昇傾向がみられる．

　このような動きを，第5.5表の所属者規模別の大学数の分布と対比してみよう．この表によると，58年から83年にかけて，20人以上の規模，特に20〜29人規模と60人以上の規模のウェイトが急増し，19人までの規模，特に5〜9人，10〜19人の規模の大学の校数の全体に対する割合の低下が目立つ．1〜4人規模は，68年にその構成比を急増させた後，それを少し低い水準へと低下させている．したがって，全般的にみてのジニ係数と所属20人以上のジニ係数の上昇傾向は，大規模大学へのエコノミスト配分の偏り傾向の中で発生しているこ

第5.4表 大学別所属エコノミスト数に関するジニ係数

年	全数		所属5人以上		所属10人以上		所属20人以上	
	大学数	ジニ係数	大学数	ジニ係数	大学数	ジニ係数	大学数	ジニ係数
1958	164	0.5163	100	0.3478	64	0.2729	21	0.1358
1963	196	0.5607	114	0.3693	82	0.2948	34	0.2110
1968	269	0.5879	140	0.3804	110	0.3149	51	0.2282
1973	285	0.5769	159	0.3561	132	0.3072	67	0.2276
1978	298	0.5829	167	0.3573	142	0.3027	87	0.2361
1983	314	0.5883	176	0.3618	150	0.3070	100	0.2441

第5.5表 所属者数でみた規模別大学数分布

年	1~4人	5~9人	10~19人	20~29人	30~59人	60人以上	計
1958	64 39.02	36 21.95	43 26.22	7 4.27	14 8.54	0 0.00	164 100.00
1963	82 41.84	32 16.33	48 24.49	18 9.18	14 7.14	2 1.02	196 100.00
1968	129 47.96	30 11.15	59 21.93	25 9.29	19 7.06	7 2.60	269 100.00
1973	126 44.21	27 9.47	65 22.81	34 11.93	24 8.42	9 3.16	285 100.00
1978	131 43.96	25 8.39	55 18.46	46 15.44	29 9.73	12 4.03	298 100.00
1983	138 43.95	26 8.28	50 15.92	50 15.92	36 11.46	14 4.46	314 100.00

(注) 上段の計数は大学数, 下段の計数は百分率.

第5.6表 学部別所属エコノミスト数　(単位:人)

年	経済学部	商学部	経営学部	人文学部	農学部	教育学部	教養学部	その他の学部	研究所	計
1958	861	303	10	108	85	123	40	126	54	1,710
1963	1,147	371	42	117	108	145	49	183	71	2,233
1968	1,572	446	109	166	125	129	124	283	107	3,061
1973	1,939	586	143	213	128	129	151	315	99	3,703
1978	2,282	652	175	272	134	125	155	394	114	4,303
1983	2,617	722	196	250	126	116	182	453	122	4,784

とがわかる．それと同時に，1〜19人規模の構成比の急減が全体としてのジニ係数の増減に関係をもっていることがわかる．

次に，学部別の所属エコノミスト数をみると，経済学部が58年の861人を83年の2,617人に増加させたのに対して，その他の学部・研究所は58年の849人を83年の2,167人に増加させている（第5.6表）．経済学部に次いで多数のエコノミストを擁するのは商学部であり，人文学部がこれに次ぐ．そして，農学部には比較的多数のエコノミストが所属している．83年には115の経済学部があり，1学部当りエコノミスト数の平均値は22.76人であった．

5.4 出身大学別エコノミスト数

次に，エコノミストの出身大学を調べてみよう．各基準年について出身者の多い順に10大学を取上げその出身者数をみると，第5.7表のようになる．この表の構成比は国・公・私立大学所属者計についてのものである．58年から83年の間，最多数の出身者を出しているのは東京大学であり，58年の398人から83年の786人まで1.97倍となった．もっとも，この間エコノミスト数に占める東大出身者のシェアーは，23.27％から16.43％へ低下した．

連年第2位にあるのは京都大学出身者であり，第3位にあるのは一橋大学出身者である．東大・京大・一橋の出身者で，58年には全エコノミスト数の54％を占めていた．しかし，83年には34％に低下した．エコノミスト全体よりも国立大学所属者では，これら3大学の出身者比率が一層高くなる．連年国立大学所属エコノミストの4人に1人は東大出身者であり，また3大学の出身者比率は58年には63.4％であり，83年には47.8％であった．83年においても，日本の国立大学所属のエコノミストの2人に1人は3大学の出身者である．

上位10大学には，58年では慶応と早稲田のほかに中央が入っているが，その他の年は慶応と早稲田だけである．この両者を除くと上位大学はすべて国公立大学であり，公立大学としては大阪市立大学が入っている．早大は58年には7位にあったが，83年には4位に躍進している．この事実は，次の章で検討するエコノミストの年齢分布の形とも関係する．上位10大学中の7国立大学

第5.7表 出身上位10大学の所属

出身大学	所属大学別エコノミスト数				構成比 %
	国立大学	公立大学	私立大学	計	
1958年(計)	713	142	855	1,710	100.00
東 京 大 学	171	27	200	398	23.27
京 都 大 学	157	22	94	273	15.96
一 橋 大 学	124	32	96	252	14.74
九 州 大 学	57	5	36	98	5.73
慶応義塾大学	6	1	73	80	4.68
神 戸 大 学	45	11	18	74	4.33
早 稲 田 大 学	5	1	58	64	3.74
東 北 大 学	41	0	20	61	3.57
大阪市立大学	6	33	16	55	3.22
中 央 大 学	3	0	31	34	1.99
北 海 道 大 学	26	1	7	34	1.99
そ の 他	72	9	206	287	16.78
1963年(計)	796	203	1,234	2,233	100.00
東 京 大 学	186	41	259	486	21.76
京 都 大 学	164	27	145	336	15.05
一 橋 大 学	134	35	129	298	13.35
九 州 大 学	67	10	60	137	6.14
神 戸 大 学	54	15	35	104	4.66
慶応義塾大学	7	2	89	98	4.39
早 稲 田 大 学	4	1	84	89	3.99
東 北 大 学	45	3	31	79	3.54
大阪市立大学	7	43	16	66	2.96
北 海 道 大 学	32	0	25	57	2.55
そ の 他	96	26	361	483	21.63
1968年(計)	918	237	1,906	3,061	100.00
東 京 大 学	227	44	384	655	21.40
京 都 大 学	169	34	207	410	13.39
一 橋 大 学	133	28	179	340	11.11
九 州 大 学	75	15	84	174	5.68
早 稲 田 大 学	9	5	152	166	5.42
神 戸 大 学	66	21	52	139	4.54
慶応義塾大学	9	2	114	125	4.08
東 北 大 学	50	6	48	104	3.40
大阪市立大学	11	43	33	87	2.84
北 海 道 大 学	38	0	42	80	2.61
そ の 他	131	39	611	781	25.51

大学別エコノミスト数とその構成比

出身大学	所属大学別エコノミスト数				構成比 %
	国立大学	公立大学	私立大学	計	
1973年(計)	981	278	2,444	3,703	100.00
東京大学	245	42	437	724	19.55
京都大学	154	34	229	417	11.26
一橋大学	127	31	194	352	9.51
早稲田大学	10	12	208	230	6.21
九州大学	82	13	105	200	5.40
神戸大学	67	29	89	185	5.00
慶応義塾大学	14	4	155	173	4.67
東北大学	60	4	55	119	3.21
大阪市立大学	17	43	54	114	3.08
北海道大学	45	1	62	108	2.92
その他	160	65	856	1,081	29.19
1978年(計)	1,117	277	2,909	4,303	100.00
東京大学	270	36	450	756	17.57
京都大学	163	31	238	432	10.04
一橋大学	140	25	210	375	8.71
早稲田大学	11	13	247	271	6.30
九州大学	95	13	118	226	5.25
神戸大学	82	28	107	217	5.04
慶応義塾大学	18	4	189	211	4.90
大阪市立大学	20	46	85	151	3.51
北海道大学	49	2	84	135	3.14
東北大学	60	3	69	132	3.07
その他	209	76	1,112	1,397	32.47
1983年(計)	1,259	293	3,232	4,784	100.00
東京大学	301	31	454	786	16.43
京都大学	152	35	237	424	8.86
一橋大学	149	20	229	398	8.32
早稲田大学	17	16	275	308	6.44
慶応義塾大学	23	5	223	251	5.25
神戸大学	95	29	126	250	5.23
九州大学	106	13	121	240	5.02
大阪市立大学	27	42	106	175	3.66
東北大学	72	2	89	163	3.41
北海道大学	53	4	89	146	3.05
その他	264	96	1,283	1,643	34.34

の出身者が国立大学所属エコノミスト数に占める割合は，58年では87％，83年では74％であり，国立大学エコノミスト市場は公立・私立大学出身者に対して極めて閉鎖的となっている．

5.5 担当分野別エコノミスト数

第3に，エコノミストは経済学のいろいろの分野をどのように担当しているかを明らかにしよう．エコノミストの担当科目の担当においては，単一のそれではなく複数のそれが担当される場合がある．したがって，担当科目数の合計はエコノミスト数合計よりも大きくなっている．さて，担当科目大分類での担当者数の配分はどうなっているか．第5.8表では，この構成比がカッコ内の計数（単位は％）で示されている[8]．これによると，担当科目はその担当者数の構成比からみて，大別して3群に分れる．第1は，理論経済学であり，これは全基準年を通じて26～30％のウェイトを占めている．第2は，7～10％程度の構成比をもつものであり，統計学・数理計画法(6～8.5％)，計画・政策・体制(8.5～10％)，金融論(5.8～7.4％)，産業経済論(6.5～10.6％)，経済史(7.7～9.2％)，その他(7.3～11.4％)がこれに属する．第3は，3～5％の構成比を示すものであり，これには計量経済学(0.6～2.7％)，経済学説史(2.9～3.9％)，財政学(4.3～4.7％)，企業経済論・労働経済論・家計経済論(2.5～4.2％)，国際経済学(4.5～5％)，各国経済(3.1～3.9％)，地域経済(1.9～2.4％)が含まれている．

これらの中で，時間の経過とともに構成比を上昇させているのは，計量経済学，統計学・数理計画法，計画・政策・体制，金融論，企業経済論・労働経済論・家計経済論であり，その構成比を低下させているものは，経済学説史，産業経済論，経済史である．特に，計量経済学と企業経済論・労働経済論・家計経済論の構成比の上昇と，産業経済論，経済史の構成比の低下が著しい．

経済学の講義の全体を10のウェイトで考えると経済学説史を含めた理論経

---

[8] 第5.8表の財政学の中の社会資本論と財政学及び経済論という担当科目は，すべての基準年を通じて担当者なしとなっている．しかし，それらの中間年には，これらの科目への参入あるいは移動が発生しているのである．

第5.8表 担当科目別エコノミスト数(1)

担当科目		1958年	1963年	1968年	1973年	1978年	1983年
理論経済学	理論経済学	157	226	325	394	493	593
	経済学通論	393	385	514	572	675	738
	近代経済学	6	11	20	31	29	37
	現代経済学	0	3	1	5	5	10
	価格理論	9	10	10	19	18	17
	所得理論	10	22	39	36	41	47
	数理経済学	14	21	24	39	68	55
	マルクス経済学	3	8	5	3	2	4
	景気循環論	28	29	38	47	42	43
	経済成長論	0	1	0	2	4	4
	計	620	716	976	1,148	1,377	1,548
		(30.44)	(27.02)	(27.48)	(26.54)	(27.23)	(27.50)
計量経済学	計量経済学	11	22	35	53	84	112
	応用経済学	0	0	0	0	12	22
	経済予測	0	1	3	3	6	7
	計量経営学	1	3	6	7	9	10
	計	12	26	44	63	111	151
		(0.59)	(0.98)	(1.24)	(1.46)	(2.20)	(2.68)
統計学・数理計画法	統計学	81	83	128	178	216	210
	数理統計学	6	12	14	21	17	22
	経済統計学	17	25	35	40	50	55
	応用統計学	3	6	12	23	21	24
	産業統計	7	5	6	7	5	4
	統計調査法	10	17	20	38	46	40
	数理計画法	1	10	20	44	73	92
	計	125	158	235	351	428	447
		(6.14)	(5.96)	(6.62)	(8.11)	(8.47)	(7.94)
経済学説史	経済学説史	58	70	80	109	111	120
	経済思想史	16	16	18	23	27	28
	経済哲学	6	3	5	3	5	6
	経済学方法論	0	0	0	2	2	4
	近代経済学説史	0	2	2	2	1	4
	農業経済学説史	0	0	1	1	2	1
	計	80	91	106	140	148	163
		(3.93)	(3.43)	(2.98)	(3.24)	(2.93)	(2.90)
計画・政策・体制	経済計画	3	8	4	12	13	18
	経済政策	99	117	167	203	242	262
	社会保障・社会政策	67	105	135	169	195	209
	経済体制	0	2	3	10	18	28
	社会主義経済論	5	9	14	27	28	34
	現代経済論	0	1	0	2	8	8
	計	174	242	323	423	504	559
		(8.54)	(9.13)	(9.09)	(9.78)	(9.97)	(9.93)

第5.8表 担当科目別エコノミスト数(2)

	担 当 科 目	1958年	1963年	1968年	1973年	1978年	1983年
財政学	財 政 学	83	118	142	173	202	219
	公 共 経 済 学	0	0	0	0	6	14
	地 方 財 政 論	3	3	13	13	16	18
	財 政 政 策	1	1	1	4	5	5
	財 政 金 融 論	1	1	5	2	2	6
	社 会 資 本 論	0	0	0	0	0	0
	財政学及び経済論	0	0	0	0	0	0
	計	88	123	161	192	231	262
		(4.32)	(4.64)	(4.53)	(4.44)	(4.57)	(4.65)
金融論	金 融 論	72	95	158	189	181	218
	貨 幣 論	13	15	18	10	12	9
	銀 行 論	12	22	21	23	33	29
	証 券 市 場 論	5	18	21	36	39	39
	国 際 金 融 論	14	25	33	47	61	80
	企 業 金 融 論	1	2	0	2	2	4
	個 別 産 業 金 融 論	2	6	5	10	10	8
	金 融 政 策	0	1	1	1	0	1
	消 費 者 信 用 論	0	0	0	0	0	1
	計	119	184	257	318	338	389
		(5.84)	(6.94)	(7.24)	(7.35)	(6.69)	(6.91)
産業経済論	産 業 経 済 論	23	28	23	23	44	40
	産 業 組 織 論	3	6	12	21	27	38
	農 業 経 済 論	76	96	91	100	121	126
	農 業 政 策	51	45	48	40	40	38
	工業経済・政策論	36	36	52	53	52	46
	商 業 政 策	15	13	23	15	18	26
	水 産 経 済 論	4	8	6	12	8	7
	個 別 産 業 経 済 論	8	9	20	20	23	32
	産 業 技 術 論	0	0	2	5	6	11
	計	216	241	277	289	339	364
		(10.60)	(9.09)	(7.80)	(6.68)	(6.70)	(6.47)
企業経済論・労働経済論・家計経済論	企 業 経 済 論	15	34	57	84	100	116
	労 働 経 済 論	31	29	44	73	81	81
	家 計 経 済 論	4	19	19	24	25	26
	計	50	82	120	181	206	223
		(2.45)	(3.09)	(3.38)	(4.18)	(4.07)	(3.96)
国際経済学	国 際 経 済 学	75	87	124	151	197	231
	貿 易 事 情	3	6	5	4	2	0
	貿 易 政 策	3	4	4	8	10	10
	世 界 経 済 論	13	22	26	31	32	35
	国 際 経 済 事 情	2	0	0	3	0	3
	国 際 比 較 論	0	0	0	0	0	1
	経 済 協 力 論	0	0	0	0	0	1
	計	96	119	159	197	241	281
		(4.71)	(4.49)	(4.48)	(4.55)	(4.77)	(4.99)

第5.8表 担当科目別エコノミスト数(3)

	担当科目	1958年	1963年	1968年	1973年	1978年	1983年
各国経済	各国経済	7	6	16	14	19	11
	日本経済	17	23	23	41	48	66
	アジア経済	8	10	16	10	23	22
	中国経済	11	14	14	21	35	27
	アメリカ経済	11	15	17	22	24	27
	ヨーロッパ経済	4	3	9	7	11	13
	ソ連経済	6	10	9	9	9	11
	オセアニア・アフリカ経済	0	0	0	1	1	1
	低開発経済論	6	5	7	18	27	32
	植民地論	1	0	0	0	0	0
	計	71	86	111	143	197	210
		(3.49)	(3.25)	(3.13)	(3.31)	(3.90)	(3.73)
地域経済	地域経済	0	0	11	21	23	43
	都市経済	2	1	2	5	18	21
	地方経済	1	2	1	0	1	1
	経済地理	46	48	55	67	62	61
	計	49	51	69	93	104	126
		(2.41)	(1.92)	(1.94)	(2.15)	(2.06)	(2.24)
経済史	経済史	105	136	183	192	207	234
	日本経済史	39	45	62	81	94	105
	東洋経済史	5	7	8	10	7	10
	西洋経済史	25	36	42	49	64	68
	各種経済史	9	8	13	17	20	13
	世界経済史	2	2	1	2	2	3
	外国経済史	3	1	1	2	7	3
	計	188	235	310	353	401	436
		(9.23)	(8.87)	(8.73)	(8.16)	(7.93)	(7.74)
その他	経済学関係ゼミナール	18	35	31	57	54	62
	経済学関係講読	110	95	76	78	61	59
	経済研究	5	2	3	4	3	2
	その他の経済論	4	3	2	4	5	9
	経済時事問題	1	1	0	1	1	2
	海外留学者	3	9	14	5	2	3
	その他の担当科目	6	140	262	272	286	306
	役職	2	11	16	14	19	28
	計	149	296	404	435	431	471
		(7.31)	(11.17)	(11.37)	(10.06)	(8.52)	(8.37)
	合計	2,037	2,650	3,552	4,326	5,056	5,630
		(100.00)	(100.00)	(100.00)	(100.00)	(100.00)	(100.00)

済学が 3, 計量経済学と統計学・数理計画法, 計画・政策・体制, 財政学と金融論, 産業経済論と企業経済論・労働経済論・家計経済論, 国際経済学と各国経済および地域経済, 経済史, その他がそれぞれ 1 程度のウェイトをもっている. 一つの経済学部を設置するには, このような経済学各分野の構成をもつことがスタンダードとなるのであろう.

では, このような経済学のいろいろの分野の担当者は, どのような大学の出身者であるのであろうか. 各大分類の科目についてその担当者を輩出させていることの多い上位 5 大学からの出身者数, およびその科目担当者総計に占める割合を示すと第5.9表のようになる. この表では紙面の節約のため, 各大学名を原則として上部の 2 字で示している. ただし, 北海道大学, 大阪市立大学, 早稲田大学, 名古屋大学は, それぞれ北大, 大市, 早大, 名大で示す. また, 出身者数が同数となる場合には, 国立, 公立, 私立の順で, そしてそれらの内部では地理的に東から西への順で大学名が掲げられている. 出身者数が同数となる大学が多く, 5 大学の範囲に収まらない場合には, 空欄としてある.

さて, 第5.9表を通覧すると, 各担当分野について東京大学が 1 位を占めることが多くみられる. そして, 理論経済学で 24→16%, 統計学・数理計画法で 27→13%, 計画・政策・体制で 23→16%, 財政学で 36→15%, 産業経済論で 27→19%, 各国経済で 23→25%, 経済史で 23→18% と高いが, 他大学出身者の相対的増加のため, 占有率が低下していることが多い.

これに対し京都大学出身者は, 統計学・数理計画法(19→9%), 産業経済論(23→18%), 経済史(20→10%)にみられるように, 第 2 位を占めることが多く, また理論経済学(16→7%), 財政学(18→10%)で第 3 位を占めている. そして, 国際経済学(14→9%)では 3 位から 2 位へ上昇したが, 金融論では 3 位から 6 位以下に, 企業経済論・労働経済論・家計経済論(22→10%)で 1 位から 2 位に, 地域経済(20→23→11%)で 2 位から 1 位に上昇した後再び 2 位へ低下した.

一橋大学出身者が高い占有率を示すのは, 経済学説史(31→14%), 金融論(25→9%), 各国経済(20→9%)であり, 学説史も金融論も 1 位から 2 位に転落した. その他, 理論経済学(16→10%), 財政学(18→10%), および前掲の各国経済で

第5.9表 各科目担当者の出身上位5大学別出身者数(人)とその構成比(%)

年	担当	理論経済学					計量経済学					統計学・数理計画法				
	出身	1	2	3	4	5	1	2	3	4	5	1	2	3	4	5
1958	出身校	東京	一橋	京都	慶応	九州	一橋	京都				東京	京都	一橋	東北	
	人数	120	79	78	32	29	2	2				36	25	13	9	
	%	24.2	16.0	15.8	6.5	5.9	18.2	18.2				27.3	18.9	9.8	6.8	
1963	出身校	東京	一橋	京都	神戸	九州	京都	東京	一橋	九州		東京	京都	東北	一橋	九州
	人数	135	91	35	35	34	4	3	3	2		40	32	14	12	11
	%	23.0	15.5	6.0	6.0	5.8	18.2	13.6	13.6	9.1		23.4	18.7	8.2	7.0	6.4
1968	出身校	東京	一橋	京都	早大	九州	京都	神戸	一橋	大市		東京	京都	一橋	九州	
	人数	176	123	97	46	44	7	6	5	3		46	33	21	18	
	%	21.9	15.3	12.0	5.7	5.5	17.9	15.4	12.8	7.7		18.8	13.5	8.6	7.3	
1973	出身校	東京	一橋	京都	神戸		東京	京都	神戸	一橋	慶応	東京	京都	早大	九州	一橋
	人数	182	112	103	61		12	7	6	4	4	63	40	31	24	23
	%	19.1	11.8	10.8	6.4		20.7	12.1	10.3	6.9	6.9	17.4	11.0	8.5	6.6	6.3
1978	出身校	東京	一橋	京都	神戸	早大	東京	慶応	京都	神戸	一橋	東京	京都	早大	九州	一橋
	人数	187	123	102	74	68	16	11	10	10	9	71	42	33	32	28
	%	16.1	10.6	8.8	6.4	5.8	16.3	11.2	10.2	10.2	9.2	16.0	9.5	7.4	7.2	6.3
1983	出身校	東京	一橋	京都	神戸	早大	東京	慶応	一橋	京都	九州	東京	京都	大市	早大	北大
	人数	206	132	92	84	82	22	17	13	10	9	64	42	36	30	27
	%	15.9	10.2	7.1	6.5	6.3	16.5	12.8	9.8	7.5	6.8	13.4	8.8	7.6	6.3	5.7

年	担当	経済学説史					計画・政策・体制					財政学				
	出身	1	2	3	4	5	1	2	3	4	5	1	2	3	4	5
1958	出身校	一橋	京都	東京			東京	一橋	京都	九州	東北	東京	一橋	京都	神戸	九州
	人数	26	15	14			36	28	17	14	10	37	19	19	5	5
	%	31.3	18.1	16.9			23.1	17.9	10.9	9.0	6.4	35.6	18.3	18.3	4.8	4.8
1963	出身校	一橋	東京	京都	神戸	慶応	東京	一橋	京都	九州	神戸	東京	一橋	京都	神戸	九州
	人数	29	14	13	7	7	55	36	27	14	12	38	25	18	8	7
	%	29.6	14.3	13.3	7.1	7.1	25.2	16.5	12.4	6.4	5.5	29.7	19.5	14.1	6.3	5.5
1968	出身校	一橋	東京	京都	九州	慶応	東京	一橋	京都	九州		東京	一橋	京都	早大	九州
	人数	27	19	10	9	8	75	42	33	23		41	25	22	12	9
	%	24.1	17.0	8.9	8.0	7.1	24.8	13.9	10.9	7.6		24.7	15.1	13.3	7.2	5.4
1973	出身校	一橋	東京	京都	大市	早大	東京	一橋	京都	早大		東京	一橋	京都	九州	早大
	人数	29	23	15	13	8	82	46	43	26		43	22	22	11	9
	%	20.0	15.9	10.3	9.0	5.5	20.7	11.6	10.8	6.5		21.8	11.2	11.2	5.6	4.6
1978	出身校	一橋	東京	京都	大市		東京	京都	一橋	早大		東京	一橋	京都	早大	慶応
	人数	28	24	13	12		92	55	40	33		36	27	25	14	11
	%	17.2	14.7	8.0	7.4		19.4	11.6	8.4	7.0		15.3	11.4	10.6	5.9	4.7
1983	出身校	東京	一橋	京都	大市	早大	東京	一橋	京都	神戸	早大	東京	一橋	京都	早大	慶応
	人数	29	25	13	13	11	86	56	39	39	39	42	27	26	17	11
	%	16.5	14.2	7.4	7.4	6.2	16.2	10.5	7.3	7.3	7.3	15.3	9.9	9.5	6.2	4.0

年	担当	金　融　論					産　業　経　済　論					企業経済論・労働経済論・家計経済論				
	出身	1	2	3	4	5	1	2	3	4	5	1	2	3	4	5
1958	出身校	一橋	東京	京都	九州	慶応	東京	京都	北大	九州	一橋	京都	東京	一橋	九州	
	人数	38	26	19	13	5	62	53	17	14	11	15	10	6	6	
	%	24.8	17.0	12.4	8.5	3.3	27.2	23.2	7.5	6.1	4.8	22.1	14.7	8.8	8.8	
1963	出身校	一橋	東京	京都	慶応	九州	東京	京都	一橋	九州	北大	京都	東京	一橋	大市	慶応
	人数	43	40	25	16	15	64	55	21	20	17	15	14	7	6	6
	%	20.6	19.2	12.0	7.7	7.2	25.1	21.6	8.2	7.8	6.7	15.3	14.3	7.1	6.1	6.1
1968	出身校	東京	一橋	九州	京都	早大	東京	京都	九州	北大	一橋	東京	京都	大市	早大	慶応
	人数	53	49	28	25	25	83	61	19	18	17	33	16	11	11	8
	%	18.6	17.2	9.8	8.8	8.8	27.5	20.2	6.3	6.0	5.6	21.9	10.6	7.3	7.3	5.3
1973	出身校	東京	一橋	九州	早大	京都	東京	京都	北大	九州	早大	東京	京都	慶応	大市	早大
	人数	58	41	32	24	22	80	54	26	21	13	42	21	16	14	13
	%	17.0	12.0	9.4	7.0	6.4	24.8	16.8	8.1	6.5	4.0	18.6	9.3	7.1	6.2	5.8
1978	出身校	東京	一橋	九州	大市	京都	東京	京都	北大	九州	東北	東京	京都	慶応	早大	
	人数	52	39	35	24	23	72	62	26	25	17	42	21	21	18	
	%	14.4	10.8	9.7	6.7	6.4	19.8	17.0	7.1	6.9	4.7	17.0	8.5	8.5	7.3	
1983	出身校	東京	一橋	九州	神戸	大市	東京	京都	北大	九州		東京	京都	慶応	一橋	早大
	人数	52	36	36	35	30	72	69	25	22		39	29	25	18	17
	%	12.7	8.8	8.8	8.6	7.3	19.0	18.2	6.6	5.8		13.9	10.4	8.9	6.4	6.1

年	担当	国　際　経　済　学					各　国　経　済					地　域　経　済				
	出身	1	2	3	4	5	1	2	3	4	5	1	2	3	4	5
1958	出身校	一橋	東京	京都	神戸	早大	東京	一橋	京都	神戸	大市	筑波	京都	東京	一橋	大市
	人数	20	19	15	8	6	18	15	8	7	6	12	10	9	6	2
	%	18.3	17.4	13.8	7.3	5.5	23.4	19.5	10.4	9.1	7.8	23.5	19.6	17.6	11.8	3.9
1963	出身校	一橋	京都	東京	神戸		東京	一橋	京都	神戸	大市	京都	筑波	東京	一橋	東北
	人数	25	19	18	12		22	18	12	8	8	12	9	8	6	4
	%	18.8	14.3	13.5	9.0		21.8	17.8	11.9	7.9	7.9	21.8	16.4	14.5	10.9	7.3
1968	出身校	一橋	東京	京都	神戸	早大	東京	一橋	神戸	大市	早大	京都	東京	筑波	一橋	名大
	人数	28	27	22	15	14	31	20	8	7	6	18	16	11	6	4
	%	15.5	14.9	12.2	8.3	7.7	24.8	16.0	6.4	5.6	4.8	22.8	20.3	13.9	7.6	5.1
1973	出身校	東京	京都	一橋	早大	神戸	東京	一橋	神戸	早大	九州	東京	京都	筑波	一橋	
	人数	34	26	21	21	14	39	22	13	11	9	26	16	13	8	
	%	15.9	12.1	9.8	9.8	6.5	25.0	14.1	8.3	7.1	5.8	24.3	15.0	12.1	7.5	
1978	出身校	東京	京都	早大	神戸	一橋	東京	一橋	神戸	早大	京都	東京	京都	筑波	東北	大市
	人数	43	27	26	17	16	54	28	14	14	11	32	14	11	8	8
	%	16.5	10.4	10.0	6.5	6.2	23.3	12.1	6.0	6.0	4.7	25.2	11.0	8.7	6.3	6.3
1983	出身校	東京	京都	早大	神戸	一橋	東京	一橋	早大	京都	神戸	東京	京都	筑波	大市	早大
	人数	39	29	27	23	20	64	24	17	15	15	35	16	10	8	6
	%	12.4	9.2	8.6	7.3	6.3	24.7	9.3	6.6	5.8	5.8	24.1	11.0	6.9	5.5	4.1

101

年	担当	経済史					その他					合計				
	出身	1	2	3	4	5	1	2	3	4	5	1	2	3	4	5
1958	出身校	東京	京都	一橋	慶応	九州	東京	京都	早大	慶応	一橋	東京	京都	一橋	九州	慶応
	人数	49	43	31	14	13	25	19	17	14	11	462	338	305	117	113
	%	22.6	19.8	14.3	6.5	6.0	16.3	12.4	11.1	9.2	7.2	22.7	16.6	15.0	5.7	5.5
1963	出身校	東京	京都	一橋	九州	慶応	東京	京都	早大	一橋	九州	東京	京都	一橋	九州	
	人数	57	46	34	20	19	63	47	29	25	19	571	404	375	163	
	%	21.4	17.3	12.8	7.5	7.1	20.4	15.2	9.4	8.1	6.1	21.5	15.2	14.2	6.2	
1968	出身校	東京	京都	一橋	早大	九州	東京	京都	早大	一橋	慶応	東京	京都	一橋	早大	九州
	人数	75	45	30	25	21	68	64	42	24	23	745	466	414	226	211
	%	22.1	13.3	8.8	7.4	6.2	16.2	15.2	10.0	5.7	5.5	21.0	13.1	11.7	6.4	5.9
1973	出身校	東京	京都	一橋	早大	慶応	東京	京都	早大	一橋	慶応	東京	京都	一橋	早大	九州
	人数	84	43	36	31	21	60	56	55	30	21	828	476	416	297	244
	%	21.6	11.1	9.3	8.0	5.4	13.1	12.3	12.0	6.6	4.6	19.1	11.0	9.6	6.9	5.6
1978	出身校	東京	京都	一橋	早大	慶応	早大	東京	京都	一橋	九州	東京	京都	一橋	早大	九州
	人数	94	45	36	31	24	67	58	50	38	19	873	500	440	351	285
	%	21.5	10.3	8.2	7.1	5.5	14.9	12.9	11.1	8.4	4.2	17.3	9.9	8.7	6.9	5.6
1983	出身校	東京	京都	早大	一橋	慶応	東京	早大	京都	一橋	九州	東京	京都	一橋	早大	九州
	人数	85	45	40	38	25	78	69	39	35	28	913	501	452	393	299
	%	18.2	9.6	8.6	8.1	5.4	15.9	14.1	7.9	7.1	5.7	16.2	8.9	8.0	7.0	5.3

2位を占めているものの,転落する科目が多く,統計学・数理計画法では3位から6位以下へ,計画・政策・体制(18→7%)で2位から3位へ,国際経済学(18→6%)では1位から5位へ,経済史(14→8%)では3位から4位へと変位した.産業経済論と企業・労働・家計の経済論を担当するこの大学の出身者は少ない.

その他,九州大学は金融論(9→9%)で勢力をもち,4位から3位に上昇し,産業経済論(6→6%)では北海道大学(8→7%)とともに3位ないし4位を占めている.また早稲田大学は国際経済学(6→9%)で5位から3位に上昇し,その他(11→14%)で3位から2位に上昇した.『全国大学職員録』の記録には,ゼミナール・演習などは,国立大学では実際に担当していてもこれを示していないことが多いようである.ところが,私大ではこれを示すことが多い.早大のその他での躍進にはそのような事情が関係するものと思われる.さらに,神戸大学は各国経済(9→6%)で4位から5位へ,筑波大学は地域経済(24→7%)で1位から3位へ転位した.

5.6 所属学会別エコノミスト数

第4に,1978年時点でエコノミストがどのような学会に所属しているかをみよう. われわれの取上げた10学会に,どのような科目を担当するエコノミストがどのように入会しているかをみたのが第5.10表である. 1人のエコノミストは複数の科目を担当することがあるし, また複数の学会に所属する(場合によってはまったく学会に所属しない)こともあるから,所属学会と担当科目とをクロスさせた場合の所属学会数総計は, もちろん, ここでの対象のエコノミスト数4,303人とは一致しない.

このことを念頭において第5.10表をみよう. この表の各担当科目についての横の行の計数は, その科目を担当する人で各種の学会への所属数を示す. このようにして計算されたエコノミストの学会加入総数5,427のうち, 最も大きいのは理論・計量経済学会へのそれの1,036であり, 経済理論学会の758, 日本経済政策学会の721がこれに次いでいる. また, 担当科目別にみれば, 理論経

第5.10表 所属学会・担当

担当科目 \ 学会	理論・計量経済学会	金融学会	日本財政学会	日本経済政策学会
理 論 経 済 学	475	102	43	197
計 量 経 済 学	69	6	2	15
統計学・数理計画法	117	5	3	17
経 済 学 説 史	25	7	0	15
計 画・政 策・体 制	81	17	21	155
財 政 学	49	22	189	43
金 融 論	75	245	14	28
産 業 経 済 論	34	5	7	80
企業経済論・労働経済論・家計経済論	18	1	3	49
国 際 経 済 学	38	31	3	35
各 国 経 済	19	9	11	37
地 域 経 済	8	1	8	11
経 済 史	2	5	2	10
そ の 他	26	9	6	29
計	1,036	465	312	721

済学担当者の学会加入数1,535が最も多く，金融論担当者の529，計画・政策・体制担当者の512がこれに次いでいる．

さてここでは掲げていないが，担当科目別構成比を計算してみると，理論・計量経済学会に加入するエコノミストのうち理論経済学を担当するものは45.8%を占めており，これに計量経済学担当者を加えれば，そのウェイトは52.5%に達する．すなわち，理論・計量経済学会に所属するエコノミストの半数以上の人々は，この学会と関連の科目の担当者である．これと同様の傾向を示すのは，金融学会での金融論担当者の52.7%，日本財政学会での財政学担当者の60.6%，日本統計学会での統計学・数理計画法担当者の60.6%，社会経済史学会での経済史担当者の65.3%である．

ところが，日本経済政策学会については，計画・政策・体制担当者は21.5%に過ぎず，理論経済学担当者の27.3%がこれを凌駕している．これと類似した傾向を示すのが，経済学史学会であり，そこでは経済学説史担当者の25.3%に対し，理論経済学担当者が40.6%となっている．そして，これらの学会ほどで

科目別エコノミスト数(1978年)　　　　　　　　　　　　　　　　(単位：人)

経済理論学会	国際経済学会	日本統計学会	経済学史学会	社会経済史学会	土地制度史学会	計
253	117	38	181	45	84	1,535
2	7	30	3	0	2	136
22	1	189	6	2	12	374
48	7	0	113	11	12	238
90	56	13	31	9	39	512
34	4	3	15	2	9	370
65	74	4	16	3	5	529
47	12	5	5	16	67	278
39	8	7	6	8	14	153
56	168	3	8	2	20	364
40	50	4	7	19	19	215
8	11	0	0	1	5	53
23	5	0	29	263	143	482
31	10	16	26	22	13	188
758	530	312	446	403	444	5,427

はないが，経済理論学会では理論経済学担当者は33.4%，また国際経済学会では国際経済学担当者は31.7%，そして土地制度史学会では経済史担当者は32.2%であり，学会加入者が他の分野に広がっているという傾向がみられる．

次に，担当科目別に学会所属状況をみると，理論経済学の担当者は，学会に加入する場合その30.9%が理論・計量経済学会に加入し，そしてその16.5%が経済理論学会に加入しており，両者合せて47.4%となる．そして，その他の学会では，日本経済政策学会(12.8%)と経済学史学会(11.8%)への関心が強い．計量経済学，統計学・数理計画法，経済学説史，財政学，金融論，国際経済学，経済史の担当者にも，それぞれ担当科目に関連する学会が存在し，それらへの

第5.11表 学会別所属エコノミストの出身上位5大学別出身者数(1978年) (単位：人)

所属学会	1	2	3	4	5	その他	計
理論・計量経済学会	一橋 124	神戸 103	東京 101	京都 70	慶応 53	413	864
金融学会	一橋 45	東京 42	九州 37	神戸 33	大市 26	205	388
日本財政学会	東京 46	京都 28	一橋 25	中央 16	早大 12	133	260
日本経済政策学会	一橋 64	東京 62	神戸 61	京都 58	慶応 41	311	597
経済理論学会	東京 128	京都 74	九州 70	一橋 59	大市 35	281	647
国際経済学会	東京 67	一橋 44	京都 42	早大 42	神戸 34	202	431
日本統計学会	東京 39	一橋 33	京都 25	北大 16	慶応 16	121	250
経済学史学会	一橋 62	東京 54	京都 37	九州 34	大市 24	178	389
社会経済史学会	東京 69	早大 33	京都 32	一橋 29	慶応 24	165	352
土地制度史学会	東京 123	京都 58	北大 24	早大 23	九州 22	151	401
計	東京 731	一橋 501	京都 444	神戸 306	早大 261	2,336	4,579

第5章　エコノミストの労働市場　　　　　　　　105

加入割合が高くなっているのは当然の現象であろう．

　これら各学会に加入しているエコノミストは，どのような大学の出身者に多いのであろうか．いま，各学会について出身者の多い上位5大学を示すと第5.11表のようになる．まず，東大出身者は，理論・計量経済学会，金融学会，日本経済政策学会，経済学史学会を除く他のすべての学会で最多数を占め，特に経済理論学会での128人(19.8%)，土地制度史学会での123人(30.7%)が目立つ．これに対し，一橋大学出身者は，理論・計量経済学会，金融学会，日本経済政策学会，経済学史学会に多く，そして，経済理論学会，社会経済史学会，土地制度史学会で少なく，東大の場合と逆の傾向を示している．京大出身者は，理論・計量経済学会，金融学会，日本経済政策学会で少なく，東大の場合と同様の傾向をみせている．神戸大学出身者は，その学会加入に一橋大学の場合と同様の傾向をもっている．早稲田大学では，国際経済学会の42人(9.7%)，社会経済史学会の33人(9.4%)が，また九州大学では，金融学会の37人(9.5%)，経済理論学会の70人(10.8%)，土地制度史学会の22人(5.5%)が目立つ．慶応出身者が学会に加入する場合には，理論・計量経済学会，日本経済政策学会，日本統計学会，社会経済史学会に集中するようである．また大阪市立大学出身者では，金融学会，経済理論学会，経済学史学会への集中が目立つ．

5.7　地位別エコノミスト数と経済学博士号保有者数

　第5に，エコノミストとして何人の教授がおり，また助教授・講師がいるかをみよう．第5.12表に示されているように，国立大学の教授は，1958年の277人から83年の712人へ2.57倍となり，助教授は316人→468人(1.48倍)となり，講師は120人→79人へ減少した．公立大学でも同様な傾向がみられる．これに対して私立大学では，教授・助教授・講師ともに増大したが，特に教授数の増加(4.45倍)が著しい．

　国立大学での三者の構成比は，58年の教授38.8%，助教授44.3%，講師16.8%から83年の教授56.6%，助教授37.2%，講師6.3%へと，教授のウェイトを高めて，助教授・講師の比重を低めた．公立大学でもほぼ同様の構成比水準と

第5.12表 地位別エコノミスト数 (単位:人)

年	設置者別	教授	助教授	講師	計
1958	国立	277	316	120	713
	公立	54	57	31	142
	私立	468	184	203	855
	計	799	557	354	1,710
1963	国立	336	357	103	796
	公立	89	73	41	203
	私立	680	337	217	1,234
	計	1,105	767	361	2,233
1968	国立	460	378	80	918
	公立	125	86	26	237
	私立	1,133	526	247	1,906
	計	1,718	990	353	3,061
1973	国立	528	371	82	981
	公立	134	105	39	278
	私立	1,556	535	353	2,444
	計	2,218	1,011	474	3,703
1978	国立	629	409	79	1,117
	公立	152	104	21	277
	私立	1,830	723	356	2,909
	計	2,611	1,236	456	4,303
1983	国立	712	468	79	1,259
	公立	162	113	18	293
	私立	2,082	841	309	3,232
	計	2,956	1,422	406	4,784

その変化がみられる．私立大学では，58年の教授比率が54.7%と既に高い水準にあったのが，83年にはさらに64.4%へと高まった．そして助教授構成比は21.5%から26.0%へ高まったが，講師構成比は23.7%から9.6%へ低下した．国・公・私の各大学で，教授構成比の上昇がみられるのである．

第6に，エコノミスト達の中には，どれほどの経済学博士号をもつ人がいるであろうか．第5.13表には，エコノミストを出身大学別に分け，その中で何人のエコノミストが経済学博士号をもっているか，1983年に経済学博士号保有者の多かった上位10出身大学について示されている．すなわち，例えば東

第5.13表 出身大学別経済学博士号保有者数(人)と
その対出身者数比率(%)

大学＼年	1958	1963	1968	1973	1978	1983
東 京	44 11.1	98 20.2	132 20.2	138 19.1	145 19.2	147 18.7
京 都	39 14.3	85 25.3	105 25.6	106 25.4	100 23.1	79 18.6
一 橋	38 15.1	78 26.2	94 27.6	88 25.0	75 20.0	68 17.1
慶 応	11 13.8	10 10.2	44 35.2	48 27.7	63 29.9	62 24.7
神 戸	3 4.1	15 14.4	29 20.9	40 21.6	51 23.5	50 20.0
九 州	5 5.1	22 16.1	34 19.5	33 16.5	41 18.1	46 19.2
東 北	6 9.8	25 31.6	30 28.8	32 26.9	34 25.8	36 22.1
大 市	1 1.8	9 13.6	17 19.5	21 18.4	33 21.9	26 14.9
中 央	1 2.9	5 10.6	11 16.7	12 15.2	16 15.5	20 18.5
名 大	1 10.0	2 9.1	11 23.9	16 27.6	15 19.2	18 19.6
その他	26 6.9	59 10.5	77 8.4	94 7.3	123 7.6	132 7.0
計	175 10.2	408 18.3	584 19.1	628 17.0	696 16.2	684 14.3

京大学の欄の第1行は東京大学出身者で経済学博士号をもつ人の数を，また第2行は東大出身エコノミスト中の経済学博士号保有者の占める割合(%)を示している．

さて，各基準年について最多数の経済学博士号保有者がいるのは，東大出身者であり，京大出身者，一橋出身者がこれに次いでいる．そして，各大学出身

者について58年から63年にかけて経済学博士号の保有者が急増する．これは，旧制博士から新制博士への切換えに伴う旧制博士の急増によってもたらされたと考えられる．（旧制博士号の授与は1962年3月31日をもって終了した．）その後，神戸，九州，中央を除き，各大学とも博士保有者比率が低下しているのは，旧制博士号保有者が次第に大学教員市場より退出したことによるものであろう．

それにしても，上位10大学出身者についての83年の20％前後の経済学博士保有比率はいかにも低い．これは，新制大学院制度の趣旨が各経済学研究科で徹底していない証拠である．この点からも，新制大学院制度，少なくとも経済学研究科の在り方を考え直す必要がある．

5.8 所属学会別生年分布

最後に，エコノミストの年齢分布，あるいは生年分布はどのような形をしているのかをみよう．実は，この年齢分布については，次の第6章で詳細に分析する．したがって，ここでは1978基準年における所属学会別の生年分布をみるにとどめる．

われわれは，経済学関係の10学会を取上げたが，第5.1図には，それらの中

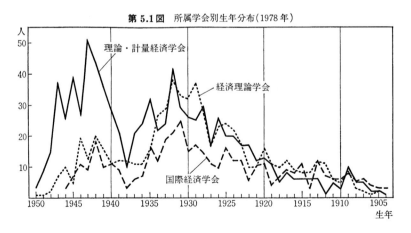

第5.1図　所属学会別生年分布（1978年）

第5章 エコノミストの労働市場

で比較的多数の会員がいる理論・計量経済学会,経済理論学会,および国際経済学会のそれぞれに所属するエコノミストの生年別の分布(人数)を図示した.(1903年以前の生年者,および1951年以後の生年者は無視した.)

この図をみて,まず,われわれの目を引くのは,各学会所属者ともその生年分布が1932年生れ(あるいは1931年生れ)と1942年生れ(あるいは1943年生れ)での二つの山をもつ双峰型となっていることである.このような生年分布型がなぜ生れたのか.これは極めて興味のある問題であり,そのことについては第6章で検討する.

次に,各学会別にみると,経済理論学会に所属するエコノミストの分布は,1934年以前の生年者については理論・計量経済学会所属者の分布とほぼ重なった分布になっているが,1942年生れにおけるピークは1932年生れにおけるそれに比して低くなっている.国際経済学会所属者の生年分布も経済理論学会の場合とほぼ似た形となっている.

他の学会をみると,理論・計量経済学会と同形の分布を示すのは社会経済史学会(31年ピークの16人と43年ピークの20人)であり,経済理論学会分布と同形になるのは,金融学会(30年・31年ピークの20人と41年ピークの12人),日本経済政策学会(31年ピークの31人と41年ピークの25人),経済学史学会(29年ピークの22人と41年ピークの12人),土地制度史学会(31年ピークの24人と42年ピークの20人)である.また,財政学会(29年ピークの14人と42年ピークの15人),日本統計学会(31年ピークの11人と41年ピークの9人)は,二つのピークでほぼ同人数の分布型となっている.

いずれにしても,1978年についてのエコノミストの生年分布は双峰型となっている.このような分布型はなぜ生じたのか.それを次章で検討しよう.

第6章 エコノミストの年齢分布はなぜ双峰型か
―― エコノミスト労働市場の需給調整 ――

6.1 はしがき

　第4章で，われわれはいわゆるオーバー・ドクター現象の発生のメカニズムを明らかにした．この章の目的は，そのメカニズムを念頭におき，エコノミスト労働市場に範囲を限定した上で，そこでの需要と供給の調整がどのように進行するかを分析し，大学教員市場の市場機構についてさらに立入って検討を進めることである．そのため，第5章でも一部検討を加えたエコノミストの年齢分布，ないし生年分布を取上げ，その推移を，エコノミスト労働市場への新規参入者の生年分布，およびその他のデータと突き合せて，エコノミスト労働市場の需給調整過程での通時的・共時的発現現象を説明する一つの理論的仮説を構築したい．

　以下では，まず，エコノミストの年齢分布が双峰型をしているのに，これに対して，理学・工学の分野の大学教員の年齢分布はほぼ単峰型であることを明らかにして，われわれの研究での説明すべき問題点を示す．次いで，これに関連すると思われるエコノミスト労働市場に係る現象にどのようなものがあるか，諸事実を列挙する．そして，第3に，これらの現象を説明する理論仮説を構築しよう．

6.2 二つの謎

　まず，われわれの作成した，1958年から83年にかけての5年おきの時点におけるエコノミスト年齢分布，ないし生年分布の推移の姿をみてみよう．

　以下では分析の便宜上，年齢分布の代りにもっぱら生年分布を用いる．生年分布は，生年分布の関連時点から生年を差引けば年齢分布へ変換される．（生

第6章 エコノミストの年齢分布はなぜ双峰型か

年分布の関連時点は，1958年5月31日，1963年4月～5月31日，1968年5月～6月30日，1973年6月30日，1978年6月30日，1983年6月30日である．)

第6.1図には，各基準年の国立・公立・私立の各大学(短期大学を除く)に所属するエコノミストの生年分布がえがかれている．その場合，図の簡略化のため，1958年分布は1910年～1932年生年者の，63年分布は1928年～1937年生年者の，68年分布は1928年～1941年生年者の，73年分布は1928年～1947年生年者の，78年分布は1928年～1952年生年者の，そして83年分布は1910年～1956年生年者の分布に限定して図がえがかれている．

この図に示されたエコノミストの生年分布の推移には，極めて顕著な特徴がみられる．すなわち，1958年から63年までは単峰型であった生年分布が，68年には1939～40年生れについてコブをもちはじめ，このコブが73年から78年において高まり，78年には，47歳，すなわち1931年生れと，36歳，すなわ

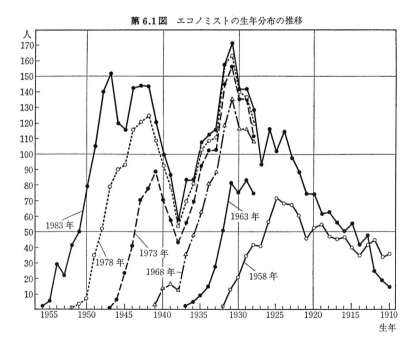

第6.1図 エコノミストの生年分布の推移

第6.1表　エコノミストの生年分布　　　　　　　　　　　（単位：人）

生年	1958	1963	1968	1973	1978	1983	生年	1958	1963	1968	1973	1978	1983
1877	1	0	0	0	0	0	1918	47	54	61	64	69	65
1878	0	0	0	0	0	0	1919	55	60	69	70	69	62
1879	0	0	0	0	0	0	1920	53	59	69	75	80	76
1880	2	1	1	0	0	0	1921	46	55	69	71	81	76
1881	1	0	0	0	0	0	1922	61	73	85	86	91	93
1882	3	2	1	1	0	0	1923	68	79	90	97	104	107
1883	2	2	2	1	0	0	1924	69	88	100	105	105	122
1884	6	1	1	0	0	0	1925	72	90	104	104	108	113
1885	6	6	2	0	0	0	1926	57	87	110	114	120	125
1886	1	2	2	1	0	0	1927	41	70	86	90	94	98
1887	8	6	5	2	0	0	1928	42	81	122	128	138	148
1888	3	4	5	2	2	0	1929	35	92	134	156	157	163
1889	6	4	4	4	0	0	1930	21	77	131	152	161	170
1890	8	10	6	1	0	0	1931	13	86	147	174	187	199
1891	12	10	11	7	3	2	1932	2	51	129	161	174	173
1892	15	11	10	5	3	1	1933	2	28	96	116	130	138
1893	16	15	13	7	0	0	1934	1	15	90	113	121	128
1894	25	24	19	12	5	2	1935	0	9	70	103	116	124
1895	28	24	20	17	5	2	1936	2	5	52	81	93	97
1896	29	24	29	23	10	2	1937	1	2	36	68	77	97
1897	28	25	27	17	9	3	1938	0	0	13	48	63	71
1898	27	25	21	14	9	1	1939	0	0	17	69	94	102
1899	44	39	37	25	11	1	1940	0	0	14	81	108	117
1900	32	32	32	19	8	2	1941	0	0	3	99	128	147
1901	48	52	48	43	24	7	1942	0	0	0	90	157	181
1902	41	48	50	31	19	8	1943	0	0	0	81	155	184
1903	40	46	50	43	23	4	1944	0	0	0	43	130	164
1904	28	31	41	39	28	11	1945	0	0	0	24	114	145
1905	43	47	58	51	33	13	1946	0	0	0	6	102	139
1906	41	43	50	40	25	7	1947	0	0	0	1	96	185
1907	50	54	63	58	42	15	1948	0	0	0	0	52	159
1908	49	52	58	55	48	25	1949	0	0	0	0	35	118
1909	48	54	62	61	53	22	1950	0	0	0	0	7	89
1910	36	37	47	43	29	15	1951	0	0	0	0	3	55
1911	34	36	41	44	37	19	1952	0	0	0	0	1	48
1912	45	53	63	65	49	25	1953	0	0	0	0	0	22
1913	42	50	63	64	60	48	1954	0	0	0	0	0	29
1914	35	42	43	49	46	42	1555	0	0	0	0	0	5
1915	41	45	56	62	67	62	1956	0	0	0	0	0	2
1916	47	51	59	67	68	51	不明	5	11	3	0	0	1
1917	46	53	61	60	67	57	計	1,710	2,233	3,061	3,703	4,303	4,784

第6章 エコノミストの年齢分布はなぜ双峰型か

ち1942年生れにおいて高いピークをもつ双峰型となり，83年には，31年生年者のコブは僅かに高まっただけであったが，42年生年者より若い年齢では，コブがさらに高まり，戦争の影響であろうか，45,46年生れで少し谷となり47年生年者でピークがみられた．この双峰型は，第5章でみたように，78年時点で経済学関係の各学会の加入者についてもみられるし，また，78年および83年における国公私立各大学所属のエコノミストの生年分布にもみられる．われわれの直面する第1の謎は，78年，ないし83年のエコノミスト生年分布がなぜこのような双峰型になったかということである．このような双峰型の生年分布は，他の分野の大学教員のそれについても見出されるであろうか．

文部省は，ほぼ3年ごとに学校教員について教員の個人属性，職務態様及び採用・離職の異動状況等を調査している．この調査によって大学教員の分野別の5歳刻みの年齢分布を知ることができる．いま，文部省『学校教員統計調査報告書(昭和52年度)』1979により，1977年10月1日における社会科学，人文科学，理学，工学の各分野における大学本務教員(短期大学を除く)の年齢分布をみると，社会科学系大学教員の年齢分布には40歳前後で谷があり，その分布は明らかに双峰型となっている．また，人文科学系大学教員の年齢分布にも，社会科学系のそれほどではないが，双峰型への傾向が看取される．ところが，理学系および工学系の大学教員については，それぞれの年齢分布はむしろ単峰型である．

われわれが，藤野[19]を書いたときには，この文部省の5歳刻みの年齢分布により理工系大学教員の年齢分布の型を判定していた．しかしその後，菊井隆雄により『全国大学職員録』にもとづく1981年6月30日における講師以上の大学教員についての理科系(理学・工学・農学・保健)と文科系(人文科学・社会科学)の生年分布が明らかにされた(菊井隆雄・藤村正司・村上光朗・押谷由夫[32, p.50])．それを図示すると第6.2図をうる．これによると，人文科学・社会科学の大学教員生年分布は，エコノミストの場合のそれより谷が浅くなるけれども，やはり双峰型となっている．これに対して，理学・工学・農学・保健の分野では，小さいものではあるが，1930年生年者に関してピークが

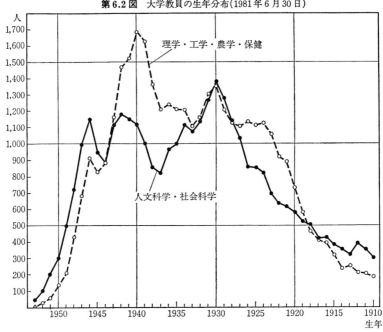

第6.2図 大学教員の生年分布(1981年6月30日)

あり,それと1940年生年者のピークと併せると完全な単峰型でない.しかし,単峰型に近いとはいいえよう.このような相違はなぜ起こったのであろうか.

われわれは,これら二つの謎,特にその第1の謎を解明することにより,エコノミスト労働市場における需給調整のプロセスに分析のメスを入れることができるのではないかと考える.そのため,次にエコノミスト労働市場について観測される,上記の謎と関連すると思われる事実について検討を進めよう.

6.3 注目すべき事実

(1) 新規参入者の生年分布

まず第1に,1958~83年の期間にエコノミストとして新規に参入してきた人々についてみよう.エコノミストの新規参入者数は,第7章の第7.1表で示されているが,それにより各基準年間の新規参入者数の期首在籍者数に対する比

第6章 エコノミストの年齢分布はなぜ双峰型か　　115

率を計算すると，国公立大学では58～63年，63～68年，68～73年，73～78年，78～83年の5期間について，27.4%→29.6%→26.1%→22.1%→23.6%，私立大学では，56.4%→62.9%→42.0%→32.7%→25.2% であり，全大学については，41.9%→48.0%→36.0%→29.1%→24.7% となっており，いずれも63～68年の期間が最も大きくなっている．エコノミストに対する実現された新規需要(それは必ずしも計画された新規需要ではない)のスケールが，この時期に最も大きくなっていたことに注目しておく必要がある．

さて，新規参入者について，われわれが最も関心をいだくのは，その生年分布の58～83年における推移の様態である．第6.3図は，1958～63年，63～68年，68～73年，73～78年，78～83年という5個の期間のそれぞれにおける新規参入エコノミストの生年分布を図示したものである．この図では，図が複雑になるのを避けるため，58～63年分布では1910年～36年の，63～68年分布では1926年～41年の，68～73年分布では1926年～47年の，73～78年分布では1926年～52年の，そして78～83年分布では1910年～56年の分布に限定して分布型が示されている．この図で観測される参入者生年分布の特徴は，次の点である．

① もし各期における新規参入がほぼ同様の生年構成をもって行われるならば，

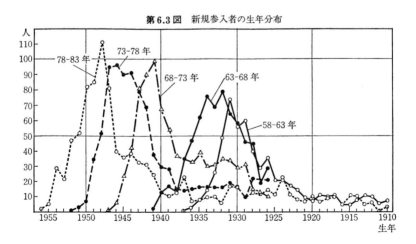

第6.3図　新規参入者の生年分布

第6.2表　生年別参入者数　　　　　（単位：人）

生年	1958-63	1963-68	1968-73	1973-78	1978-83	生年	1958-63	1963-68	1968-73	1973-78	1978-83
1885	4	0	0	0	0	1922	14	15	7	10	8
1886	2	1	0	0	0	1923	17	16	15	12	11
1887	0	2	0	0	0	1924	21	17	15	4	23
1888	4	2	0	0	0	1925	21	18	9	7	12
1889	1	2	0	0	0	1926	36	29	10	11	14
1890	4	0	0	0	0	1927	29	19	13	11	12
1891	4	5	1	0	0	1928	40	45	15	12	13
1892	1	4	0	0	0	1929	60	46	31	7	10
1893	6	3	2	0	0	1930	56	58	29	18	16
1894	8	0	1	0	0	1931	74	65	34	19	17
1895	8	3	3	1	0	1932	49	79	35	16	6
1896	3	8	3	0	0	1933	26	69	31	16	10
1897	8	10	0	0	0	1934	14	76	30	16	10
1898	6	3	3	2	0	1935	9	62	39	16	8
1899	7	11	7	1	0	1936	3	47	33	15	7
1900	4	8	3	0	0	1937	1	34	35	14	23
1901	6	10	8	0	0	1938	0	13	37	15	14
1902	11	15	5	2	0	1939	0	17	54	28	10
1903	8	12	4	3	1	1940	0	14	68	30	13
1904	6	19	9	5	1	1941	0	3	99	38	25
1905	6	18	13	5	0	1942	0	0	90	69	31
1906	4	14	3	5	0	1943	0	0	81	79	33
1907	8	12	12	5	0	1944	0	0	43	91	39
1908	8	12	16	13	4	1945	0	0	24	90	36
1909	11	11	16	11	2	1946	0	0	6	96	40
1910	7	15	6	4	3	1947	0	0	1	95	91
1911	5	6	7	4	1	1948	0	0	0	52	111
1912	10	13	13	10	6	1949	0	0	0	35	85
1913	11	14	10	11	5	1950	0	0	0	7	82
1914	8	5	11	6	10	1951	0	0	0	3	52
1915	5	15	12	10	11	1952	0	0	0	1	47
1916	5	13	11	7	5	1953	0	0	0	0	22
1917	10	12	5	8	11	1954	0	0	0	0	29
1918	10	9	10	6	9	1955	0	0	0	0	5
1919	11	11	10	6	7	1956	0	0	0	0	2
1920	7	15	9	8	10	不明	10	3	0	0	1
1921	9	14	5	12	7	計	716	1,072	1,102	1,078	1,061

各期の参入者生年分布のピークは，その直前の期間の分布のピークに対して5年間だけ左へ（若年齢へ）移動するはずである．しかし，63～68年分布のピークは，58～63年分布のピークに対して，1年しか左へ移動していない．

第6章　エコノミストの年齢分布はなぜ双峰型か　　117

②ところが，68～73年分布のピークは，①の状況を修正するかのごとく，63～68年分布のそれに対して，9年という長い期間左へよっている．そこで，68～73年分布のピークは，58～63年分布のそれに対しては10年左へ移動し，58～63年分布との関係では正常位に復帰している．しかし，この68～73年分布では，1929～37年生れについての分布が，他の期間の分布における29～37年生れでのそれに比べて，高い分布水準を示している．

③73～78年分布のピーク生年は1946年であり，68～73年分布のピークより5年左に位置している．しかし1942～47年生れで高い分布水準をもち，その中間の1944年生年者をピークとみることもできる．そして他方，68～73年分布も，その1941～43年生年者層でピークの頂が平坦となっているので，この分布のピーク生年を1942年とみることもできる．そのとき，68～73年分布のピークに対し，73～78年分布のピークは，僅かに2年だけ左へ寄ったことになる．これは，58～63年分布と63～68年分布との間にみられた現象に類似している．

だがしかし，73～78年分布は，1942～47年生れで高い分布水準をもち，かつ高年齢層でも比較的多数の参入者をもっているということは，この期間の分布が68～73年分布と類似した側面をもっていることを示していよう．

④78～83年分布のピークは1948年生年者についてであり，73～78年のピーク年1946年に対して2年若年によっている．この場合，73～78年分布のピークが平坦であることから，44年をピークとすると4年若年によったことになり，正常な左へのシフトといえる．そして58～63年分布のピークに対して17年若年によっている．

しかし，78～83年分布は42年～45年生年者について比較的に高い肩をもっており，73～78年分布の42年～47年生年者の平坦な頂と考え合せると，これらの生年者を中心にした多量のエコノミストの供給の存在が推定される．

さて，以上の事実のもつ含意はどのようなことであろうか．

①′まず，63～68年分布のピークが右に偏っているという事実は，1929～34年生れのエコノミストが多数養成された故に，その分布が著しく高年齢の参入に偏ったことを意味していると考えられる．そしてそのことから，この年齢層

の大学院博士課程修了時と考えられる1958~63年ころにはエコノミスト市場で新規供給があふれ,超過供給が発生していたのではないかと推定される.

②'以上のようにして,1958~63年にはエコノミスト労働市場は超過供給状態にあった.そのため,この時期には大学院での学生採用が抑制され,エコノミストの養成がおさえられた.その結果,63~68年の次の5カ年間,すなわち68~73年で新規にエコノミストとして採用された人は,若年層に偏り,63~68年分布のピーク年齢に対し,68~73年分布のそれは9歳も若くなった.しかし,1929~34年生れのエコノミストには63~68年以降もなお未就業者が残存したため,それが68~73年に雇用に吸収され,68~73年分布のこの生年層が分布の上で高い水準を示すことになった.

③'この68~73年にはエコノミスト労働市場である程度の超過需要が発生していたのではないかと思われる.しかしその超過需要にこの期間のエコノミスト養成が過剰に反応したが故に,次の73~78年では超過供給傾向がみえはじめ,その分布のピークが平坦となり,58~63年分布に対する63~68年分布の関係と類似した状況が,68~73年分布に対する73~78年分布の状況として出現したのではないかと考えられる.

④'そして,78~83年になると,73~78年分布の42~47年生年者の平坦な頂,78~83年分布での同じく42~47年生年者についてのなお高い参入分布から推測されるように,これらの生年者を中心に,エコノミスト労働市場は再び超過供給状態が出現していたのではないかと推定される.1958~63年分布のピーク1931年に対比すると,78~83年分布のピークは1948年であり,その間に17年の時間差がある.ほぼ20年を周期に,エコノミスト労働市場では,超過供給状態が再度出現したようである.

(2) 経済学部学生数の変化とエコノミストの養成

第2に,エコノミストに対する需要の状況と,その供給の状況を調べるため,経済学部の学生数がどのように変化し,エコノミスト数がどのように増加したか,また大学院経済学研究科への入学者数がどのように変動したかなどを検討してみよう.

第6章　エコノミストの年齢分布はなぜ双峰型か　　119

①エコノミストに対する需要は，経済学部を中心とする大学での経済学関係の教育に対する需要に依存するところが大きい．そして，後者は，経済学部の学生数によってこれを代表させることができよう．国公私立の全大学における経済学部の学生数の増加は，第6.4図に示したような動きをみせている．それは，多分，1958年を谷とし，そこより上昇して1966年にピークに達し，一度

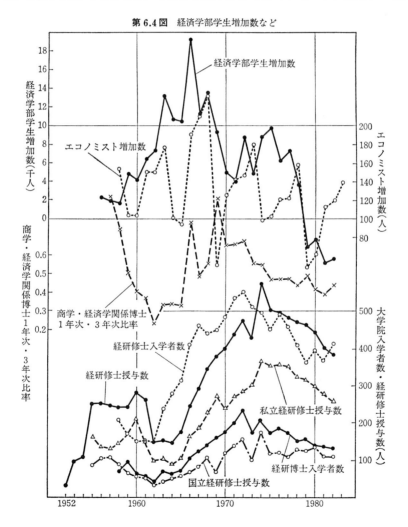

第6.4図　経済学部学生増加数など

1971年に小さな谷をもった後，1981年ころに谷をもつことになるように判断される．このような経済学部学生増加数の動きは，20年前後の周期をもつ建設循環の波に対応しており，1954～55年の谷から出発し，1975年の谷にいたる戦後日本の建設循環に4～5年の遅れをもって動いているように思われる[1]．一般的にいって，雇用量の変動は，一般の経済活動に遅れをもって反応する．経済学部学生数は，これにさらに遅れて動くと考えられるから，以上の現象は，極めて当然の観測結果だということができる．

②第6.4図には，経済学部学生増加数とともにわれわれの推計したエコノミスト数の増加分がどのように変動しているかが示されている．このエコノミストの増加数は，経済学部学生増加数に類似した動きをみせるが，学生増加数に対して2年程度の遅れをもつのかもしれない．そして，5年程度の周期の短期循環の傾向をもっているのかもしれない．（第6.4図に図示した計数のうち，エコノミスト数および修士授与数以外の計数は，文部省『学校基本調査報告書』による各年5月1日の値であり，修士授与数は『文部省年報』によるその年の3月末計数である．）

③エコノミスト増加数は，実現された需要増，実現された供給増であり，需要増自体ではない．われわれは，エコノミスト労働市場の需給調整過程を分析するに当って，何らかの形でこの市場の需給状況を計数的に把握してみたいと考える．第4章の分析においては，博士3年次学生数の博士1年次学生数に対する比率で，大学教員市場の需給の状態をみ，また博士入学者数の調整が，博士課程（後期）3年次学生数の前年比較増加分の，前年の博士課程1年次学生数に対する比率に反応すると考えた．この後者に対応するエコノミスト市場の分析は後に行う．その前に，ここでは前者の逆数の形，博士1年次学生数の博士3年次学生数に対する比率をみてみよう．この場合，経済学研究科だけに関する計数が利用できないので，商学研究科・経済学研究科についての数字を用いることにする．第6.4図によると，商学・経済学関係の博士課程1年次学生数の3年次学生数に対する比率は，1957年の0.918の水準から62年には0.234の

---

1) 戦後の建設循環については，藤野正三郎[17, pp. 32-41]参照．

水準まで急低下した.修士課程2年の後,博士課程3年を経てもなおエコノミストとしての職に就職できない場合,大学院学生は博士課程3年次に留年することが多い.就職することのできない者は,他の形でも存在している.しかし,1年次学生数・3年次学生数比率には,市場の需給の一般的状況が反映されると考えてよかろう.この比率が62年には0.234という異常に低い水準に落込んだことは,この時点でエコノミスト労働市場に大きな超過供給が存在したことを推測させる.

そこからこの比率は上昇に転じ,69年には0.907をマークした.そして,その後再び低下しはじめたのである.おそらく,69年前後には,エコノミスト労働市場では超過需要傾向が現われていたのではなかろうか.

第6.5図には,以上の全大学商学・経済学研究科に関する博士1年次・3年

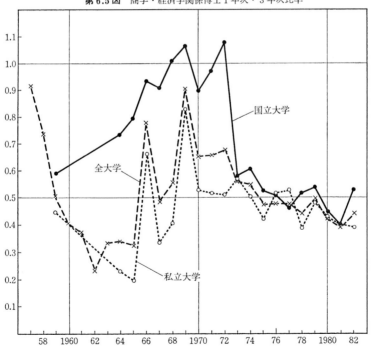

第6.5図 商学・経済学関係博士1年次・3年次比率

次比率とともに，国立大学に関するそれと私立大学に関するそれとを示した．これらの比率は，59年と64年以降しか利用できないが，59～68年における両者の乖離が著しい．しかし，74年以降になると両者の動きは著しく接近している．新制大学制度が発足後，エコノミスト労働市場では，国立大学と私立大学との間にその需給に関して二重構造が存在し，超過供給の状況は特に私大の経済学研究科出身者について集中的に現われたようである．そして，第6.5図に示したように58～63年は超過供給の時期ではなかったかと考えられる（(1)の①′を参照せよ）．それが68～73年になると超過需要の傾向が現われた（(1)の③′を参照せよ）．そして，この超過需要状態を経過して，エコノミスト労働市場は，再び超過供給状態に転じたが，国立大学対私立大学間のエコノミスト超過供給に関するその二重構造は解消しつつあるようである．

　④エコノミストの新規養成，その新規供給の状況をみるため，第6.4図には，経済学研究科の修士課程入学者数と博士課程入学者数を図示した．これらの計数は58年からしか利用できない．そこで，それらに代るものとして，経済学研究科での年々の修士号授与数を示した．この計数は新制大学院修士の出はじめた52年3月末より利用できる．ただし，国立大学の新制大学院は53年から発足し，54年度末にはじめて修士号保有者が出るから，54年3月末までの修士号授与数はすべて私大におけるそれである．修士号授与数は修士入学者数に対して2年の遅れをもつ．ここに修士号授与数は前述のように，各年3月31日の計数である（原資料では，年度間授与数と表現されているが，修士号の授与は，事実上年度末に行われるので，各年計数としてその前の年度の授与数をその年の3月31日における授与数として示し，修士入学者数に対して2年のラッグがみられるようにした）．そして，修士号授与数で大学側がどのようにエコノミスト養成量について調整・対応を行ったかがわかる．修士号授与数は55～61年に高い水準を続けた．それが62～64年には低水準に落込んだのである．このことは，次の事実を示している．すなわち，新制大学院の出発にともなって，エコノミスト養成が急増し，上の③でみたように58～63年ころエコノミストの超過供給が，特に私大を中心にして発生した．そこで，大学側は，大学

院への入学者数を抑制せざるをえなくなったのである.

しかし,一方で1960年代における経済学部学生数の増加のためにエコノミストへの需要が増加し,他方60年代前半に開始したエコノミスト生産の抑制的調整のため,60年代後半にはエコノミストとして養成されてくる数が抑制され(大学院博士課程を修了するには少くとも5年の時間が必要である.したがって,エコノミスト生産の懐妊期間は5年ないしそれ以上となる),68〜73年には③でみたようにエコノミスト労働市場で超過需要傾向が発生した.

これに対して,今度は,エコノミストの生産を拡大するような大学側の大学院入学者数決定への反応が現われる.ところが,建設循環を反映して経済学部学生への需要増は減少しはじめており,それに伴って経済学部学生数の増加も減少傾向を示しつつあった.そこで,エコノミストへの需要増もまた減少傾向を示しつつあった.このため,エコノミスト労働市場で超過供給が現われはじめ,大学側は,再び経済学研究科の修士課程なり博士課程なりに入学してくる者の数を抑制せざるをえなくなってきた.それが70年代後半の状況として,経済学研究科への入学者数の減少として現われている.

(3) 先発型と後発型の生年分布

①以上の(2)で明らかにされた一つの注目すべき点は,新制大学院の発足に伴って,エコノミストの養成が急増したのではないかという点であった.この点に関連して,エコノミストの出身大学別の生年分布には,極めて興味ある事実が見出される.われわれは,1958年,63年,68年,73年,78年,83年の各年における,多数のエコノミストを出す上位20大学別の生年分布の数値をもっている.83年においてこの出身上位20大学別の生年分布をえがいてみた.そこに,極めて特徴のある二つの分布型を発見したのである.

その第1は,われわれが先発型大学出身のエコノミスト生年分布と呼ぶものであり,この型の分布をもつ大学出身者では,1923〜32年生れの生年層で分布がほぼ平坦となる.ところが,われわれが後発型と呼ぶ大学の出身者では,1928〜33年生れ,特に1930〜32年生れの生年層でエコノミスト数が急増するのである.戦後の当初には,戦争による死亡のため,また戦後外地より帰還し

第 6.6 図　先発大学出身エコノミストと後発大学出身エコノミストの生年分布 (1983 年)

た人は大学での教育を受けておらず，そして教育・研究の道に入るため教育を受けるには年齢が高すぎたことなどがあり，大学でのエコノミストの空席があり，エコノミスト労働市場では超過需要が存在したのではないかと考えられる．この超過需要を背景に，新制大学院の発足により，エコノミスト養成が急増する．このことが，われわれが後発型と呼ぶ大学で発生したと考えられる．第6.6 図には，このことが明らかに現われている．

先発型分布を示した大学は，国立大学では東京・京都・一橋・東北の各大学，公立では大阪市立大学，私立大学では慶応であった．これらの大学は，古くからエコノミスト市場で出身者のシェアーが高い大学である．そして，われわれが後発型と呼ぶ大学に比して，一般的に高齢化指標が大きくなっている[2]．これに対して，後発型の分布をみせるのは，国立では九州・神戸・北海道・大阪・名古屋・筑波の各大学，私立では早稲田・中央・明治・日本・同志社・関

---

2) 高齢化指標とは，あるエコノミスト・グループについて

$$高齢化指標 = \frac{55\,歳以上のエコノミストの年齢総計}{所属エコノミスト全体の年齢総計} \times 100$$

によって定義される値である．

西学院・法政・立教の各大学であった．九大・神戸大・北大は，歴史的にはエコノミスト市場で相当古くから供給源となっていたと考えられるが，新制大学院発足にともなうエコノミストについての供給反応としては後発型を示した．

出身上位20大学以外のエコノミストの中には，外国の大学の出身者が含まれ，また大学以外の出身者，出身不明者も含まれる．しかしそれらを後発型大学に一括しても大きな誤りを起こすことはないと考え，さきの後発型大学出身者とともに後発型に加算し，第6.6図の後発型大学出身者の生年分布をえがいた．

②いま，国立大学で新制大学院が発足した1953年における新制大学院各研究科の設置数，およびそこにおける学生数をみると第6.3表のようになる．これによると，新制大学院の設置が著しく人文・社会科学系に偏り，しかもそのことが私立大学においてはなはだしいことがわかる．そもそも，私立大学は，費用の多くかかる理工系，とくに理学系の大学学部を設置することを敬遠しており，ましていわんやさらに費用のかかると思われる理工系大学院研究科の設置には極めて消極的であった．

第6.3表 新制大学院研究科数および研究科別学生数(1953年)

区　　分	研　究　科　数				学　生　数(人)			
	計	国立	公立	私立	計	国立	公立	私立
総　　　数	151	63	13	75	5,814	1,930	137	3,747
文 学 研 究 科	38	9	2	27	1,702	336	36	1,330
社 会 学 研 究 科	2	1	—	1	38	9	—	29
社会科学研究科	3	1	1	1	182	72	5	105
法 学 研 究 科	20	8	1	11	840	101	4	735
経 済 学 研 究 科	24	8	1	15	829	117	5	707
商 学 研 究 科	10	2	1	7	480	30	9	441
理 学 研 究 科	16	11	2	3	627	568	36	23
工 学 研 究 科	16	7	3	6	812	436	37	339
そ　の　他	22	16	2	4	304	261	5	38

（注）『文部省年報』昭和28年による．文学は哲学・西洋文化・神学・英米文学・人文科学を，法学は政治学を，経済学は政治経済を，商学は経営学を，理学は自然科学・数物系・生物系・化学系・化学を，その他は教育学・農学・獣医学・水産学・薬学・芸術学・家政学を含む．

これに反して，人文・社会科学系については，それに関する学部を設置していることでもある．またそこでの大学院研究科の設置にはあまり大きな費用を必要としない．しかも，新制大学の出発にともない，大学の格を高めたいという意図が多くの私立大学にあったのではないかと思われる．そのため，新制大学院の制度が出来るや，私立大学での人文・社会科学系の大学院研究科の設置のラッシュが起こったように考えられる．経済学研究科（政治経済研究科を含む）についていうと，1953年に24の研究科が設置されており，そのうち15研究科が私大のそれであった．そして，そこでの学生数は，国立の117人に対し，私立では707人という大きな値であった．

　③エコノミストの養成に，先発型と後発型の二つのタイプが生れた一つの原因としては，旧制大学院の在り方の相違があるのではないかと考えられる．ここで注目すべきは，旧制大学院特別研究生の制度，およびそれの延長としての旧制大学院研究奨学生の制度である．

　1942年8月，戦争遂行のため，中学校・高等学校・専門学校・大学等の年限短縮が決定された．これにより学力の低下が起こり，研究者の不足が生れることになる．そこでこの欠を補うため大学院を活用し特別の研究生制度を発足させる方針がほぼ固まった[3]．そして，1943年9月29日，文部省令第74号（大学院又ハ研究科特別研究生ニ関スル件）により大学院（研究科）特別研究生の制度が設けられた．この制度で特別研究生をおかれたのは，北海道・東北・東京・名古屋・大阪・京都・九州の7旧帝大と東京商科大学・東京工業大学・東京文理大学の3官立大学および慶応義塾大学・早稲田大学の2私立大学合計12大学であった．研究年限は，第1期2年，第2期3年とされ，学生定員は第1期471名，第2期236名が各大学に配分された．この特別研究生に採用されると毎月学資を給与され，採用決定後は入営延期の措置もとられた[4]．

　しかし，この制度では，戦争遂行という点に照らして，特別研究生の採用対象が理工系ないしは医学系に重点がおかれていたのではないかと考えられる．

---

3) 寺崎昌男・古屋野素材[54, pp. 15-33, esp. p. 29.]
4) 文部省大学学術局大学課[35, pp. 39-45].

第6章 エコノミストの年齢分布はなぜ双峰型か

たとえば，慶応義塾大学では，初年度の特別研究生は，文・経・法3学部あわせて4名，医学部10名，計14名が割当てられ，文学部1名，経済学部2名，法学部1名，医学部10名が10月13日付で認可された．翌1944年度には，特別研究生の研究事項が特に戦力増強に直接必要あるものだけに限られ，その数も義塾に対しては医学部のみ10名とされた．しかし，それを医学部7名，義塾と関係の深い藤原工業大学(1944年8月義塾の工学部となる)に3名をふりあて，そのうち藤原工業大学の1名が欠員となり，計9名が7月19日付で認可となった．つづいて1945年度には，これも選定を理科系学科に限られ，義塾では前年どおり割当10名のうち医学部7名，工学部3名として推薦，また第2期として経済学部2名，医学部5名を推薦し，認可となった．戦後となり，1946年度には，1943年度と同様文科系も認められることとなり，文学部1名，経済学部2名，法学部1名が認可された．その後引き続き，1949年度まで同様の方法で選定された[5]．われわれは，東京商科大学における特別研究生に関する資料ももっている．また東京大学経済学部に関しての資料がある．それらについては，後で言及することにする．

特別研究生の制度は，1949年度より日本育英会の業務の一環として大学院研究奨学生の制度に転換することとなった．しかし，49年度には予算措置が十分でなかったので，新規採用の全部を切換えることが困難であった．そして50年度から全員研究奨学生として採用されるようになった．この研究年限は，前期3年，後期2年となり，前期1年当り420名，後期1年当り100名採用されることとなった．この研究奨学生においては，学資は日本育英会からの貸与となった[6]．1953年におけるこの大学院研究奨学生数は，第6.4表のようであった．このうち，旧名古屋帝国大学と旧大阪帝国大学は経済学部をもたなかったからその81名および101名という奨学生数には経済学関係のそれは含まれていなかったし，そして東京工大の60名，東京教育大の45名にももちろん経済学関係者は含まれていなかった．戦時中の理工系ないし医学系に偏った特別研

---

5) 慶応義塾[31, pp. 847-850].
6) 文部省大学学術局大学課[35, pp. 40-41].

第6.4表　大学院研究奨学生現在数(1953年6月現在)

区分	総数	1年次	2年次	3年次	4年次	5年次
総数	1,484	413	408	412	125	126
東京大学	353	90	91	112	35	25
京都大学	251	74	72	62	19	24
北海道大学	134	40	36	36	10	12
東北大学	148	41	44	41	10	12
名古屋大学	81	24	26	19	7	5
大阪大学	101	27	27	28	8	11
九州大学	189	55	55	50	14	15
一橋大学	29	8	8	8	2	3
東京工業大学	60	16	12	18	7	7
東京教育大学	45	12	12	13	4	4
慶応義塾大学	48	13	13	13	4	5
早稲田大学	45	13	12	12	5	3

(注)　日本育英会『日本育英会十年誌』，1953年10月17日，p.25による．

究生の制度を引継いだ研究奨学生の制度では，北大の134名，九大の189名，早大の45名の中にも経済学関係者は殆んどいなかったのではないかと推測される．後に示すように東大の353名の中に16名程度の経済学関係者がおり，そしておそらく，京大の251名(そして東北大148名)中にも経済学関係者がおり，一橋の29名の大部分は経済学関係であり，さきにみたように慶応では前期に2名程度の経済学関係者が含まれていた．

　このようにして，戦時中から戦後にかけて経済学に関して特別研究生あるいは研究奨学生を採用してきた大学では，エコノミストの養成が既に進行中であったから，新制大学院の出発に際して，経済学研究科の大学院学生を採用するのに過剰反応を起こす必要はなかった．大阪市立大学には特別研究生ないし研究奨学生の制度はおかれていなかった．しかし，この大学は伝統ある大学であり，以前よりエコノミストの養成が行われていたので，新制大学院の発足に当って過剰反応を示さなかったのであろう．

　特別研究生ないし研究奨学生の制度は理工系に偏っていたから，理学・工学関係では，戦時中から戦後にかけて後継者養成が進行していた．それに，第

第6章 エコノミストの年齢分布はなぜ双峰型か

6.3表でみたように,新制大学院の発足に際して,理工系の大学院研究科の設立は相対的に少なく,特に私立大学では極めて少数であった.このことが,エコノミストの生年分布の双峰型と異なり,理学系・工学系の生年分布を単峰型に近いものとしたことに関係していよう.

ここで,一橋大学の前身である東京商科大学,および東京大学経済学部における旧制大学院研究科および特別研究生・研究奨学生についてみておく[7].まず,両者の特別研究生と研究奨学生の人数は,第6.5表に示したようになる.1948年第1期特別研究生より採用期日が各年4月1日となるが,それまでは10月1日の採用であった.そこで,各年10月1日現在の特別研究生および研究奨学生の人数を第6.5表に示した(第6.4表の1953年6月現在の一橋大学の研究奨学生数は29名であるが,10月1日現在のそれは第6.5表に示してあるように28名となる).第6.5表では,東京商大については,特別研究生および研究奨学生の,その指導教官の新制大学発足後の商学部・経済学部(経済研究

第6.5表 東京商科大学と東京大学経済学部の大学院特別研究生・研究奨学生数(10月1日現在)

年		1943	1944	1945	1946	1947	1948	1949	1950	1951	1952	1953	1954	1955	1956	1957
東京商科大学	商	0	0	2	3	1	2	1	1	2	2	1	0	0	0	0
	経	6	6	5	9	10	10	14	17	19	23	20	15	8	3	2
	法	1	1	0	1	3	4	3	2	3	2	3	2	2	1	0
	社	1	1	5	6	7	8	7	4	3	4	4	3	2	0	0
	計	8	8	12	19	21	24	25	24	27	31	28	20	12	4	2
東大経済学部		7	7	3	4	6	6	5	14	16	15	16	12	7	4	2

(注) 1. 特別研究生は,第1期2年間,第2期3年間,研究奨学生は前期3年間,後期2年間である.
2. 東京商大の商学,経済学,法学,社会学の分類は指導教官の新制大学での学部分属による(研究所は経済学部とする).
3. 東大経済学部には1958年10月1日現在で1名の研究奨学生が存在した.

---

7) 以下に示す東京商科大学大学院研究科および特別研究生・研究奨学生に関する計数は,同大学研究科名簿および特別研究生・研究奨学生名簿より作成したものである.これらの名簿の利用に際し,一橋大学庶務課長補佐(現在,同大学経済研究所事務長)金子匡氏の手をわずらわした.記して感謝の意を表したい.東大経済学部については東京大学経済学部[56, pp. 1084-1086]による.

所を含む)・法学部・社会学部への分属に従い,商学・経済学・法学・社会学への分属を定めた.商・経・法・社という分類がこれである.

　東京商科大学では,1943年以来,1944年に医・理工系の重視のためか,採用をストップされたのを除き,第1期あるいは前期に年々8名採用されるのが常態であった.そして,1943〜53年の第1期と前期の採用者77名のうち,47名(61%)が経済学関係の特研生・奨学生であった.また,43〜57年における第1期と第2期,あるいは前期と後期における延べ在籍者数は265名であり,このうち167名(63%)が経済学系の特研生・奨学生であった.したがって,東京商大においては,新制大学院への切換え以前から相当数のエコノミストの養成が行われてきていた.また,第6.5表によると,東京大学経済学部でも,東京商大の場合とほぼ同規模での特別研究生および研究奨学生によるエコノミストの養成が行われてきたことが明らかとなる.

　これら両大学旧制大学院への入学に対する第2次大戦の影響はどのようなものであったか.いま,東京商科大学について特別研究生・研究奨学生以外の研究科研究生をも含めて,その生年別人数をみてみよう.戦争による死亡という直接の被害だけでなく,大学教員としての研究課程を踏む上で最も戦争の影響を受けたのは1916〜20年生れの人々ではなかったかと考えられる.彼らは,戦争が終った時,25〜29歳であり,戦争中の教育のブランクを埋め,さらに教育者・研究者としての訓練を積むには年齢的にハンディキャップをもっていたと思われるからである.この点を,東京商大旧制大学院研究科入学者に関してチェックすると,旧制大学院への生年別入学者数の少なくなっているのは,むしろ1910〜18年生れである.しかし,このうち1910〜14年ころの生年者は,大学を卒業したとき,景気の状況がよく,大学院に残るより,企業に就職することを望んだが故に,大学院入学者が少なくなっているのではないか.

　第6.7図には,生年別大学院入学者数とともに,東京商科大学大学院入学年別の入学者数を図示してある.これを生年別入学者数と比べると,前者は後者に25年程度の遅れをもっているようである(旧制大学院入学者は,順調にいけば,満23歳で旧制大学を卒業し,満24歳時に大学院に入学していることにな

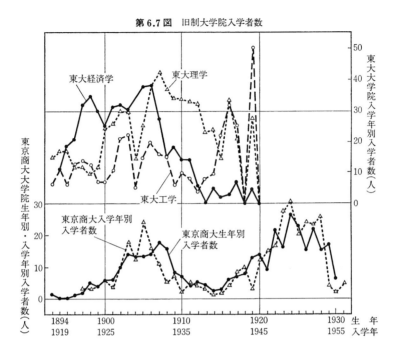

第6.7図　旧制大学院入学者数

る．ここでの生年別入学者数は，必ずしも学齢計算に対応するものによって計算されているわけではない．学齢ベースで考えると，各年1～3月生れの者は，1年前の4～12月生れの人々と一緒に取扱われる．そしてこの学齢ベース人数が入学年別人数と対応する性質の計数である．したがってその点から生年別入学者数は入学年別入学者数に24年以上のラッグをもつ．これに浪人期間が加われば，さらに強い理由で生年別人数は入学年別人数に24年以上のラッグをもつことになる）．入学年別入学者数は，戦前では1930年にピークをもち，39年の谷を経て，49年に再びピークを示す．1930年には世界大不況の状態で学部卒業者の就職が困難であり，そのため大学院への進学者が増加したのであろう．しかし，1930年代後半の景気上昇に伴い大学卒業者に対する雇用状態が改善されたので，35～39年には大学院入学者数は低水準にとどまり，そして39年には大学院進学者が僅かに1名という状態になったのであろう．

ところが，1940年代に入ると戦争のために大学院への入学者が低水準にとどまった．それとともに，戦争が終了しても，さもなければ40～45年に大学院に入学したであろう人々は，あるいは戦死し，あるいは戦争終了時における大学院進学に対する年齢的ハンディキャップのため，大学院へ入学してくることが少かった．したがって，大学院入学年に対応する生年別の入学者数と入学年別入学者数との間に，第6.7図にみられるように大きなギャップは起らなかった.

第6.7図には，東京帝国大学大学院への入学年別入学者数も図示してある[8]．これによると，東大旧制経済学研究科への入学年別入学者数も，不況期1931年にピークを示し，その後景気の回復とともに急減している．そして，1940～45年には0～5名程度の入学者しかいなかった．ところが，東大旧制理学研究科ないし工学研究科への入学年別入学者数の動きは，経済学研究科の場合と相当異なっている．すなわち，理学の場合には，1932年にピークを示した後，景気上昇にともなって40年まで入学年別入学者数は低下した．しかし，それは，41年，42年，44年には高い水準を示しているのである．また，工学においては，1931年のピークの後，37年まで入学年別入学者数は減少した．そして，そこから反転して，戦争中に却って入学者数が高い水準を示したのである．これは，人文・社会科学系と理工系(また医学系)についての徴兵延期の相違も関係していたのではないかと思われる．この戦時中における理工系研究者の養成が，1981年における理工系大学教員の生年分布と人文科学・社会科学のそれとの相違に関係があると考えられる．

6.4 エコノミスト労働市場の需給調整

以上の第6.3節でみた事実を相互に連絡づけ，エコノミスト労働市場の需給調整過程についてわれわれの考えをまとめよう．ここでは，第6.3節での叙述と逆の順序で事実の整理を行う．

①まず第1に，東京商科大学の例で検討したように，戦後のエコノミスト労働市場での需給調整の進行に対する初期条件として，戦争のため，1916～25年

---

8) 古屋野素材[25, pp. 132-140].

生れ，特に1916〜20年生れのエコノミストが少なかったという事実がある．このことは，東大経済学研究科への入学年別入学者数が，1940〜45年に極めて低い水準にあることからも推測される．そこで，1945年から53年ころにかけて，エコノミスト労働市場は超過需要状態にあったのではないかと考えられる．

②戦争中から戦後にかけて，旧制大学院特別研究生ないし研究奨学生制度を中心としてかねてよりエコノミストの養成を行ってきた先発型の大学は，新制大学院の発足にともなっても，特にエコノミストの養成を急増させることはなかった．しかし，人文・社会科学系の私大を中心として，新制大学院における経済学研究科が多数設置された．これは，大学院を設置して大学の格を高めようとする動きであったろう．そして，大学院設置を申請して大学院を設置したからには，大学院生を採用する必要がある．折りしも，エコノミスト労働市場は超過需要傾向にあった．そこで，1929〜34年生れの人々のエコノミストとしての養成が急増するのである．

③エコノミスト労働市場にとって，経済全体の動きは外生的であると想定しても大きく誤ることはない．実質 GNP 成長率や民間資本ストックの成長率などの動きから判断して，1954〜55年ころに戦前レベルへの復興を終えた日本経済は，中期の景気循環過程として1961年の山，65年の谷，そして70年の山，75年の谷を経ながら，長期波動ないし建設循環として1954〜55年の谷から75年の谷にいたる20年程度の周期の波動を経験した．

この経済の動きは，経済学部卒業者への需要に循環的な波を起こし，そして後者は経済学部学生増加数の変化となって現われながら，エコノミストへの需要増の変動を生じさせる．もちろん，この間には，経済の成長にともなう所得水準の上昇による大学教育および大学院教育への需要の増大が介在している．上に述べた長期波動の状況と第6.4図でみた経済学部学生増加数の動きを考えると，第6.8図の上部に示したような経済全体の長期波動と経済学部学生増加数の変動との時間的先後関係を考えることができよう．後者は前者に5年前後遅れて変動する．

④この経済学部学生数の変化は，当然エコノミストへの需要増の変化をとも

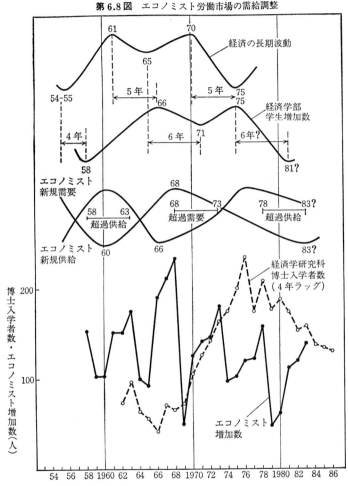

第6.8図 エコノミスト労働市場の需給調整

なう．実際のエコノミスト増加数は，必ずしもエコノミストへの需要増の動きを表わすわけではない．とくに超過需要が起こっていると考えられる時期についてそうである．逆に，エコノミスト増加数が小さく，エコノミスト労働市場で超過供給が起こっている場合には，エコノミストへの需要増がそのまま実現すると考えてもよいであろう．その点からすると，1960年のエコノミスト増加

数の谷は，エコノミスト需要増の谷を示していると考えることができる．そうすると，経済学部学生増加数のこの近傍における谷は58年であるから，エコノミスト需要増は学生増加数に2年ほど遅れて動くのではないかと考えられる．そのように考えると，経済学部学生増加数とエコノミスト増加数の動きに照らし，エコノミスト需要増のピークは，68年ころ発生したのではないかと考えられる．

エコノミスト増加数の動きからみて，経済学部学生増加数の71年における小さな谷に対応する谷は，エコノミスト需要増では顕著ではなかったのではなかろうか．そして，経済学部学生増加数が経済一般の長期波動に5年前後遅れるとすれば，第6.4図からみられるように，75年の長期波動の谷に対応する学生増加数の谷は81年ころになるであろう．これにもしエコノミスト需要増が2年程度遅れるとすれば，後者の谷は83年ころとなろう．かくして，エコノミストへの新規需要は第6.8図の中ほどに示した曲線のような動きを示したのではないかと考えられる．

⑤他方，官庁・銀行・会社などを退職しエコノミスト労働市場に新規参入してくる人々を無視すると，エコノミストの新規供給は，大学院経済学研究科博士課程修了者によって代表させることができよう．そこで，第6.4図に示した経済学研究科博士課程入学者数を，彼等は通常3年たつと博士課程を修了し，4年目にはエコノミスト労働市場の供給サイドに現われるであろうことを考慮し，4年のタイム・ラッグをつけて第6.8図に図示した．これはエコノミストの新規供給の動きを示すと考えてよい．（現在の日本では，社会科学系大学院に関する限り，そこでの課程修了者に対する官庁・銀行・会社からの需要はゼロとみてよい．また大学院課程修了者も官庁・銀行・会社などに就職することを好まない．したがってその博士課程修了者は大学エコノミストの供給と考えてよい．）この新規供給は，エコノミストに対する需要純増だけでなく，定年などにより大学より退出していく人々についての置換需要によっても吸収される．われわれの計算によれば，年当り平均退出エコノミスト数は，58～63年には38.6人，63～68年には48.8人，68～73年には92.0人，73～78年には95.6

人，78〜83年には116.0人であった．

さて，経済学研究科博士課程入学者数(および経済学修士号授与数など)からみて，エコノミストの新規供給は，第6.8図の中ほどに示したような動きをしたと考えられる．ここに図示したエコノミスト新規需要なりエコノミスト新規供給は，年々の新しい需要であり供給である．したがって，それらがその年に供給なり需要なりによってミートされないときは，満たされない需要，あるいは供給は，そのまま次の年に需要として，あるいは供給として持ち越される．このような点を考えると，図示したように，エコノミスト労働市場では，1958〜63年に超過供給，68〜73年に超過需要，78〜83年に超過供給が起こっていたのではないかと推定される．図示しなかったが，この節の①で述べたように，戦後エコノミスト労働市場の初期条件から1945〜53年ころは超過需要が起こっていたように考えられる．そうすると，エコノミスト労働市場では，長期波動の状況および，超過需給に対するエコノミスト養成の遅れ(超過需給に大学側が直ちに反応して大学院入学者数を調整しても，エコノミスト供給は需要に5年の遅れをもつ)を反映して，10年おきに超過需要→超過供給→超過需要→超過供給となり，超過需要相互は20年おき，また超過供給相互も20年おきに現われてきているようである．このことは，第4章の第4.6節で実証的に明らかにした，大学院のいろいろの専攻分野での動学的需給調整の20年前後の周期のサイクルに正に対応する．

6.5 他の専攻分野との比較

以上の分析結果の上に立って，エコノミスト労働市場の需給調整過程を，他の専攻分野に関するそれとの比較をこころみよう．まず第1に，第4章で各種の専攻分野について計測した大学教員供給の動学的調整関数を経済学の分野についても計測してみよう．この場合，第4章の(4.32)式，すなわち，博士1年次学生数の2年移動平均値についての対前年比 $\bar{s}_2$ と，同じく2年移動平均値によって計算した博士3年次学生数の増分の前年の博士1年次学生数に対する比率 Ω との関係を検討することにする．商学・経済学関係の博士課程学生につい

第6.9図 商学・経済学関係の$\bar{s}_2$とΩ

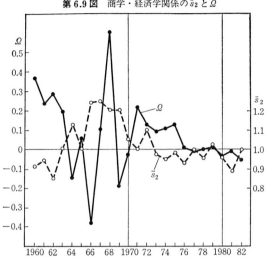

ての$\bar{s}_2$とΩとを図示すると第6.9図のようになる。この図に示される$\bar{s}_2$とΩの動きは，第4章の第4.5図でみた社会科学に関するそれらの動きと類似している。そして，社会科学の場合より，Ωの不規則な動きが激しくなっている。これは，社会科学の中の商学・経済学分野での3年次学生数の1966～68年の動きに疑問のもたれるものがあるからである。いま，その点をおくと，ここでも$\bar{s}_2$はΩに対して負の反応を示している。

さて，Ωの値についての3ケースの中で最も良好な結果となっているものを示すと次のようになる。

$$\bar{s}_2(t) = 0.398 + 0.627\bar{s}_2(t-1) - 0.167\Omega(t), \quad \bar{R}^2 = 0.405, \quad D\text{-}W = 2.077.$$
$$(2.329)\ (3.786) \qquad (-1.806)$$

この推定にもとづいて周期を計算すると，単位期間でいって9.022単位期間，年単位でいって13.533年となり，さきに，社会科学や理学・工学・農学でえられた周期より短かくなる。これには，第6.9図にみられる1966～69年のΩの不規則な動きの影響が大きいように考えられる。あるいは，単位期間を1.5年より少し長く2年と考えると，18年周期となる。

次に，第6.4図と第6.5図でみた博士1年次と3年次の学生数の相対関係の動きを，他の専攻分野におけるそれと比較することにより，エコノミスト労働市場での需給状況の特徴を明らかにしよう．第6.10図に専攻分野別の博士1年次学生数の3年次学生数に対する比率を図示した．

この図によると，理学・工学・農学では一時期，この比率が1を超えて上昇していた．そのことは，その期間これらの専攻分野の大学教員市場で強い超過

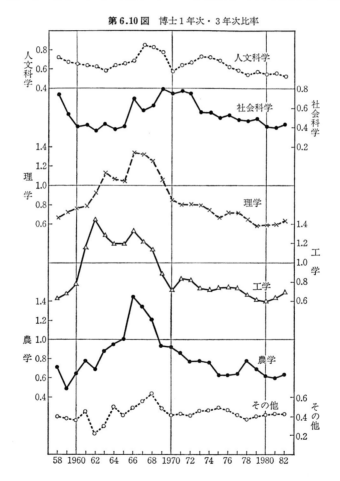

第6.10図 博士1年次・3年次比率

需要が起こっていたことを暗示する．その場合，その状況はまず工学について発生し，それが理学へ，そして農学へ及んだ．

それらの博士1年次・3年次比率に比べると，人文科学・社会科学・その他の分野でのその値は低水準にある．ことに社会科学とその他で低い．そして供給に対する需要の相対的高まりを示すこの比率の上昇は，工学・理学・農学に次いで人文科学で起こり，それにその他が，そして社会科学が続いた．このように，社会科学の大学教員市場での需要の相対的上昇は，他の分野に比べて一番遅れていた．第6.4図の商学・経済学分野のこの比率を社会科学のそれと比べると，両者はほぼ同一の形で動いていることがわかる．その水準もほぼ同様である．この社会科学の博士1年次・3年次比率が，これまで遂に0.8の水準を上廻ることがなかった点は注目してよい．理学・工学・農学と対比して，経済学の分野では，大学教員市場について以上に示した違いがある．特に，経済学分野で超過需要傾向が遅れて発生したことに注目する必要がある．そして，その超過需要の程度は，工学などに比して小さかったように推測される．

次に，各専攻分野別の大学教育に対する需要の動向がどのようであったかを調べてみよう．理学・工学・農学の代表として工学を選び，工学部の学生増加数を，経済学部のそれと比較してみよう．第6.11図にそれらが図示されている．これをみると，経済学部と工学部とでは，その学生数の増加の振舞いはほとんど同様であったということができよう．その水準からみても，またその循環的変動のパターンからみても，両者の間に大きな開きはない．したがって，両学部の大学教育に対する需要は，ほぼ同様に成長し，変動したと考えることができる．

ただ，この同程度の大学教育需要の動きから生れる大学教員需要の大きさには相当の開きがあったであろう．というのは，経済学部と工学部とでは教員1人当りの学生数に大きな差があり，経済学部，特に私立大学の経済学部のそれは，工学部のそれに比して著しく高いからである．例えば，1980年の数字をとると国立大学の経済学部の本務教員1人当り，学生数は23.25人(助手を除くと27.26人)，私立大学のそれは78.48人(助手を除くと80.52人)である．これに

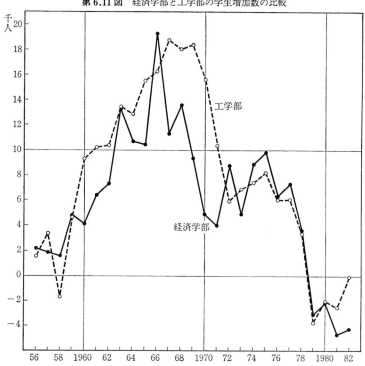

第 6.11 図　経済学部と工学部の学生増加数の比較

対して同年の国立大学工学部のそれは 9.93 人(助手を除くと 16.22 人), 私立大学のそれは 29.76 人(助手を除くと 36.66 人)である. 国立大学間の比較では, 工学部学生増は経済学部のそれの 2.34 倍(助手を除くと 1.68 倍)の教員需要を生み, 私立大学間の比較では, 工学部学生増は経済学部学生増の 2.64 倍(助手を除くと 2.2 倍)の教員需要を生むことになる.

　第 3 点として, さきにふれた戦中から戦後にかけての特別研究生・研究奨学生制度の適用が自然科学系に集中したという点がある. これは初期条件の差である.

　第 4 に, これも初期条件の違いの一つになるが, さきに示したように, 私立大学の新制大学院の初期創設が社会科学系に集中したという事情がある.

第5に，理工系，とくに工学の分野では，大学院博士課程修了者は，必ずしも大学教員とならず，企業からの労働需要にも応じうるということがある．理工系では，博士課程修了者の大学教員の供給と企業への労働供給との間の選択に，経済学やその他の社会科学の分野と比較すると，ある程度の代替関係が働く．したがって，その大学教員市場の需給調整がある程度円滑化する可能性がある．

6.6 エコノミストの年齢分布はなぜ双峰型か

以上の検討を踏えて，われわれは表題に掲げた疑問に答えることができる．まず，初期条件として，戦争のため1916～25年生れ，特に1916～20年生れのエコノミストの養成が低水準にとどまったという事実がある．このため，1945～53年ころにおいてエコノミスト労働市場は超過需要状態にあった．

そこに，新制大学院の発足にともない，私大ではいち早く1950年に比較的容易に設立できる人文・社会科学系の研究科の設置が急増し，そのため経済学研究科の設置されるもの多く，超過需要の存在を背景に，大学の格の向上を目ざして，エコノミストの養成が開始された．1953年には，私大の経済学研究科で追加されるもの多く，また国立大学でも新制大学院が出発することになり，その中の後発大学でのエコノミスト養成に関する敏感な反応が発生する．この過程で1930～32年生れのエコノミストが大量に養成されることになる．そして，彼等は，1958年ころからエコノミスト労働市場の供給側に現われはじめる．そこで，エコノミスト市場は超過供給状態に陥ることになる．

そのため，1958～63年における超過供給状態に対処して，大学側での経済学研究科への入学者数の抑制がはじまる．この時期の超過供給は，第6.5図にみられるように，私大で強く現われていたと考えられる．そのため，私大で経済学研究科への入学者数の抑制が強まった．

これに対して，国立大学では，第6.5図にみられるように，あまり超過供給状態にはなかった．しかし，1961年の岩戸景気を中心として，経済学部卒業者への民間企業からの需要が増大し，経済学研究科への入学希望者数を激減せし

めた．そのため，61年前後には，大学側が経済学研究科への入学者数を抑える意図をもたなくても，研究科への入学者数が減少した．その結果私立大学・国立大学の両者を通じて1966年ころにはエコノミスト新規供給量が低下する．これが第6.1図のエコノミストの78年，あるいは83年生年分布での1938年生れの谷となって現われるのである．第6.6図における後発大学と先発大学の生年分布の1938年生れにおける落込みには，以上の二つの側面の要因の投影が重なっていると考えられる．すなわち，後発大学での超過供給を背景にした供給削減と，先発大学での大学院入学希望者の減少による供給削減とである．この後者の要因は，あるいは，後発大学でも働いたのかもしれない．

　ところが，その後，一般経済活動の長期波動の動きを反映する経済学部卒業生への需要の増大，それにともなうエコノミストへの需要の増加と，他方，上でみたエコノミストの供給減のため，1968～73年にはエコノミスト労働市場は超過需要に転ずる．そして，これにエコノミスト養成の増大という反応が起こり，それが雇用へと吸収されていくのである．このため，第6.1図で1938年生れより以下の年齢層で生年分布上のいま一つの山が現われるのである．このようにして，われわれは，エコノミスト労働需給の調整過程からみて，1978年，および1983年のエコノミスト生年分布が双峰型となることを説明することができる．

　理工系の大学教員についての生年分布が，このような双峰型にならず，第6.2図にみられるように，単に1930年生年者での小さなコブを示すに留まったことも，以上のわれわれの分析から容易に説明することができる．ここで注目すべきことは次の点である．

　①理工系の旧制大学院では，戦時中においても，というより，戦時中に盛んに研究者養成が行われた．②新制大学院の発足に当り，学部段階で人文・社会科学系にウエイトをおいてきた私立大学は，理工系の大学院を設置することが少なかった．③以上の①により戦後初期，理工系の大学教員について超過需要がなく，また②の事情により新制大学院の発足にともなって理工系研究者の大量養成を行うことがなかった．④高度成長の始まる昭和30年代以降，工学部

の学生増加数にみられるように,理工系の大学教育に対する需要は,経済学部の場合と同様な振舞いをとった.しかし,理工系では,経済学部の場合に比べて,教員1人当りの学生数が極端に低い.そのため,大学教育需要の増大から派生する大学教員需要は,経済学関係のそれに比べて格段にスケールが大きい.このため,大学教員に対する超過需要が早期に,しかも大きな規模で発生した.⑤加えて理工系の場合,博士課程修了者には,大学教員への道と企業での活動の道との間に選択が働く余地がある.このような事情のため,1930年生年者のコブは小さく,理工系大学教員の生年分布は,むしろ単峰型に近いのである.

　⑥しかし,その後,博士課程修了者養成の需給状況に対する反応の大きな遅れと,他方日本経済の高成長過程の終焉による大学卒への需要の停滞,それに伴う大学教員需要の停滞の中から,いろいろの専攻分野においてオーバー・ドクター現象が深刻化してきた.そして,われわれの理論的検討とそれにもとづく実証的検討が明らかにしたように,大学教員市場は,おしなべて20年程度の周期の長期波動を生む傾向をもっているのである.そして,その傾向は,将来,いろいろの分野での大学教員の生年分布に複数のピークをもたらす可能性を秘めているのである.

第7章　エコノミストの移動

7.1　参入・大学間移動・退出の概観

　エコノミスト労働市場には，年々新規参入者が流入し，既存のエコノミストがある大学から他の大学へ移動し，そして退出者がこの市場から去っていく．この動きを広い意味での移動とよぶならば，エコノミストの大学間移動は狭い意味の移動である．この章では，この狭義の移動について分析をこころみる．しかし，その分析に入る前に，参入・大学間移動・退出がどのような状況にあ

第7.1表　エコノミストの参入・移動・退出

		期首在籍者	参入　出身大学			移出　自発的移動		
			国公立	私立	計1)	国公立	私立	計
1958–1963年	国公立	855	214	16	234	19	12	31
	私立	855	307	151	482	14	15	29
	計	1,710	521	167	716	33	27	60
1963–1968年	国公立	999	256	31	296	36	25	61
	私立	1,234	458	292	776	18	49	67
	計	2,233	714	323	1,072	54	74	128
1968–1973年	国公立	1,155	261	34	302	36	46	82
	私立	1,906	419	355	800	20	67	87
	計	3,061	680	389	1,102	56	113	169
1973–1978年	国公立	1,259	249	15	278	50	38	88
	私立	2,444	439	328	800	12	56	68
	計	3,703	688	343	1,078	62	94	156
1978–1983年	国公立	1,394	268	38	329	39	44	83
	私立	2,909	437	263	732	16	34	50
	計	4,303	705	301	1,061	55	78	133

（注）　1）　外国大学出身者・出身不明者を含む．

第7章 エコノミストの移動

るか，その概略を眺めておこう．

いま，1958年から83年までを5年ごとに区切った5個の期間におけるエコノミスト労働市場の移動状況をみると，第7.1表のようになる．この表で，大学間移動は自発的移動と非自発的移動とに分けられている．その内容については，後に詳しく示す．ここでは，前者は定年前の移動であり，後者は定年によって起こる移動と考えておく．第7.1表にもとづき，参入・大学間移動・退出のそれぞれの，期首在籍者に対する比率で参入率・移動率・退出率を定義し，これを計算すると第7.2表がえられる．

参入は，国公立大学への新規参入も私立大学への新規参入も，ともに1963～68年の期間においてその対期首在籍者比率が最も高くなっている．そして国公立大学では22～30%の間で推移し，また私立大学では25～63%の間で推移

の概況(1958-83年)　　　（単位：人）

動			退出	期末在籍者
大　　　学				
非自発的移動				
国公立	私立	計		
0	0	0	75	999
13	9	22	118	1,234
13	9	22	193	2,233
8	1	9	94	1,155
54	69	123	150	1,906
62	70	132	244	3,061
1	0	1	151	1,259
73	63	136	309	2,444
74	63	137	460	3,703
5	2	7	122	1,394
49	46	95	356	2,909
54	48	102	478	4,303
2	1	3	133	1,552
67	31	98	447	3,232
69	32	101	580	4,784

第7.2表　参入率・移動率・退出率　　　　　　　　(単位：%)

	参	入		移	動	退	出	
	国公立へ	私立へ	計	自発的	非自発的	国公立より	私立より	計
1958-1963	27.4	56.4	41.9	3.5	1.3	8.8	13.8	11.3
1963-1968	29.6	62.9	48.0	5.7	5.9	9.4	12.2	10.9
1968-1973	26.1	42.0	36.0	5.5	4.5	13.1	16.2	15.0
1973-1978	22.1	32.7	29.1	4.2	2.8	9.7	14.6	12.9
1978-1983	23.6	25.2	24.7	3.1	2.3	9.5	15.4	13.5

している．したがって，年当りの参入としてみれば，国公立大学ではその期首在籍者の4～6％程度，私立大学では5～12％程度であった．

これに対して，大学間移動数の対期首在籍者比率は極端に低い．自発的移動にしても非自発的移動にしても2～6％程度であり，年当りにすると1％前後の値となる．

第3に退出は，国公立大学で9～13％程度，私立大学で12～16％程度であり，年当りで前者で2％前後，後者で3％前後である．

第6章で，われわれは，エコノミスト労働市場が，1958～63年期に超過供給，63～68年期に中間的状況，68～73年期は超過需要，73～78年期に中間的状況，そして78～83年期に超過供給状態にあったことを明らかにした．第7.2表の移動の対期首在籍者比率をみると，自発的移動にしても非自発的移動にしても，移動の相対的スケールは趨勢的動きを示すというより，むしろエコノミスト労働市場の超過需要期に高くなり，超過供給期に低くなる傾向をみせているように考えられる[1]．そして，いずれにしても，極めて低い水準にある．このことから直ちに他の専門分野での大学教員の移動状況を推測することはできないとしても，それは，日本における大学教員市場での大学教員の移動率が低いことを示す一つの事実とはなるであろう[2]．

---

1) 藤林敬三[14]は，労働への超過需給が労働移動率(転職率)を高めることを指摘した．西川俊作[39]は，この藤林仮説を実証的に検討し，肯定的な結論を導いている．ここでのわれわれの観測は，この藤林・西川説に対応するものである．

2) 山野井敦徳[58, p.123]によれば，1978年6月30日と79年6月30日における全国の大学・短期大学・高等専門学校の本務者としての教授・助教授・講師・助手の所属

第7.3表 米国大学教授の移動率(%)

	1960-62	1960-64	1960-66	1960-68
心理学	16	21	25	31
数学	20	26	28	32
生物学	14	18	20	23
物理学	13	18	22	23
農学	10	15	17	19
地球科学	14	19	22	25
化学	16	20	22	25
経済学(日本)	1.80	4.79	9.25	14.44

　経済学は含んでいないが，アメリカ合衆国での大学教員(college professors)の移動率を明らかにしたものとして，S. C. Farber[12, p. 494]の計数がある(第7.3表参照)．Farber は National Science Foundation が 1960 年から 68 年までの間に 2 年おきに行った合衆国のすべての博士号保有の科学者についての調査を利用する．この中から 1960 年に 65 歳以下であり，5 回の調査の間 4 年制大学にフル・タイムで雇用されていた 5,055 人の教授を選び出す．そして 60 年とその他の調査年を比較して所属大学が違っている人の全体の標本数に対する割合を求めて移動率とするのである．ただし，同一州内での移動は除かれている．そしてこの移動率の計算では，比較時点間で 2 回以上所属大学を変更しても 1 回の移動としてしか計算されていない．また比較する時点の間で複数回移動して元の大学に戻った場合には，移動しなかったことになる．しかも，実際には年々新規参入者があり，それらの人々の移動も起こるはずであるが，それも計算に入れられていない．

　このような性質の移動率であるため，さきのわれわれの移動率と直ちに比較できるものではない．同一人について複数回の移動を含めての移動をみるには，第7.3表の計数では 1960～62 年の計数の(1/2)の値が最もそれに近いのではないかと考えられる．そうすると，専門分野によって若干の違いはあるが，年当

大学を比較すると，78 年の在籍者数 89,782 人に対して，上の二時点間の大学間移動者数は 1,406 名であったという．すなわち，移動率は 1.57% であった．したがって，経済学分野での移動率と全体としての移動率とは，ほぼ対応している．

り7～10％の移動率となる．比較のため，われわれのデータを用い，1960年に在籍する65歳以下のエコノミストで68年までに退出した人を除き，60年と62年，60年と64年，60年と66年，60年と68年をそれぞれ比較し，所属大学が違っている場合に1回の移動と考えて，第7.3表のアメリカの場合に対応する日本のエコノミストの移動率を計算してみた．（ただし，アメリカでの同一州内移動の排除に対応する除外は行われていない．）それが第7.3表の最下段に示されている．これをアメリカの場合と比較すると，日本の大学教員の移動率の低さが明確となる．

　アメリカの場合には，終身在職権(tenure)を取るまでは，大学教員は，日本の大学教員の定年に比べて，著しく短くその在職期間を限定されている．したがって，その移動には在職期間が満了する以前における有利な機会を求めての移動と，在職期間が終了するために起こる強制的移動とがある．Farberの移動率は，彼自身が認めているように，これら両者の移動が含まれているのである．そして強制的移動数も大きいに違いない．しかし同時に，有利な就職機会を求めての移動も相当大きな割合を占めているものと考えられる．

　第7.3表の移動率の時間的経過は，アメリカと日本の大学教員の移動状況の特徴をよく示している．アメリカの60～62年の各分野の移動率を平均すると14.71％となる．この水準が60～68年の日本の経済学分野の移動率14.44％とほぼ同一水準である．アメリカでは，その水準から出発して，60～68年間における1回でも移動した人の割合は，各分野を平均してみて25.43％であり，60～62年の移動率に比べて10.72％上昇しているに過ぎない．ところが日本では，60～62年の1.80％に比べて，60～68年の移動率は12.64％上昇している．移動率の上昇差は，日本の方が大きいのである．

　この移動率は，60年に65歳以下であった人について比較年までの間に移動したかしなかったかを調べている．60年から68年まで8年の時間が流れるうちに，アメリカでは終身在職権を獲得する人が次第に増加するであろう．そして，何回も移動している人も，ただ移動経験ありということで1回の移動に数えられている．そのため，60～68年比較ではFarberの移動率は各分野の平均

としては25.43%になっているに過ぎない．アメリカでも，この8年間に1回も移動しない人が75%程度いるのである．

これに対して，日本では，60年に65歳以下であった人の中には，8年の時間の経過とともに定年に達し，移動しなければならない人がでてくる．それに日本では，移動する人も，この8年間に複数回移動するより1回だけの移動を経験したという人が大多数ではなかったかと考えられるのである．アメリカではこの8年間に何回も移動している人が相当あるであろうに，日本ではそのような人は少ないであろうという違いもある．第7.3表の移動率の日米における振舞いの違いはこのような事情を反映するものと考えられる．

7.2 自発的移動と非自発的移動

さて，エコノミストの大学間移動の分析に進むことにしよう．日本の大学教員市場における移動状況について重要な分析を行ったのは，W. K. Cummings [10]である．かれは，日本の大学にはボス・システムが働いており，それが大学教員の大学間移動に重大な影響を与えているという考え方を批判的に検討した．その際，他律的移動と自発的移動という概念を用いた．この場合，「他律的移動というのは，移動者がそのポストにつくことを望んでいるか否かに関係なく，上司や指導者の勢力圏のポストにつくよう命令されたり，鼓舞されて生ずる移動」であり，「この移動形態では，出身大学，主任教授，この教授にたいする忠誠，などの基準が重要である．」これに対して，「自発的移動というのは，…移動者自らが試みる移動である．」そして，そこでは「研究業績が候補者を選定する第一基準とみなされる．ただし，年齢，人柄など候補者の諸特性も，第二次的な基準として考慮される．」(Cummings[10, pp. 49-50])

われわれは，このCummingsのいう他律的移動がエコノミスト労働市場で重要であるとは考えない[3]．定年による大学教員の移動を除くと，エコノミス

---

3) 山野井敦徳[59, pp. 155-156, pp. 165-168]は，Cummingsの他律的移動と関係をもつ学閥的移動現象は，大学教員市場の成長が停止した場合や，ポスト難の分野で生じやすく，市場の急成長期や，ポストに余裕のある分野で，起こりにくいと考えている．われわれが明らかにしたように(山野井[59, p. 166]も同様の分析を行っている)，超過需

トの大学間移動は，移動者自身の選好を反映して行われているものと思われる．しかし，定年退職によって大学教員が他大学へ移動する場合には，もし定年制がなければ，その教員は元の大学に留り続けたであろうから，それは定年という制度によって強制された移動である．この移動を，われわれは非自発的移動とよぶことにする．それは，Cummings の他律的移動とは異なる．これに対して，定年以前の大学教員の移動を自発的移動と定義する．それは，移動者自身の判断を反映して行われるという点で Cummings の自発的移動と共通する面をもつ．しかしながら，それが定年制との関係で定義されている点に相違がある．

さて，移動が実現するためには，もちろん，移動によって大学教員需要を満たそうとする需要側の計画と，その大学教員供給をこれまでの供給先により引続き満たすか，あるいは他の供給先によって満たすかを選択している供給側の計画がなければならない．言葉は熟していないが，簡単化のため，前者を移動需要とよび，後者を移動供給とよぼう．そして，移動需要と移動供給が交渉し合う市場を移動市場とよぼう．

この移動市場では，需要者の需要内容がすべての供給者に情報として与えられているわけではない．供給者はこの情報を知らないのが通常の状況である．また同様に，需要者側は供給者の計画を知っているわけではない．しかし，需要者は，供給者となるかどうかはわからないが，その可能性をもつ大学教員がどこにいるかということについては，ある程度の情報をもっている．そして，移動市場では，供給者がまずその供給をある需要者に提案するのではなく，需要者が，供給者となる可能性のある大学教員のうち自己の需要に適合すると考えられる人に移動の提案を行うのが通常である．この移動の提案に対してその移動需要を受入れるかどうかを決定するのは供給者の選好である．つまり，移動の提案には，まず需要側の選好が示されているが，それが実現するには，供

給に応じて自発的移動も非自発的移動も，ともに移動率は上下に変動する．しかし，そのことと移動の内部で他律的移動と Cummings のいう自発的移動の相対関係が変動することは別のことである．

給側の選好がそれに合致しなければならない．その際，自発的移動においては，移動供給者がその移動を好まないとすれば，彼はそれまでの大学に留まることによりその生活を維持することができる．したがって，自発的移動では移動供給者の選好がそれに強く反映されるであろう．

これに対して，非自発的移動の場合には，移動供給者はこれまでのポストに留まっていることはできないという条件の下で選択することを迫られている．移動供給者は，大学教員としての活動を続けようとしている限り，必ず他の大学へ移動しなければならないという状態にある．その場合，ある人に複数の申出でがあれば，もちろん彼はそれらについて選択できるから，その選好が移動に反映する余地がないわけではない．しかし，自発的移動の場合に比べると，移動需要側の選好が顕現する傾向が強くなるであろう．あるいは，非自発的移動では，移動の実現を容易とするような条件——移動需要側がその移動供給を受入れやすくするような条件——が，その移動に際して顕現してくる傾向があるといってもよい．

さらにまた，自発的移動と非自発的移動とでは，移動供給者側の選好状態にも違いがあるかもしれないし，また需要者側の選好にも相違があるかもしれない．例えば，自発的移動の供給者では，移動に際して研究・教育条件の改善ということに大きな重みがかけられ，賃金の引上げや移動コストは相対的に低く評価されるかもしれない．これに対して，非自発的移動の供給者は，すでに相当の研究成果を積んだ人々であり，研究条件の改善ということよりも，移動による所得の増減，移動コストの大小にその選好が強く関係するかもしれない．

また，移動需要側でも，自発的移動では，移動者の対象を研究成果の出はじめた研究者におき，需要する大学の研究水準の向上にその選好の重点をおいているかもしれない．

しかし，将来どのような研究成果が上がるかということには，常に不確実性がつきまとう．研究とはそのようなものなのである．そこで非自発的移動の場合には，移動需要者は，若い研究者によるその大学の研究水準の上昇という不確実性をもったことより，これまでの研究成果や教育実績に照して，直ちに教

育上の戦力と化し，安定した教育供給を行うことができるという点に，より強い選好をもっているかもしれない．自発的移動と非自発的移動の分析を進めるに当っては，このような点も考慮しなければならないであろう．

さて，それでは移動の分析の実際において，どの移動を自発的移動として，またどの移動を非自発的移動として取扱えばよいか．問題は，定年の年齢が何歳かということである．国公立大学における定年は，60歳，63歳に集中し，そして一部には65歳の場合もある．そして，定年直前に自発的移動が起こる可能性は極めて小さい．そこで，国公立大学所属者で59歳までの人に発生した移動を自発的移動として，また60歳以上の人についての移動を非自発的移動として取扱う．

他方，私立大学ではどうであろうか．1983年度の『全国私立大学白書』によると，私立大学117校，私立短期大学101校についての調査結果による定年分布は，第7.4表のようになっている．これによると4年制大学116校のうち，

第7.4表　私大の定年分布
(1983年5月1日)

定年年齢	4年制大学	短期大学	計
55以下	1	1	2
60	2	9	11
61	1	1	2
62	3	1	4
63	4	5	9
64	0	0	0
65	37	24	61
66	0	1	1
67	7	3	10
68	9	8	17
69	0	0	0
70	39	24	63
71	1	0	1
72	2	1	3
73	0	0	0
74	0	0	0
75	1	0	1
なし	9	18	27

(注)　「なし」には無回答，検討中，未定を含む．国庫助成に関する全国私立大学教授会連合『1983(昭和58)年度全国私立大学白書』，1984, p.33による．4年制大学の65歳定年校の計は39となっているが，その場合，合計校数は118となり，調査大学数117を上回る．そこで地区別計数の合計37をとった．

65歳を定年とするもの37校(31.9%)，70歳を定年とするもの39校(33.6%)で，全体の65.6%が65歳か70歳を定年としている．また短期大学96校のうち，65歳を定年とするもの24校(25%)，70歳を定年とするもの同じく24校であり，全体の半数が65歳定年か70歳定年となっている．そこで，私立大学所属者の移動については，64歳までの移動者を自発的移動者として取扱い，65歳以上の移動者を非自発的移動者として取扱う．

以上の区分にもとづいて移動を分類した結果が，さきの第7.1表に示されている．その場合，非自発的移動においては，国公立大学を出発して国公立大学に到着した移動，および私立大学を出発して国公立大学に到着した移動は例外的なケースであろう．もちろん，例えば，60歳定年の国公立大学を定年退職して，その後65歳定年の他の国公立大学に再就職する場合もないわけではない．しかし，上の二つの移動のケースは，第7.1表をみても数が限られており，そこから何らかの傾向を読み取るには事例数が小さすぎる．そこで，以下の分析では，これらの移動は考察の範囲外におくことにする．

7.3 移動選好の予備的検討

われわれが以下の分析において明らかにしようとこころみるのは，自発的移動については移動供給者の選好スケールがどのようなものであり，非自発的移動については移動需要者の選好スケール，ないし移動の容易さはどのような形で現われるかということである．この点の検討をはじめるに当って，まず，移動に関して，どのような事実が観測されるかをみておこう．

Cummingsは，1971年日本の22大学につき，過去5年間に移動した550名の大学教員に対する移動者調査で250名から有効回答をえ，これを用いてその研究を進めた．その中で，移動者に移動に当って移動先大学の何に注目したか，順位をつけて3個挙げることを求めている．その第1位に挙げられた特色は，(1)移動先大学における移動者の専門分野の教員の質(13.8%)，(2)研究のための施設・設備(10%)，(3)他の大学や研究施設への距離(8.5%)，(4)大学に対する社会的評価(8.5%)，(5)学生の質(7.7%)，(6)給与(6.9%)であった．そして，

3個の特色全体の中で高いウェイトを占めた特色は，(1)大学に対する社会的評価(26.9%)，(2)専門分野の教員の質(26.2%)，(3)学生の質(23.8%)，(4)教員同士の人間関係や雰囲気(23.8%)，(5)研究のための施設・設備(21.5%)，(6)他の大学・研究施設への距離(16.2%)，(7)社会における大学の重要性(16.2%)の順になっていた(Cummings[10, pp. 143-144]).

そして,「他の大学であなたが働きたいと思われるところがありますか」という問に対する答えとして働きたいと思う大学の特性として掲げられたものは，(1)研究にとっての利点(専攻分野の大学院がある, 有能な教員がいる)，(2)大学の社会的評価, (3)大学の所在地(他の大学・研究機関・接触をもちたい組織に近いこと, 場合によっては自分の出身地に近いこと), (4)教育に関する条件(学生の質, 同僚との協力関係, 伝統), (5)経済的・身分的誘因など(給与, 昇進, 通勤時間, 管理運営の能率, 教育目標, 運営手順の明確性)であった. そして，その選好の順序は, 一般的には, (1)＞(2)＞(3)＞(4)＞(5)であったという(Cummings[10, pp. 144-145]).

われわれが, 移動の分析で使用することのできるデータは, 大学・学部(研究所)・担当科目・地位・学位・生年について特定の属性をもつ個人が, 何時の時点で他の大学・学部・担当科目・地位に転じたかということでしかない. 賃金関係のデータは残念ながら利用できない. しかし, Cummingsの調査でも明らかにされているように, 少くとも日本の大学教員の移動に関しては, 大学間の賃金の差はあまり問題にならないであろう. とくに, 国立大学間の移動では, 賃金水準の差は全く問題にならない. ただ, 国立大学と私立大学との間の移動に対し, 年金制度の違いが移動の障害になる可能性はある. また国立大学と私立大学の給与ベースの違いが, それらの間での移動の阻害要因となる可能性はある. このことを念頭においた上で, われわれのデータからどのような事実が観測されるか調べてみよう.

移動供給者は, 移動需要大学の研究・教育条件に重大な関心をもつであろう. そのことについて, 一つの見方として, 専攻分野の大学教員の数が多い大学ほど, 研究・教育条件が整っているという考え方がありうる. 研究・教育条件の

指標として大学所属のエコノミスト数を用いるわけである．そこで，A大学からB大学への移動がある場合，A大学を出発大学，B大学を到着大学とよび，出発大学の所属エコノミスト数より到着大学のそれの方が大きいケースがどれほどあるかを調べてみよう．

第2に，多数のエコノミストをその出身者として輩出した大学ほど，その研究・教育条件が優れ，また経済学関係の大学として大学教員から高い評価をえているということも考えられる．そこで，出身エコノミスト数を指標として用い，出発大学の出身エコノミスト数より到着大学のそれが大きくなる傾向があるかどうかをみよう．

第3に，大学院の有無，修士課程の有無，博士課程の有無が，研究・教育条件などの指標となる可能性もあろう．そこで，大学院のない大学から出発して修士課程あるいは博士課程のある大学へ到着しているケース，修士課程はあるが博士課程のない大学から出発して博士課程のある大学へ移動しているケース，これらが全体の移動数の中で占める割合を検討してみよう．この場合，大学院の存否は，われわれが用いる時期区分の最終時点，すなわち1963年5月末，68年，73年，78年，83年の各年の6月末によって定める．

第4に，大学の地理的位置と研究条件の関係を考えると，大学や研究機関の集中している東京とその周辺や京阪神地域は，その他の地域より研究条件において優れていると考えられ，そのことが移動における選好に現われるかもしれない．あるいは，研究条件に加えて，あるいはそれとは別に，大都市生活への嗜好がある場合には，東京圏や京阪神圏への移動が選好されるかもしれない．そこで，東京都・埼玉県・神奈川県・千葉県を東京圏とし，また京都府・大阪府・兵庫県を京阪神圏として，それ以外の地域の大学からこれら両地域の大学への移動の比重をみてみよう．この場合，ある大学の所在地は，その大学の本部の所在地によって決定する．

さて，大学の地理的位置と移動との関係を問題にすると，移動コストと移動に関する情報入手の容易さ，あるいは他大学(移動需要大学)の教員との接触の濃淡が，移動に与える影響を考えなければならないであろう．つまり，大学間

の距離が近いほど,ここで述べた要因がそれらの大学間での移動に対してプラスに働くであろう.そこで第5に,到着大学が出発大学の近隣であることが移動発生にどの程度の影響を及ぼしているかをみよう.この場合,近隣地を出発大学(本部)所在地の都道府県およびそれに陸続きで隣接する都府県によって定義する.

第6に,大学教員供給のブロック化現象と移動との関係をみてみる.新堀通也[49, pp. 93-94]は,各大学の教員の出身大学別構成比を検討し,その構成比(系列率)の高い大学は系列元の親大学と同一地方にあることを明らかにした.また藤村正司[15, pp. 87-88]は,新堀の1962年に関する分析と比較して,82年には同一県内の系列化は低下したが,北海道・東北・関東・中部・近畿・中国と四国・九州の7ブロックでの系列化が進行していることを明らかにした.

大学教員の供給に関してこのようなブロック化があり,大学教員がその出身大学の近隣域(第5で述べた近隣地より広い地域)およびその周辺の大学に職をえているとすると,この情況に第5で述べた近隣地という要因の移動への影響を重ねて考えると,出身大学の近隣域への移動が選好されるという傾向が現われる可能性がある[4].

また,大学教員の供給源泉となっている大学の周辺(これは第5で述べた近隣地よりさらに狭い)には,比較的に他の大学や研究機関も集中しており,第4で述べた東京や京阪神の移動に及ぼす効果が,小型化されて発生する可能性もある.そして,大学教員が出身大学の周辺にいることは,研究についての情報の獲得・研究会への参加など,いろいろの形で優れた研究条件を与えることになる.出身大学の近隣域への移動には,このような出身大学周辺地への移動も含まれることになる.

そこで,全国を北海道・東北(青森・岩手・秋田・宮城・山形・福島)・関東(栃木・群馬・茨城・埼玉・東京・神奈川・千葉)・北陸(新潟・富山・石川・福井)・中部(山梨・長野・静岡・愛知・岐阜)・近畿(三重・滋賀・京都・大

---

4) 山野井敦徳[59, p. 159]は,移動の一つのタイプとしてブロック内移動があるとする.この種の移動が,ここでわれわれの問題としている移動現象の一部である.

阪・兵庫・奈良・和歌山)・中国(鳥取・島根・岡山・広島・山口)・四国(徳島・香川・愛媛・高知)・九州(福岡・佐賀・長崎・熊本・大分・宮崎・鹿児島・沖縄)の9地域に区分し,出身大学がこれら地域の一つに属するとき,その地域を出身大学の近隣域と定義する.そして,ある移動が,出身大学の近隣域に対して行われるか否かをみよう.

第7に,寒冷地に位置する大学より,温暖地に位置する大学が選好され,寒冷地から温暖地への移動が起こる傾向はないか.この点を検討する.このため,全国を北海道,東北・北陸,その他の3地域に分け,寒冷から温暖への順序を,北海道>東北・北陸>その他とする.

第8に,大学教員が,その出身大学への移動を選好し,あるいは,大学がその出身者を移動によって受入れることを選ぶとした場合,それは全体の移動でどれほどの割合を占めているであろうか.この点を検討する.

第9に,地位の昇進が移動の誘因となっているであろうか.この点をみるため,地位の順序を学長>教授>助教授>講師として,移動とともに地位の上昇がどれほど起こっているかを調べる.

第10に,移動需要側の選好要因となる可能性のあるものとして,移動供給者が経済学博士号をもっているかどうかをみてみよう.

そして,第11に,経済学博士だけでなく,他の博士号(Ph. D. を含む)の有無を調べてみよう.

以上の11個の事項を検討するに当って,自発的移動者を,国公立大学から国公立大学への移動者,私立大学から国公立大学への移動者,国公立大学から私立大学への移動者,私立大学から私立大学への移動者の4群に分かち,また,非自発的移動者を,国公立大学から私立大学への移動者,私立大学から私立大学への移動者の2群に分かち,これらの集団について,それぞれの事項の百分率を求めてみよう.

第7.1図には,その上部に自発的移動の4群について,またその下部に非自発的移動の2群について,移動数中の各事項の発生した割合が示されている.この場合,自発的移動の4群に関して,左から右に,一般的に高い割合となっ

第 7.1 図　移動へ影響を及ぼす要因の検討

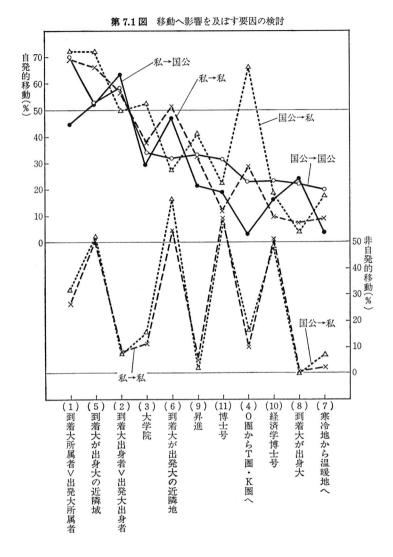

た事項から低い割合となった事項の順に並べてある．図の最下部に示した事項内容の上のカッコ（　）の中の数字は，さきに述べた事項検討の順序を示している．

　まず，自発的移動についてこの図を検討する．第1に，各事項の移動に対する一般的な重要度をみよう．各事項の中で大学所属のエコノミスト数でみて，規模の大きいことが，移動に際しての選好に最も重要視されているようである．移動数のうち大規模への移動が70％を占めているからである．各大学の出身者数の大小によってその規模をみても，所属者数の場合とほぼ同様の結果となるが，所属者基準でみる場合よりも，少し百分率の水準が低下する．いずれにしても，所属者が多く，出身者も多い大学が，研究・教育の条件が整っているとして，移動に際して選好されることとなるのであろう．また，大学院の存否，その程度の高低もこれらの事項と関連していよう．その百分率は比較的高い値となっている．

　これらの事項に対して，到着大学が出身大学の近隣域という事項には，研究条件も関係はしているが，移動コスト・情報・人的接触などの要因が強く作用していよう．それが，大学所属者数の大小という事項と並んで，高い百分率の値を示している．そして，到着大学が出発大学の近隣地という事項で，大学院の場合と同水準の百分率の値がみられることは，移動に際しての移動コストなどの選好に及ぼす影響の強さを物語っている．

　自発的移動の(1/3)前後のものについて地位の昇進が起こっている．したがって，移動と昇進とはある程度関係をもつかもしれない．それに比べると，博士号や経済学博士号の有無は，自発的移動に関して説明要因としての重要度は低い．第7.1図では，東京圏・京阪神圏以外から東京圏・京阪神圏への移動を，「O圏からT圏・K圏へ」として示してある．これについての百分率は4群の間でばらつきが大きい．そのことについては後にふれる．到着大学が出身大学というのは，私立から国公立への移動および国公立から国公立への移動でややその傾向がみられる．また，寒冷地から温暖地への移動は，余り多くはないが，国公立から国公立また私立への移動で，ややそれが選好される傾きがあるのか

もしれない．(寒冷地には一般に大学が少なく，そして特に私立大学が少ないことを考えると，この事項の百分率が低いことから，寒冷地の大学の所属者が温暖地への移動の選好を余り強くもっていないとはいいえないであろう．この事項の寒冷地の大学所属者にとっての重要度をみるためには，寒冷地からの移動者の中で寒冷地から温暖地に移動する人がどれほどいるかをみなければならないであろう．)

さて次に，自発的移動の4群のそれぞれについてみると，国公立から国公立への移動と私立から私立への移動においてはその事項百分率について全体としての自発的移動に関する事項百分率の一般的大小関係とほぼ同様な傾向がみられる．ところが，国公立から私立への移動と私立から国公立への移動では，事項百分率の大小関係に少々特徴的な様相が現われる．まず，国公立から私立への移動では，東京・京阪神以外から東京圏・京阪神圏への移動の割合が，他に比べて極めて高い値を示す．これは，地方国公立大学から東京圏と京阪神圏の私立大学への移動であり，地方国公立大学所属者には，東京圏・京阪神圏の研究上のメリットが移動の選好に強く働いていることを示す．

これに対して，私立から国公立への移動では，この百分率値は極めて低くなる．それを裏からいうと，そこには東京圏・京阪神圏の私大所属者がその他の地域にある国公立大学への移動を選好する傾向のあることが含意されている可能性がある．ここでは，国公立大学の研究・教育条件の上でのメリットが何らかの形で評価されているといわなければならないであろう．

それと同時に，私立から国公立への移動者では，事項百分率の高低の順序が，他の場合と違って出身者の大小が第1位になり，所属者の大小が第3位となっている．これは，一般的にいって私立大学はその所属者数でみてスケールが国公立大学の場合より大きく，そこからの移動についての規模に関する指標としては，むしろ出身者数の方が適当であることを示していると思われる．

予想されていたことではあるが，以上の自発的移動の場合と比べ，非自発的移動の場合には相当違った事項百分率の値が観測される．ここでは，国公立から私立への移動と私立から私立への移動が，ほぼ同様の百分率パターンを示し

第7章　エコノミストの移動　　　　　　　　　　161

ており,「到着大学が出発大学の近隣地」という事項と「博士号」の事項が最も高い値を取っている．そして,「到着大学が出身大学の近隣域」と「経済学博士号」の事項百分率の高さがこれに次ぐ．このうち,「到着大学が出発大学の近隣地」という事項が極めて高い百分率値となることは，非自発的移動で移動供給側が近隣への移動を移動コストなどの点から選好していることを示すと同時に，移動需要側も近隣地の情報入手の容易さなどの便益を利用していることを示すであろう．また，経済学博士号や博士号の保有者が非自発的移動に多いのは，移動需要側が博士号保有者の受入れを選好しているからかもしれない．

　これらの事項の百分率値に対して，到着大学と出発大学の出身者の大小，大学院の存否，昇進で低い百分率となる．

7.4　移動行列の作成

　以上の観測結果を念頭において，自発的移動における移動供給者の移動選好スケール，および非自発的移動における移動需要者の移動選好スケールないし移動の容易さについて検討を加えよう．われわれのもっているエコノミストの個票データから，移動に作用している選好スケールの状態などを定量的に明らかにするのは必ずしも容易ではない．以上の予備的検討の結果を踏えていろいろ検討を加えた末，次の方法を採ることにした．

　移動に関してある分類基準を定めると，われわれのもっているデータを用いてその分類区分にしたがった移動が何回発生したかという一種の度数分布がえられる．例えば，大学の所属エコノミスト数によって各大学の規模をいくつかに定め，各大学をこの規模分類によって分類する．そして，移動者がどのような規模の大学から出発し，どのような規模の大学に到着したかを調べる．そうすると規模間の移動度数を示す，規模間移動行列がえられる．これは一種の度数分布表である．この度数分布が，移動供給者は小規模大学より大規模大学を選好するという選好スケールをもっているという仮説でどれだけ説明できるか，説明できるとした場合，その選好スケールはどのようなものか，そしてその選好スケールの移動に与える影響の大きさはどのようなものか，こういった点を

調べてみようというのである．

　しかしその場合，移動供給者は，例えば規模といったただ一つの選好基準だけではなく，そのほかの選好基準ももっていよう．したがって，複数の選好スケールの状態とそれらが移動に及ぼす相対的な効果とを明らかにすることが必要とされよう．この分析のためには，複数個の選好基準をクロスさせて移動を分類しなければならない．その際，移動の分類では常に出発大学と到着大学とが対応づけられることになるので，出発側と到着側をそれぞれいくつかの分類規準で分類した移動行列上の移動度数分布がえられることになる．

　さて，それではどのような分類基準をとるか．一つには，出発大学側と到着大学側をそれぞれ何らかの形で規模分類する必要があるように思われる．そしてまた，出発側と到着側を地域的に分類することも必要であろう．加えて，出発大学が国公立であるか私立であるか，そして到着大学が国公立であるか私立であるかということも，移動に際しての移動供給者なり移動需要者なりの選好スケールに関連をもつように考えられる．

　予備的検討でみられた事実を踏え，大学の規模分類は所属エコノミスト数によることにし，1958～63年，63～68年，68～73年，73～78年，78～83年の各期について，各期の最終時点における各大学の所属エコノミスト数にもとづき，最初は，0～9人，10～19人，20～29人，30～39人，40～59人，60人以上の6個の規模に分類した．その上で，後に述べるような回帰分析をこれらの6規模分類，およびそれをまとめて少数の規模分類とした場合についてこころみた．しかし，試行錯誤の後に，結局，この6規模間移動を小規模大学より大規模大学への移動と，大規模大学から小規模大学への移動にまとめることにした．その際，6規模間移動の分類で生ずる同規模間の移動は，自発的移動では小規模から大規模への移動に含め，また非自発的移動では，逆に大規模から小規模への移動に含めた．

　また，地域分類も比較的少数の分類とするため，東京圏・京阪神圏・その他の3分類を採ることにした．これに国公立と私立の設置者の分類を加えると，自発的移動の場合には，各期間について，規模に関して2分類，地域に関して

第7章　エコノミストの移動

9分類，設置者に関して4分類，合計2×9×4=72分類がえられる．また，非自発的移動の場合には，設置者間の移動分類として，国公立から私立への移動と私立から私立への移動のみに注目するので，2×9×2=36分類の移動型がえられることになる．

この分類についての大観をうるため，全期間について集計した移動行列を示しておこう．第7.5表は，自発的移動についてのこの移動行列である．この表で，小→大は小規模大学から大規模大学への移動を，そして大→小は大規模大学から小規模大学への移動を示す．第7.6表と第7.7表は，第7.5表を地域間移動，あるいは設置者間移動に縮約したものである．

第7.5表〜第7.7表をみていえることは，まず，各地域内の移動が地域間の移動に比べて相対的に大きなウェイトをもっているということである．そしてその場合，京阪神圏とその他地域では，国公立→国公立，私立→国公立，私立→私立の移動の割合が高い．特に，その他地域での，国公立→国公立のウェイトの大きいのが目立つ．東京圏の場合には，私立→国公立，私立→私立の移動

第7.5表　自発的移動行列(1) (1958-83年)

到着		出発	東京圏		京阪神圏		その他	
			国公	私	国公	私	国公	私
東京圏	国公	小→大	9	29	5	1	18	1
		大→小	1	10	1	0	2	1
	私	小→大	6	66	1	7	31	35
		大→小	3	12	1	4	5	5
京阪神圏	国公	小→大	2	6	17	17	18	2
		大→小	1	1	7	6	3	1
	私	小→大	1	3	4	10	17	18
		大→小	0	2	5	5	0	5
その他	国公	小→大	9	13	5	4	60	27
		大→小	0	15	7	18	15	13
	私	小→大	0	4	0	3	5	30
		大→小	0	2	0	3	1	7

第7.6表　自発的移動行列(2)

到着＼出発	東京圏	京阪神圏	その他	計
東京圏	136	20	98	254
京阪神圏	16	71	64	151
その他	43	40	158	241
計	195	131	320	646

第7.7表　自発的移動行列(3)

到着＼出発	国公	私	計
国公	180	165	345
私	80	221	301
計	260	386	646

量は大きいが,国公立出発の移動量は小さい.

　第2に,さきの予備的検討で明らかになった,その他地域から東京圏・京阪神圏への移動割合が,国公→私の移動で高く,私→国公の移動で低いという事実に対応して,その他地域の国公立出発の東京圏・京阪神圏の私立への移動が,比較的ドミナントな位置を占めており,他方,その他地域出発の私→国公の比重は小さくなっている.そしてさらにここで明らかになったことは,その他地域の国公立と私立出発の東京圏・京阪神圏の私立への移動が相当大きいことである.

　第3に,東京圏・京阪神圏出発の移動では,そこでの私立からその他地域の国公立への移動の大きさが目立つ.これは,上述のその他地域の国公立から東京圏・京阪神圏の国公立と私立,および私立から私立への流れと逆の流れをなすものであり,前者が国公立大学の吸引力を示すとすれば,後者は大都市圏の吸引力を示している.

　予備的検討においてもふれたが,東京・京阪神以外の地域の内部での移動では,以上でみた地域間移動を小型化したような,各地方中心都市とその周辺地

第7.8表 自発的移動受入れの多い大学(1958-83年)　(単位:人)

東京圏				京阪神圏				その他			
東京	26	神奈川	8	立正	4	京都	20	関西	6	筑波	22	滋賀	6	岡山	5
中央	21	日本	8	立教	4	大阪	18	龍谷	6	九州	13	静岡	6	福岡	5
一橋	17	東京経済	8	明治	4	神戸	14	大阪経済	5	東北	10	富山	6	西南	5
青山学院	13	創価	6	帝京	4	立命館	12	同志社	5	広島	10	高崎経済	5	九産大	4
法政	12	学習院	6	国学院	4	大阪市立	11	京産大	4	名古屋市立	9	長崎	5	愛知	4
千葉	12	千葉商科	6			甲南	8	神戸商科	4	北海道	9	佐賀	5	高知	4
専修	11	早稲田	5			大阪府立	7			金沢	7	香川	5	和歌山	4
東洋	9	成蹊	5			関西学院	6			大分	6	名古屋	5		

域との間の移動が起こっている可能性が強い．いま1958〜83年の全期間について，自発的移動に関し到着大学別に移動受入数の多い大学を示すと第7.8表のようになる．このうちその他地域において，九州の福岡市で九大13，福岡大5，西南大5，九産大4があり，東北の仙台市で東北大10，中国の広島市で広大10，中部の名古屋市およびその周辺で名古屋市立大9，名古屋大5，愛知大4，北海道の札幌市で北大9が比較的高い受入数を示している．この流れは，東京圏・京阪神圏以外からこれら両圏への流れを小型化した移動が起こっているであろうことを暗示する．因みに，その他の地域では旧高等商業学校(大分・滋賀・富山・長崎・香川・名古屋・和歌山)の移動者受入れが高くなっていることが目立つ．

第4に，自発的移動の地域間・設置者間のいずれの流れにおいても，小規模大学から大規模大学への移動が支配的となっている．全体として，小規模から大規模への移動が484であるのに対し，逆の流れは162である．ただ，東京圏・京阪神圏の私立からその他地域の国公立への移動において，それとは逆の傾向がみられる．それは，移動の中には，大規模大学選好の傾向があると同時に，私立より国公立選好の傾向も存在し，前者に比べ後者が支配的となるのがここで問題としている移動である．

第5に，設置者間の各移動タイプについて，地域間の流れの流入と流出の差として純流入を計算してみると，第7.2図に示したような純流入の図がえられる．この図でTは東京圏，Kは京阪神圏，Oはその他の地域を示す．私→国公

第7.2図 自発的移動の設置者間・地域間の純移動

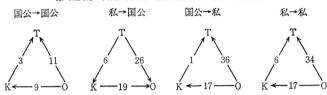

の移動を除き，京阪神とその他から東京への集中，その他から京阪神への純流出がみられる．これに対して，私→国公の移動では逆の流れがあり，東京圏から京阪神圏とその他の地域への純流出と京阪神圏からその他地域への純流出がみられる．これらの流出入で，東京圏は総計59のプラス，京阪神圏は20のプラス，その他の地域は79のマイナスとなっている．

目を非自発的移動に転ずると，第7.9表およびそれを縮約した第7.10表，第7.11表の移動行列がえられる．第1に，ここでも各地域内部での移動が大きなウェイトを占めている．その場合，各地域での国公立大学と私立大学の，構成における相対的な規模の大小を反映して，東京圏では私→私の移動数が国公→私の移動数より多くなっているが，京阪神圏とその他の地域では，逆に国公→私の移動数の方が大きくなっている．

第2に，東京圏・京阪神圏からその他の地域への移動が，各地域内部の移動に次ぐ大きさをもっている．そして，それらに次ぐのが，その他の地域から東京圏・京阪神圏への移動である．前者には，東京圏・京阪神圏からその周辺部への移動が，また後者には，その逆の流れが相当に存在しよう．

第3に，自発的移動の場合と逆に，非自発的移動では大規模大学から小規模大学への流れが圧倒的となる．これは，移動需要側の選好，ないしはこの種の移動での移動の容易さを示しているものと考えられる．ところが，その一般的傾向に反する動きを示すのが，その他の地域から東京圏・京阪神圏への移動である．ここでは小→大の流れが大→小の流れとほぼ同程度か，場合によっては大きくなることもある．その理由の一つには，その他地域の国公立大学の規模が東京圏・京阪神圏の私立大学のそれより一般的に小さいということがあろう．

第7.9表 非自発的移動行列(1)(1958-83年)

到着		出発	東京圏		京阪神圏		その他	
			国公	私	国公	私	国公	私
東京圏	私	小→大	7	11	1	1	12	6
		大→小	38	67	4	0	13	2
京阪神圏	私	小→大	0	3	7	2	10	7
		大→小	0	4	49	31	7	8
その他	私	小→大	0	3	1	3	17	6
		大→小	7	30	19	17	64	17

第7.10表 非自発的移動行列(2)

出発\到着	東京圏	京阪神圏	その他	計
東京圏	123	6	33	162
京阪神圏	7	89	32	128
その他	40	40	104	184
計	170	135	169	474

第7.11表 非自発的移動行列(3)

出発\到着	国公	私	計
私	256	218	474

第4に,国公→私,私→私の移動のそれぞれについて,地域間移動における純流出入をみると,第7.3図に示したようになる.この場合,国公→私の移動では,自発的移動の場合の一般型と同様に東京圏への集中がみられるが,その一般型と逆に京阪神圏からその他地域への純流出がある.その結果,東京圏は23の純流入,京阪神圏は8の純流出,その他地域は15の純流出となっている.また私→私の移動では,自発的移動の場合の私→私の移動と流れが逆転し,自発的移動の場合の私→国公の流れと同型になる.そして,東京圏が31の純流出,京阪神圏が1の純流入,その他の地域が30の純流入となっている.以上二つの流れを総計すると,東京圏は8の純流出,京阪神圏は7の純流出,その他

第7.3図 非自発的移動の設置者間・地域間の純移動

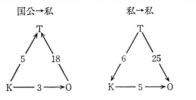

地域は15の純流入となる.

このうち,第1の国公→私の移動での東京集中型は,東京圏に多くの私大が存在するということとともに,東京圏私大の移動需要者が,国公立大学よりの移動者を選好していることと関係しよう.また,第2の私→私の移動でのその他地域集中型は,その他地域の私大が東京圏私大なり京阪神圏私大なりからの移動者に選好をもつことを示しているといいえよう.

7.5 移動選好表分析のモデル

さて,われわれは,以上の移動行列を1958~63年,63~68年,68~73年,73~78年,78~83年の5個の期間別に作成し,自発的移動については72分類からなる移動行列を5個作成する.したがって,標本数は72×5=360となる.また非自発的移動については,36分類からなる移動行列を5個作成し,36×5=180の標本をうる.この360個の,あるいは180個の移動度数を検討して,自発的移動供給者の移動に際しての選好表,あるいは非自発的移動需要者の選好表,ないし非自発的移動の発生の容易さの傾向を推定することをこころみる.

まず,自発的移動について考えよう.移動供給者の移動に関する選好表を明らかにしようとするとき,彼等をなるべく同質の群に分類しておく必要がある.例えば,東京圏の移動供給者が,東京圏それ自体,京阪神圏,その他の地域に関してもつ選好は,その他の地域の移動供給者が,東京圏,京阪神圏,その他の地域それ自体に対してもつ選好とは異なるであろう.ここには,地理的位置のもつ研究・教育上の条件の差とともに,移動コスト・情報入手の容易さ・人的接触などの差がともに影響する.したがって,各地域別に移動供給者の地域

第7章　エコノミストの移動

に関する選好状況を区別して検討する必要がある．それと同様に，国公立大学からの移動供給者と私立大学からの移動供給者は，他の国公立大学と他の私立大学への移動について違った選好スケールをもっている可能性がある．そこで，東京圏国公立大学からの移動者，東京圏私立大学からの移動者，京阪神圏国公立大学からの移動者，京阪神圏私立大学からの移動者，その他地域国公立大学からの移動者，その他地域私立大学からの移動者の6群に分け，それぞれについてその移動選好表を検討することにする．この場合，各群についての移動度数の標本数は，360÷6＝60である．

　この各群についての移動選好関数を設定しよう．まず，移動者の大学設置者についての選好——国公立大学を選好するか，私立大学を選好するか——を考えよう．この場合，国公立大学からの移動者は，国公→国公の移動と国公→私の移動との間について選好を行う．通常いわれるように，国公立大学の研究・教育条件が私立大学のそれに比して優れているならば，他の条件は一定にして，国公立大学への移動が，私立大学への移動に比べて選好されると考えられる．また，これまでのわれわれの検討において，東京圏・京阪神圏の私立大学からその他の地域の国公立大学への移動が起こる傾向がみられたが，それは以上のことと関係しているといいえよう．そこで，国公→国公の移動を基準として，これにゼロの値を与えるとき，国公→私の移動に対して(−1)の選好度をもつと前提する．

　他方，私立大学を出発して移動する場合には，私→国公の移動と私→私の移動の間の選択が起こる．この場合，私→私の移動を基準として，これにゼロの選好度を与えるとすれば，国公立大学出発者の場合と同様の理由づけにより，私→国公の移動に(＋1)の選好度をもつと前提してもよかろう．

　以上の設置者間移動についての選好表をx_1という変数で表わす．もしx_1についておいたわれわれの想定が正しいとすると，x_1は，他の条件を一定とすれば，移動度数に対して正の効果を及ぼすはずである．

　第2に，地域間移動についての選好表を考える．この場合，東京圏出発者・京阪神圏出発者・その他地域の出発者は，それぞれ自己圏内の移動，他の地域

への移動をどのように評価し，その選好表はどのようになっているのであろうか．この場合，さきの設置者間の移動のように，選好スケールが二つの値に限定されていない．したがって，先験的には三者の間の相対的重要度を一意的に定めることはできない[5]．

そこで，各地域から出発の移動群について，地域間選好表 x_2 にいく組みかの値を与えその結果をみた上で，ある選好表を初期条件として与えることから出発して，逐次的に推定を改善してゆく方法をとる．それについては後に述べる．

第3に，移動に際して，移動供給者は大学の規模に注目するのではないかという仮説を考える．われわれは，大学の規模を大学に所属するエコノミスト数によって把えている．そして，小規模から大規模への移動と大規模から小規模への移動の選好を検討するような形でデータを分類している．そして，自発的移動では，小規模から大規模への移動が逆の流れよりより選好されるものという仮説を立て，前者に（＋1），後者にゼロの値を与え，これを x_3 という選好表変数で示す．この x_3 の移動に与える効果は正であるというのがわれわれの仮説である．

以上の選好表変数 x_1, x_2, x_3 により自発的移動度数 m_v を説明する関係を考え，x_1, x_2, x_3 の m_v への影響度，ないし x_1, x_2, x_3 を含む移動選好表全体の形を回帰分析によって推定しようとするのが以下で採られる方法である．その場合，われわれの移動行列に示される移動度数が，設置者別・地域別のエコノミスト母集団のサイズと関係をもっているであろうという問題がある．例えば，東京圏国公立大学出発の移動度数は，東京圏国公立大学所属者数と正の関係を

---

5) この場合，時系列分析において，季節変動の説明のためダミー変数を導入するのと同様な方法をとることが考えられる．例として東京圏出発の場合を考えると，地域間選好変数 x_2 を x_{21}, x_{22}, x_{23} の3個に分割し，東京圏→東京圏の移動を示す x_{21} にはこれを選好表の基準として常にゼロの値を与え，x_{22} には東京→東京のときゼロ，東京→京阪神のとき1，東京→その他のときゼロの値を与え，そして，x_{23} には東京→東京のときゼロ，東京→京阪神のときゼロ，東京→その他のとき1の値を与えて，統計的分析を行うことが考えられる．この点は江口英一氏の教示に負う．ただし，この方法では，地域間選好表とその選好表全体の移動に及ぼす効果とを分離して推定することができない．そこで差し当って別の方法をとる．ただし，後にこの方法による検討も行い，以下で展開する別の方法の結果についてのチェックを実施する．

もつであろう.

さらに，われわれは期間別のデータをプールして使用する．この場合，二つの問題が起こる．第1は，われわれの問題とする5個の期間において，第6章で明らかにしたように，エコノミスト労働市場で超過需要と超過供給が交替的に発生していたということに関係する．すなわち，この章の初めにふれたように，超過需要が発生している場合にはそうでない場合よりもより多数の移動が発生する可能性があるし，逆の場合は逆である．そこで，第6章の分析に照し，58～63年を超過供給期，63～68年を中間期，68～73年を超過需要期，73～78年を中間期，78～83年を超過供給期とし，超過供給期には(-1)，中間期には(0)，超過需要期には$(+1)$の値をとる超過需給変数x_4をわれわれの分析に導入する．

第2に，期間別のデータをプールするとき，期間から期間に亘ってのエコノミスト労働市場全体の成長状況を示す変数を説明変数として導入する必要があろう．このため，時間変数tを導入することも考えられる．しかし，さきに述べたように，移動変数の大きさは母集団サイズにも依存する．そこで，母集団サイズを示す変数を説明変数として導入することにすると，その変数がまたエコノミスト労働市場の成長状況を示すことにもなり，時間変数の導入は不要となる．この考え方に立ち，母集団サイズを示す変数を説明変数として導入する．この場合，ある移動の発生には，移動者が出発した母集団と，それが到着した母集団の両者が関係をもつ．そこで，各期の移動度数を説明する変数として，出発母集団サイズx_5と到着母集団サイズx_6を加える．この場合，x_5は，6個の出発群のそれぞれについて，期間初期年と最終年における，国公立大学については59歳までの，また私立大学については64歳までの人員の平均値によって代表させることにする．また，x_6には，設置者別・地域別の到着母集団の期間初期年と最終年の所属者数平均値をあてる．

以上によって，自発的移動度数m_vを説明する関係式として

(7.1) $\quad m_v = a_0 + a_1 x_1 + a_2 x_2 + a_3 x_3 + a_4 x_4 + a_5 x_5 + a_6 x_6$

を想定する．この場合，$a_j > 0$ ($j=1, 2, 3, \cdots, 6$) と想定している．

次に，非自発的移動についても，以上とほぼ同様な方法を用いて回帰分析を行う．ただしかし，非自発的移動の場合には，さきに述べたように，実現された移動の中に移動供給者の選好より，むしろ移動需要者の選好，ないし移動の容易さが現われていると考えるべきであろう．そうすると，非自発的移動度数 m_i を到着大学側からみなければならない．前述のように，非自発的移動の分析では到着大学として私立大学だけを考えるので，その移動度数を，東京圏私立大学到着のもの，京阪神圏私立大学到着のもの，およびその他地域私立大学到着のものの3群に区分し，それぞれについての移動需要側の選好表を検討する．

その際，設置者間移動は，国公→私と私→私の2種類となり，需要側の選好表として，自発的移動の場合と同様に，前者に(-1)，後者に(0)の値を与える．そうすると，(7.1)式の a_1 に当る係数は，今度はマイナス値をとるものと期待されることになる．それは，移動需要者側が，私立大学より国公立大学からの移動をより選好することを意味する．あるいは，そのことは，私→私の移動より国公→私の移動の方が実現されやすいことを意味する．

地域間移動選好表 x_2 については，自発的移動の場合と同様の手法を用いる．ここには，移動供給者の意向も反映される可能性があるけれども，移動需要者側の選好も反映されていると考えるべきであろう．a_2 について期待される符号はプラスである．規模選好表変数 x_3 についても，自発的移動の場合と同様の方法をとる．けれども，ここでも移動需要者側の選好，ないし移動の容易さが顕現すると考えられるので，a_3 の期待される符号はマイナスである．以上の想定の下に，非自発的移動 m_i について

(7.2) $\qquad m_i = a_0 + a_1 x_1 + a_2 x_2 + a_3 x_3 + a_4 x_4 + a_5 x_5 + a_6 x_6$

とする．ただし，x_5 は，ここでは，もちろん国公立大学60歳以上の，また私立大学については65歳以上の人員が出発母集団サイズを示すものとしてとられる．x_6 は自発的移動の場合と同様である．

7.6 移動選好表の回帰分析[6]

まず, (7.1)式を用いた自発的移動についての回帰分析の結果を示そう. 東京圏をT, 京阪神圏をK, その他地域をO として, 地域間移動を, T→T, T→K, T→O などとして示すと, 7.5節で述べた地域間選好表 x_2 の初期値として

$$\text{東京圏出発の場合} \quad x_2 \begin{cases} = (\;\; 0, & -1, & -1\;\;) \\ = (\;\; 0, & -0.5, & -1\;\;) \end{cases} \quad \begin{matrix} \text{T→T} & \text{T→K} & \text{T→O} \end{matrix}$$

$$\text{京阪神圏出発の場合} \quad x_2 \begin{cases} = (\;-1, & 0, & -1\;\;) \\ = (-0.5, & 0, & -1\;\;) \end{cases} \quad \begin{matrix} \text{K→T} & \text{K→K} & \text{K→O} \end{matrix}$$

$$\text{その他の地域出発の場合} \quad x_2 \begin{cases} = (\;-1, & -1, & 0\;\;) \\ = (\;\; 0, & -1, & 0\;\;) \\ = (-0.5, & -1, & 0\;\;) \end{cases} \quad \begin{matrix} \text{O→T} & \text{O→K} & \text{O→O} \end{matrix}$$

を交替的に与え, まず回帰計算を行ってみる. その結果, 最も決定係数の高くなった場合の推定結果を示すと, 第7.12表のようになる. ここに, x_2 は, すべての地域出発の場合について, 上記の上段のケースとなった. (x_5, x_6 の単位は1,000人とした. 以下同様.) a_j の推定値についてのカッコ内の計数は, 推定値に関する t 値であり, $\bar{R}^2$ は自由度調整後の決定係数である.

推定結果の吟味は, 後に示す最終結果について行うこととし, 推定改善の方法を述べる[7]. まず, 第7.12表における a_i の推定値 $\hat{a}_i$ と x_2 以外の x_j を所与

---

[6] この節での分析に関係する計算を終えた後で, 自発的移動について一つの移動が計算漏れとなっていることを発見した. それは, 1972年6月30日から73年6月30日までの間に起こった, その他地域の国公立大学から東京圏の国公立大学への, そして小規模大学から大規模大学への移動である. 前節までの検討は, すべてこの計算漏れを修正した後の計数にもとづいて行われている. しかし, この節で述べる分析には多量の計算が含まれており, そして以上の修正を行っても, 以下で示す回帰計算の推定結果に及ぼす影響は極めて小さいと考えられるので, 修正前の計数をそのまま用いることにする. ここで, この点を断わっておきたい.

[7] この方法を採用することについては, 刈屋武昭氏の教示に負う.

第7.12表 自発的移動の選好関数（暫定推定）

	東京圏出発		京阪神圏出発		その他出発	
	国公立出発	私立出発	国公立出発	私立出発	国公立出発	私立出発
a_0	0.260 (0.252)	1.902 (1.096)	0.842 (0.534)	0.480 (0.654)	2.885 (1.450)	0.937 (1.067)
a_1	0.530 (1.809)	0.800 (0.866)	1.145 (3.966)	0.987 (2.095)	3.377 (4.409)	−0.810 (−1.407)
a_2	0.534 (1.856)	3.790 (4.172)	1.261 (4.188)	1.419 (2.886)	1.277 (1.771)	1.847 (3.405)
a_3	0.733 (2.892)	2.633 (3.290)	0.367 (1.495)	0.200 (0.500)	4.067 (6.049)	2.700 (5.342)
a_4	0.268 (1.571)	0.898 (1.678)	0.247 (1.450)	0.413 (1.547)	−0.135 (−0.298)	1.125 (3.317)
a_5	0.147 (0.316)	−0.058 (−0.343)	0.459 (0.702)	0.087 (0.455)	−0.361 (−1.093)	0.031 (0.216)
a_6	0.042 (0.886)	0.424 (2.817)	0.036 (0.733)	0.170 (2.084)	0.493 (4.119)	0.334 (3.713)
$\bar{R}^2$	0.198	0.451	0.396	0.151	0.513	0.583

として，x_2 がとる3個の値 x_{21}, x_{22}, x_{23} について

(7.3) $\quad \tilde{m}_v \equiv (m_v - \hat{a}_0 - \sum_{j \neq 2} \hat{a}_j x_j) = \hat{a}_2 x_{2r} + \epsilon_r, \quad r = 1, 2, 3$

を求める．ここに ϵ_r は誤差項である．この標本数は，60個の(1/3)，すなわち20個であり，その標本数を n とおく．

次に，x_{2r} を未知数として，それを誤差 ϵ_r の二乗和を最小にするように決定する．すなわち

(7.4) $\quad \sum \epsilon_r^2 = \sum (\tilde{m}_v - \hat{a}_2 x_{2r})^2, \quad r = 1, 2, 3$

であり，その極小の1階の条件は

(7.5) $\quad \dfrac{\partial \sum \epsilon_r^2}{\partial x_{2r}} = -2\hat{a}_2 \sum (\tilde{m}_v - \hat{a}_2 x_{2r}) = 0, \quad r = 1, 2, 3$

である．これより x_{2r} の値を $\sum x_{2r}$ の平均値 $\hat{x}_{2r}$ として求めると

(7.6) $$\hat{x}_{2r} = \frac{\sum \tilde{m}_v}{n\hat{a}_2}, \quad r = 1, 2, 3$$

である．このようにして，x_2 の第 2 次の推定値を求める．この新しい x_2 の値を用い，第 2 次の a_j の推定値を求める．以下同様にして，a_2 の推定値の変化が一定値以下に収束するまで，回帰計算を繰返し行う．これにより，a_j の推定値と x_2 の推定値を同時に決定する．その結果を示すと，第7.13表のようになる．x_2 の推定値は，この表の最上段に掲げた．

さて，この表をみると決定係数の値はそう高くはない．しかし，決定係数が

第 7.13 表 自発的移動の選好関数（最終推定）

	東京圏出発		京阪神圏出発		その他出発	
	国公立出発	私立出発	国公立出発	私立出発	国公立出発	私立出発
x_2	0.000 −1.129 −0.871	0.000 −0.997 −1.003	−1.092 0.000 −0.908	−1.327 0.004 −0.677	−1.393 −0.544 −0.063	−1.119 −0.876 −0.005
a_0	0.206 (0.200)	1.897 (1.094)	0.921 (0.586)	0.459 (0.660)	3.269 (1.645)	0.805 (0.942)
a_1	0.501 [0.940] (1.701)	0.804 [0.296] (0.871)	1.161 [0.950] (4.036)	1.054 [0.811] (2.324)	3.630 [1.252] (4.798)	−0.711 [−0.294] (−1.243)
a_2	0.558 [1.046] (1.922)	3.787 [1.394] (4.172)	1.277 [1.045] (4.283)	1.476 [1.135] (3.607)	1.336 [0.461] (2.172)	1.835 [0.759] (3.484)
a_3	0.733 [1.375] (2.898)	2.633 [0.969] (3.290)	0.367 [0.300] (1.503)	0.200 [0.154] (0.519)	4.067 [1.402] (6.133)	2.700 [1.117] (5.364)
a_4	0.267 (1.569)	0.898 (1.678)	0.249 (1.470)	0.411 (1.595)	−0.166 (−0.371)	1.117 (3.306)
a_5	0.192 (0.411)	−0.058 (−0.348)	0.423 (0.649)	0.060 (0.324)	−0.471 (−1.444)	0.006 (0.042)
a_6	0.033 (0.670)	0.425 (2.828)	0.042 (0.837)	0.192 (2.452)	0.575 (4.839)	0.366 (4.135)
$\bar{R}^2$	0.201	0.451	0.403	0.212	0.526	0.587

低いことは，この種の分析としては当然のことであり，むしろ0.5以上の値が出ている場合もあって，相当良好な結果となっているといえよう．ただ a_j の推定値をみると，理論的な期待に反するものがある．それは，東京圏私立大学出発の場合に，a_5 が，またその他地域の国公立大学出発の場合に，a_4 と a_5 が，そしてそこでの私大出発の場合に a_1 がマイナスの値をとっていることである．しかし，その他の a_j の推定値は，期待通りの符号をとっている．

われわれは，x_2 の推定値と，a_j の推定値のうち，特に a_1, a_2, a_3 の値に関心をもつ．これらの a_1, a_2, a_3 の値は，6個のケースのそれぞれにおける m_v の高さの違いに依存するので，それらの値をそのまま比較してもあまり意味がない．そこで，a_1, a_2, a_3 の推定値の m_v の平均値に対する比率を求める．それらは，a_1, a_2, a_3 の推定値の下にカッコ[　]の中に示されている．x_1, x_2, x_3 に，それぞれにある一定数を加えると，その平均値を1にすることができる．このとき，a_0 を除き a_j の推定値には変更は起らない．したがって，上に求めた値は，このように x_1, x_2, x_3 を変数変換した場合の m_v, x_1, x_2, x_3 の平均値における弾力性である．この値により，6個のケースを相互に比較しよう．

その比較に入る前に述べておきたいのは，a_3 の推定値についてである．第7.12表と第7.13表を比較すると，すべての場合について，a_3 の推定値はこれら二つの表において変化していないことがわかる．これは，われわれの推定においては，規模選好表 x_3 と他の説明変数との共分散が常にゼロになるという極めて特殊な状態が成立しており，そのため，a_3 の推定値が x_2 に関する想定を変更しても一定にとどまることになった．後に用いる別の推定方法を採ってもこのことが妥当し，第7.14表に示されているように，a_3 の推定値には変更が起こらない．

さて，まず地域間移動選好表 x_2 の推定値をみよう．三つの地域のそれぞれにおいて，地域内移動についての選好スケールの推定値はゼロまたはそれに近い値となっている．これを基準として，他地域への移動の選好スケールの値はすべてマイナスとなっており，地域内の移動に比べて，他地域への移動はより選好されないという結果となる．そのうち，東京圏出発と京阪神圏出発のその

他の地域への移動のうち，東京圏私大出発の場合を除いて，移動選好スケールの絶対値が1より小さくなっている．これは，東京圏なり，京阪神圏なりの周辺部への移動が，東京圏からの京阪神圏への，また京阪神圏から東京圏への移動より，移動コストが低く，情報の入手も容易であり，あるいは人的接触もより濃密ということなどがあって，より選好されていることを示していると思われる．

ところが，その他地域出発の場合，東京圏への移動の選好スケールの絶対値が1を越えているのに対し，京阪神圏への移動のそれは1を下廻っている．京阪神圏の周辺部分からの移動において，東京圏への移動より京阪神圏への移動がより選好されているのであろう．特にこの地域の国公立大学出発の場合，京阪神圏への移動に比べ，東京圏への移動が，著しく低評価されている．

以上のような x_2 を前提とした場合，設置者間移動選好表 x_1，規模間移動選好表 x_3，および x_2 の間の相対的な重要度は，どのようにみられているのであろうか．まず，弾力性の値を6個のケースについて比べて，大きいものから順位をつけると，第7.14表に示したようになる．これを横の順位とよぶ．これをみると，東京圏私大出発と京阪神圏私大出発がほぼ同様な順位の組合せをも

第7.14表 選好表弾力性の比較

6移動群間の順位（横の順位）

	東京圏出発		京阪神圏出発		その他出発	
	国公	私	国公	私	国公	私
設置者弾力性	3	5	2	4	1	6
地域弾力性	3	1	4	2	6	5
規模弾力性	2	4	5	6	1	3

各群内の順位（縦の順位）

	東京圏出発		京阪神圏出発		その他出発	
	国公	私	国公	私	国公	私
設置者弾力性	3	3	2	2	2	3
地域弾力性	2	1	1	1	3	2
規模弾力性	1	2	3	3	1	1

ち，このグループは著しく地域間選好を重要視し，そして設置者間選好と規模間選好を軽くみている．これらと逆のタイプとなっているのが，その他地域国公立出発群である．ここでは，地域間選好を軽視し，設置者間選好と規模間選好を最重要視している．これは，予備的検討でみられた，国公→私の移動でその他地域から東京圏・京阪神圏への移動の割合が高いという事実，移動行列の検討に際して述べたその他地域から東京圏・京阪神圏への移動の中で国公→私のそれの割合が高いという事実に対応していよう．

　これに対して，東京圏国公立出発の場合には，すべての弾力性値が中庸値よりやや高い順位になり，各選好表にそれぞれよく反応するが，特に規模間選好を重視している．これと同様のパターンで，しかしそれより鈍い反応を示すのがその他地域私立出発群である．この場合，設置者間選好の弾力性は負となっている．これは私→国公の移動より私→私の移動をより高く評価していることを意味し，このグループは私大間移動を選好するのであろう．これら東京圏国公立出発群とその他地域私立出発群に対し逆の選好状態となっているのが京阪神国公立出発群である．ここでは設置者弾力性が比較的に重要視されている．

　次に，6個群のそれぞれ内部において，三つの弾力性の順位を比較する．これは，さきの横の順位に対していえば，縦の順位である．この順位では，京阪神圏の国公立出発群と私立出発群が同一の順位を示す．そこでは，地域間移動選好が最も重視されている．

　他方，東京圏出発群とその他地域出発群では，国公立出発群と私立出発群が相互にほぼ類似した選好態度をもっている．そして東京圏出発群では地域間選好と規模間選好が重要視されているし，その他地域出発群では規模間選好が重要視されている．

　また，横の順位の場合と同様に，東京圏私立出発群・京阪神圏私立出発群・京阪神圏国公立出発群の三者が同様の選好態度をもっていることが示されている．そしてまた，その他地域国公立出発群が，これと逆の態度をとり，それに東京圏国公立出発群とその他地域私立出発群がほぼ同様の態度を示していることがわかる．

第7章 エコノミストの移動

非自発的移動についての移動選好関数の検討に移る前に，ここで脚注5)で述べた別推定法による自発的移動の選好関数の推定結果を示しておく．すなわち，x_2 を x_{2r} と x_{2s} に分割し

(7.7) $\quad m_v = a_0 + a_1 x_1 + a_{2r} x_{2r} + a_{2s} x_{2s} + a_3 x_3 + a_4 x_4 + a_5 x_5 + a_6 x_6$

として回帰分析を行って選好関数を推定する．この場合，東京圏出発の移動では，x_{2r} は T→K の移動のとき，そして x_{2s} は T→O の移動のとき1，その他の

第7.15表 自発的移動の選好関数（別推定法による）

	東京圏出発		京阪神圏出発		その他出発	
	国公立出発	私立出発	国公立出発	私立出発	国公立出発	私立出発
a_0	0.197 (0.188)	1.897 (1.075)	0.921 (0.580)	0.466 (0.653)	3.184 (1.595)	0.782 (0.855)
a_1	0.498 [0.934] (1.649)	0.805 [0.296] (0.843)	1.161 [1.314] (3.997)	1.055 [0.811] (2.293)	3.634 [1.253] (4.591)	−0.703 [−0.291] (−1.170)
a_{2r}	−0.639 ⟨−0.630⟩ [−1.199] (−1.765)	−3.774 ⟨−3.776⟩ [−1.389] (−3.295)	−1.394 ⟨−1.394⟩ [−1.579] (−4.003)	−1.965 ⟨−1.965⟩ [−1.512] (−3.564)	−1.776 ⟨−1.777⟩ [−0.612] (−2.145)	−2.054 ⟨−2.045⟩ [−0.850] (−3.270)
a_{2s}	−0.474 ⟨−0.486⟩ [−0.888] (−1.500)	−3.799 ⟨−3.797⟩ [−1.398] (−3.803)	−1.160 ⟨−1.160⟩ [−1.313] (−3.520)	−1.007 ⟨−1.006⟩ [−0.775] (−1.932)	−0.626 ⟨−0.642⟩ [−0.216] (−0.698)	−1.575 ⟨−1.599⟩ [−0.652] (−2.313)
a_3	0.733 [1.375] (2.871)	2.633 [0.969] (3.259)	0.367 [0.415] (1.489)	0.200 [0.154] (0.514)	4.067 [1.402] (6.075)	2.700 [1.117] (5.314)
a_4	0.267 (1.554)	0.898 1.662	0.249 (1.456)	0.411 (1.579)	−0.167 (−0.368)	1.116 (3.271)
a_5	0.198 (0.412)	−0.059 −0.337	0.423 (0.642)	0.060 (0.319)	−0.473 (−1.385)	0.004 (0.027)
a_6	0.032 (0.608)	0.426 2.559	0.042 (0.828)	0.192 (2.395)	0.577 (4.185)	0.369 (3.525)
$\bar{R}^2$	0.186	0.440	0.392	0.197	0.517	0.579

場合にはゼロの値をとる．同様に京阪神圏出発の移動では，x_{2r} は K→T の移動のとき，そして x_{2s} は K→O の移動のとき1，その他の場合にはゼロの値をとる．そしてその他の地域出発の移動では，x_{2r} は O→T の移動のとき，そして x_{2s} は O→K の移動のとき1，その他の場合にはゼロの値をとる．

この推定結果は，第7.15表に示されている．この表で a_{2r}, a_{2s} の推定値の下にカッコ〈 〉の中に示した計数は，第7.13表の x_2 の推定値と a_2 の推定値を用い，$a_2 x_2$ により a_{2r}，あるいは a_{2s} に当る値を計算したものである．ただし，その際，x_2 の推定値において同一地域内移動に対する選好スケールがゼロと異なる場合には，その値に(-1)を乗じたものを他の選好スケールに加算し，同一地域内移動の選好スケールをゼロにおいたときの選好表に換算し，この換算後の x_2 の値を用いた．このようにして計算した値を第7.15表の a_{2r} あるいは a_{2s} の推定値と比較すると，両者が極めて近い値をとっており，二つの推定方法

第7.16表　非自発的移動の選好関数
（暫定推定）

	東京圏到着	京阪神圏到着	その他到着
a_0	5.344 (2.565)	4.693 (3.706)	3.210 (1.875)
a_1	-2.023 (-1.365)	-1.101 (-0.980)	-2.977 (-2.137)
a_2	4.425 (4.176)	4.362 (4.563)	2.884 (2.947)
a_3	-2.867 (-3.045)	-2.333 (-3.427)	-4.133 (-4.554)
a_4	0.895 (1.390)	0.810 (1.736)	0.931 (1.489)
a_5	2.660 (2.117)	0.550 (0.561)	2.097 (1.808)
a_6	-0.110 (-0.631)	-0.011 (-0.040)	0.153 (0.704)
$\bar{R}^2$	0.398	0.372	0.396

による結果がよく一致する．ただ，この別推定法によると，地域間移動選好表 x_2 それ自体と，他の選好表 x_1, x_3 とこの x_2 に対する相対的重要度を示す a_2 の値とが分離されない形となってしまう．いずれにしても，二つの推定法による結果がよく一致することを確認して，非自発的移動の分析に移る．

非自発的移動の選好関数の検討に際しても，以上の自発的移動のそれの場合と同様の方法をとる．その第1次の暫定推定は第7.16表に示されている．ここで x_2 は

第7.17表 非自発的移動の選好関数
(最終推定)

	東京圏到着	京阪神圏到着	その他到着
x_2	−0.001 −1.042 −0.957	−0.931 0.068 −0.637	−1.208 −0.777 −0.015
a_0	5.445 (2.604)	4.621 (3.716)	2.738 (1.698)
a_1	−1.862 [−0.690] (−1.249)	−1.335 [−0.626] (−1.191)	−3.557 [−1.160] (−2.604)
a_2	4.478 [1.659] (4.191)	4.488 [2.104] (4.802)	2.872 [0.937] (3.155)
a_3	−2.867 [−1.062] (−3.047)	−2.333 [−1.094] (−3.479)	−4.133 [−1.348] (−4.600)
a_4	0.913 (1.418)	0.788 (1.712)	0.847 (1.369)
a_5	2.483 (1.956)	0.807 (0.819)	2.734 (2.421)
a_6	−0.096 (−0.549)	−0.056 (−0.200)	0.086 (0.403)
$\bar{R}^2$	0.399	0.390	0.408

東京圏到着の移動　　$x_2 = ($ T→T　K→T　O→T $)$
　　　　　　　　　　　　　　　 $0,$　　$-1,$　$-0.5)$

京阪神圏到着の移動　$x_2 = ($ T→K　K→K　O→K $)$
　　　　　　　　　　　　　　　$-1,$　　$0,$　$-0.5)$

その他地域到着の移動　$x_2 = ($ T→O　K→O　O→O $)$
　　　　　　　　　　　　　　　$-1,$　$-1,$　　0 $)$

である.

第7.18表　非自発的移動の選好関数
(別推定法による)

	東京圏到着	京阪神圏到着	その他到着
a_0	5.443 (2.558)	4.927 (3.869)	2.640 (1.469)
a_1	-1.861 $[-0.689]$ (-1.171)	-1.335 $[-0.626]$ (-1.178)	-3.603 $[-1.175]$ (-2.375)
a_{2r}	-4.667 $\langle-4.671\rangle$ $[-1.729]$ (-3.481)	-4.484 $\langle-4.485\rangle$ $[-2.102]$ (-4.692)	-3.444 $\langle-3.428\rangle$ $[-1.123]$ (-3.083)
a_{2s}	-4.283 $\langle-4.288\rangle$ $[-1.586]$ (-3.662)	-3.164 $\langle-3.164\rangle$ $[-1.483]$ (-3.456)	-2.117 $\langle-2.190\rangle$ $[-0.690]$ (-1.726)
a_3	-2.887 $[-1.062]$ (-3.018)	-2.333 $[-1.094]$ (-3.446)	-4.133 $[-1.348]$ (-4.557)
a_4	0.913 (1.399)	0.788 (1.695)	0.840 (1.331)
a_5	2.482 (1.774)	0.807 (0.809)	2.784 (2.085)
a_6	-0.096 (-0.526)	-0.056 (-0.198)	0.081 (0.355)
$\bar{R}^2$	0.387	0.378	0.397

この暫定推定を出発点として繰返し計算により推定を行った結果が,第7.17表に示されている.また,別推定法によったものが,第7.18表に示されている.二つの推定方法による結果は,ここでもよく一致する.

第7.17表の推定結果において,まず注目すべきは,各地域に関するx_2の推定値が,自発的移動の場合のそれとよく一致した値となっていることである.非自発的移動では移動需要者側の選好が強く現われると思われるが,地域間移動選好については,移動供給者側の選好が反映されている面もあるようである.そして地域弾力性の推定値は,それぞれの地域において自発的移動の場合より大きくなっている.とくに,京阪神圏到着と東京圏到着の移動群でその値が著しく高くなっている.これは非自発的移動では,移動供給者にしろ移動需要者にしろ,地域間移動選好表を全体の選好の中で高く位置づけている結果であろう.

これに対して,設置者弾力性と規模弾力性は負となり,非自発的移動で移動需要者の選好が強く反映されることを示している.あるいは,国公立→私立の流れ,大規模→小規模の流れの方が発生しやすいということができる.この場合,その他地域到着の移動群で設置者弾力性と規模弾力性の絶対値がともに高い.東京圏到着群と京阪神圏到着群は地域間選好を重視し,設置者間選好と規模間選好,とくに前者を軽くみる.これに対して,その他地域到着群では,逆のパターンが現れ,特に規模間の選好(逆選好)が重要となっている.

7.7 移動者の生年分布

最後に,移動者の生年分布がどのようになっているかを検討しよう.第7.4図は,自発的移動者の各期間別生年分布を示している.まず,1958~63年分布ではそのピークが1924年生年者にあり,17年生年者から31年生年者の間ではぼ対称型となっている.これに対し,次の63~68年分布のピークは1931年生年者にあり,58~63年分布のピークより左へ7年移動している.そして対数正規分布型に近い.ところが,68~73年分布になるとピークは28年生年者から32年生年者までの間の平坦なものとなり,63~68年分布よりむしろ右へ移動

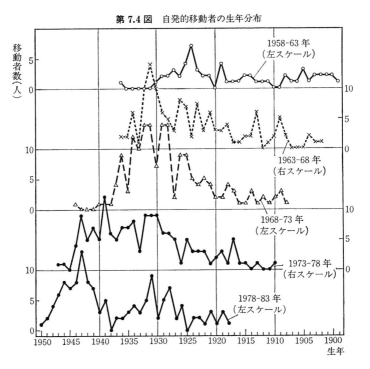

第7.4図 自発的移動者の生年分布

している. もしこの平坦なピークの一番右をとって, それを63~68年分布のピークと比較すると, 3年右に移動したことになる. そして19年生年者と41年生年者との間でほぼ対称型となっている. 73~78年分布に移ると, その分布型は27年生年者から44年生年者の間でほぼ平坦な頂となる. そして, 78~83年分布では31年生年者と43年生年者とにおいて二つのピークをもつ双峰型となるのである. 73~78年分布は, この双峰型に移る中間形態であったと考えることができる.

以上の自発的移動者の生年分布の推移はどのような意味をもっているのであろうか. この自発的移動者の生年分布を第6章で示した新規参入者の生年分布(第6.3図)と比較してみると, 極めて興味のある事実に気付くのである. 新規参入者の生年分布の推移の含意する所については既に検討したが, 自発的移動

第 7.19 表　自発的移動者の生年分布 (単位：人)

生　年	1958-63年	1963-68年	1968-73年	1973-78年	1978-83年
1899	1	0	0	0	0
1900	2	0	0	0	0
1901	2	0	0	0	0
1902	2	1	0	0	0
1903	2	1	0	0	0
1904	1	2	0	0	0
1905	3	0	0	0	0
1906	1	0	0	0	0
1907	1	0	0	0	0
1908	2	2	1	0	0
1909	0	5	3	0	0
1910	0	2	2	1	0
1911	1	1	1	0	0
1912	1	0	2	0	0
1913	1	6	1	1	0
1914	2	2	3	0	0
1915	2	2	1	1	0
1916	1	1	1	1	0
1917	1	1	3	5	0
1918	1	4	4	1	0
1919	4	3	2	3	3
1920	0	3	2	2	1
1921	2	6	4	1	3
1922	2	3	5	3	1
1923	3	7	4	3	2
1924	7	2	5	3	2
1925	4	7	9	5	0
1926	2	8	9	1	4
1927	3	3	2	5	2
1928	2	5	14	6	7
1929	2	6	14	6	5
1930	1	10	7	9	2
1931	0	14	14	9	9
1932	0	10	14	9	5
1933	0	1	10	3	3
1934	0	6	12	8	4
1935	0	2	3	7	3
1936	1	2	9	7	2
1937	0	0	4	5	2
1938	0	0	1	6	0
1939	0	0	1	12	5
1940	0	0	1	6	3
1941	0	0	0	7	7
1942	0	0	0	5	8
1943	0	0	0	9	13
1944	0	0	1	4	8
1945	0	0	0	0	7
1946	0	0	0	1	8
1947	0	0	0	1	6
1948	0	0	0	0	4
1949	0	0	0	0	2
1950	0	0	0	0	1

者の生年分布の推移は，新規参入者のそれと逆方向の動きをもって発生しているのである．

すなわち，新規参入者分布のピークは58～63年のそれから63～68年のそれへ僅か1年しか左へ移動しなかったが，その時，自発的移動者の生年分布のピークは7年左へシフトしていたのである．また次に，63～68年分布から68～73年分布へは，新規参入者の場合ピークは9年左へ移動したのに，自発的移動のそれは，逆に右へ移動している．そして，73～78年に新規参入者のピークが平坦になると，それに対応して自発的移動者のそれも著しく平坦化している．

いま一つ注目しなければならないのは，78～83年の自発的移動者の生年分布が双峰型となったことである．これは，エコノミスト全体の生年分布が双峰型となったことと対応している．すなわち，比較的多数のエコノミストがいる生年階層において，そのエコノミスト数に比例して自発的移動が発生しているわけである．この点に関連して，63～68年以降，1930年前後の生年者の移動が多くなっていることにも注目する必要がある．

さて，第1に指摘した事実に立返えると，その現象は，参入者が高年齢にかたよると移動者は低年齢にかたより，逆に参入者が低年齢にかたよると移動者は高年齢にかたよることを意味する．このような形で，エコノミストの年齢構成の一種の補正的な動きが，一部の大学で自発的移動を通じて発生しているのではないかと考えられる．また参入者の生年分布の頂が平坦化すれば，エコノミスト年齢構成の補正の必要も少なくなり，移動者の生年分布もそれに対応して平坦な頂をもつようになるのかもしれない．以上の事実は，このような観点からみて極めて興味ある現象といわなければならない．

次に，非自発的移動者の生年分布の推移を第7.5図でみよう．58～63年分布は，移動者数が少なく，分布型がはっきりしない．しかし，それ以降は，各期間とも，その期間の中間時点で測った年齢で65歳前後で生年分布がピークをもっている．これは，私立大学に65歳定年が相当数あることと関係をもっていよう．その各期間の間の推移は，自発的移動の場合と違って，規則的に5年程度ほど左へと移動している．

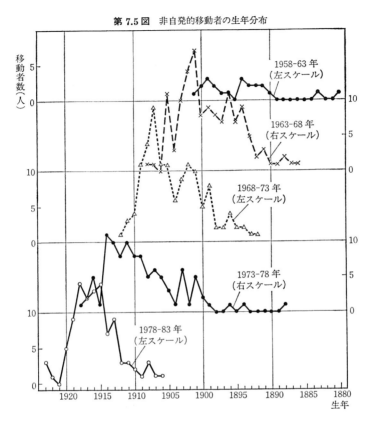

第 7.5 図　非自発的移動者の生年分布

　しかし，いま少し注意深く第 7.5 図を観察すると，非自発的移動者の生年分布は一般的にいって，主要ピークの右に，いま一つのピークをもっているようである．それは，63～68 年分布と 68～73 年分布に特に明瞭であるように，主要ピークより 5 年間右へよった生年者層でピークを形成しているようである．それは，さきに第 7.4 表でみた，私立大学における 70 歳定年制の大学の多いことと関係していよう．しかし，その第 2 のピークが，78～83 年分布では不明瞭になってきている．78～83 年の中間年である 80～81 年に 70 歳となっている人は，1910～11 年の生れである．ところが，第 6 章で指摘したように，1910～18 年の生年者は，戦争などの影響によって，エコノミストとなった人が少数で

第7.20表 非自発的移動者の生年分布 (単位:人)

1958-63年		1963-68年		1968-73年		1973-78年		1978-83年	
生年	移動者数	生年	移動者数	生年	移動者数	生年	移動者数	生年	移動者数
1880	1	1884	1	1892	1	1888	1	1906	1
1883	1	1885	1	1893	1	1894	1	1907	1
1890	1	1887	2	1894	2	1896	1	1908	3
1891	2	1888	1	1895	2	1899	1	1909	1
1892	2	1890	1	1896	4	1900	2	1910	2
1893	2	1891	3	1897	2	1901	5	1911	3
1894	3	1892	2	1898	2	1902	1	1912	3
1896	1	1893	5	1899	8	1903	6	1913	9
1897	1	1894	9	1900	5	1904	1	1914	7
1898	2	1895	7	1901	10	1905	3	1915	14
1899	3	1896	11	1902	11	1906	5	1916	13
1900	2	1897	7	1903	9	1907	6	1917	12
1901	1	1898	8	1904	6	1908	5	1918	14
		1899	9	1905	11	1909	8	1919	9
		1900	8	1906	11	1910	8	1920	5
		1901	17	1907	19	1911	10	1922	1
		1902	14	1908	14	1912	8	1923	3
		1903	10	1909	11	1913	10		
		1904	3	1910	4	1914	11		
		1905	11	1911	3	1915	1		
		1907	1	1912	1	1916	5		
		1908	1			1917	2		
						1918	1		

あった.このことが,78〜83年の非自発的移動者の生年分布で,主要ピークのほかの第2のピークが消滅している理由ではないかと考えられる.

第8章〔補論〕『経済研究』における研究動向[*]

8.1 はじめに

1950年1月『経済研究』が創刊されてから,昨1979年で30年の時間を閲した.そこで,1979年には,4冊の30巻特集号が出版され,またこの31巻3号では過去30巻にわたる総索引が作成され,それを機縁として『経済研究』に関する回顧と展望のシンポジァムが行われることとなった.ここに,作成された総索引などのデータにもとづき,『経済研究』における研究動向について若干の検討を行い,シンポジァムのための素材を提供したい.

『経済研究』創刊号において,ときの都留重人研究所長は,次のような創刊のことばを述べた.その全文を掲げておく.

経済学の領域は,わが国でもふたたび多彩な展開を見せるようになったが,現実の経済はあまりにも貧しい.貧しいだけではない,偏ってもいる.

こうした状態のただ中で,社会科学として経済学に課せられた責務や寄せられる期待は大きいはずである.われわれは,この責務を果しうるかの反省において謙虚であるとともに,その期待にこたえんとする努力においては野心的でありたい.

そのためにわれわれは,二重の意味で「土俵」の外に出なければならぬと思う.第一には,みずから「土俵」を区切り,問題や条件を限定して,AであればP,BであればQといった調子の自明の論理を繰返すことの限界を自覚しなければならぬ.現実に照してその命題が真であるか否かを検証しうる

---

[*] この論文の作成に当っては,『経済研究』編集部の東より子助手にデータの収集などにつき援助をえた.また編集委員の堀内昭義助教授,久保庭真彰講師のコメントをえた.記して謝意を表したい.

仮説をたてる勇敢さを経済学者が失ってから，すでに久しいのである．第二には，なれた「土俵」から出て，われわれの研究は世界の舞台でもまれなければならぬ．わが国の経済学があまりにもしばしば，外国経済学の紹介，解釈，考証に専念してきたことを，実践的な市井人の常識は，これまた久しくあきたらず思ってきているはずである．

「経済研究」をあえて「経済」の研究としたのは，右の第一の意味において，現実の経済を対象とする態度を生かそうとするためであり，また，この季刊誌の紙面を広く世界の学界にひらいて投稿をもとめることにしたのは，右の第二の意味において，「土俵」の外に出るためである．

この主旨に賛同される江湖の士が，鞭撻と叱正を惜しまれないことを希望する．

　　1950年1月　　一橋大学経済研究所長　都留重人

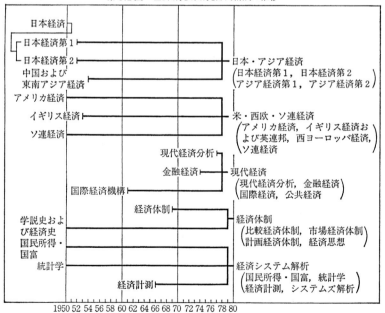

第8.1図　経済研究所研究部門構成の推移

この30年間に，日本経済は，当時のあまりにも貧しい状態から，世界の経済大国へと成長した．しかし，わが国における「経済」の研究は，それに歩調を合せて発展したのであろうか．また，創刊号に掲げられた『経済研究』の理念は，われわれの研究において実現され，さらにはそれを乗り越えて進むことができたのかどうか．この点を念頭において以下若干の検討を行いたい．

しかし，その検討に入る前に，一橋大学経済研究所における研究部門の構成が，『経済研究』創刊時の1950年から最近までにどのように変化したかを示しておく．第8.1図を見られたい．1950年にはわが経済研究所は，日本経済，アメリカ経済，ソ連経済，学説史および経済史，国民所得・国富，統計学の6部門からなっていた．（部門の名称はときに改称されたが，この図の部門名はすべて最近時点でのそれによっている．）それが，1977年の14部門にまで成長した後，1978～79年において現在の5大研究部門へと再編成され，新しい研究体制を採ることになったのである．この体制の下で，われわれは「経済」についての研究を一層展開しようとしているのである．

8.2 事項分類からみた通時的研究動向

われわれは，『経済研究』についての事項索引・書評索引・著者索引を作成した．まず，このうちの事項索引にみられる『経済研究』における研究動向を概観しよう．われわれは，1つの論文・調査・寄書など(書評を除く)を1～2の事項に分類した．事項分類は総索引の最初に示してあるように大分類とその中の小分類からなっている．ここで，大分類区切り(ただし経済理論はその小分類区切りを含めて)で，5年間を単位として研究のウェイトが通時的にみてどのように推移したかをみよう．

第8.1表には，各事項分類に分類された論文などの数が，百分率でみてどのように推移したかが示されている．

『経済研究』では，もちろん一橋大学経済研究所に所属する人々のみによってその執筆が行われたわけではない．しかし研究所員の執筆する研究が含まれるから，関連する所員数が多い研究分野での研究は，当然多くなる．また外部か

第8.1表 『経済研究』第1-30巻 事項分類通時行列(百分率)

事項分類		期間	1950-54年	1955-59年	1960-64年	1965-69年	1970-74年	1975-79年	1950-79年	1950-79年における順位
01		経済理論	39.12	37.32	38.80	29.25	31.40	26.64	34.13	
	010	経済理論一般	4.10	3.17	3.23	3.25	1.71	2.42	3.03	15
	011	経済学方法論・経済哲学	0.63	0.49	2.08	0.50	0.34	0.69	0.84	25
	012	価値・価格	2.84	4.15	3.98	3.25	4.10	3.46	3.64	13
	013	国民所得・国富	7.26	4.15	1.15	1.00	2.05	0.69	2.66	19
	014	再生産	4.10	1.46	2.08	1.50	1.37	1.04	1.91	22
	015	生産・分配・支出	6.62	7.32	5.08	3.00	3.07	5.88	5.18	5
	016	物価	1.89	1.71	3.70	2.75	3.07	2.77	2.71	18
	017	経済成長・景気循環	8.20	8.29	8.55	6.75	5.46	2.77	6.91	4
	018	経済体制・経済計画	1.58	2.93	3.70	2.75	3.41	3.46	2.99	16
	019	社会主義経済論	1.89	3.66	5.31	4.50	6.83	3.46	4.30	10
02		経済学説史・経済思想史	5.36	12.20	7.39	9.25	7.17	5.88	8.12	3
03		統計	9.46	8.29	7.16	8.75	8.53	10.03	8.59	2
04		経済政策	2.53	1.95	1.62	3.25	3.07	4.84	2.75	17
05		貨幣・金融	0.95	3.17	3.70	4.25	4.78	8.30	4.06	11
06		公共経済	3.15	1.22	4.62	6.25	5.12	4.15	4.06	12
07		人口・労働	1.58	3.17	2.31	5.00	3.75	3.46	3.22	14
08		産業	3.79	5.85	4.39	4.50	3.07	5.19	4.53	7
09		企業経済	0.95	0.98	1.85	2.75	1.71	3.11	1.87	23
10		経済史	6.94	2.93	4.39	4.75	3.41	8.30	4.95	6
11		日本経済	11.36	12.20	6.24	7.00	9.22	6.57	8.73	1
12		アジア経済	0.95	1.95	2.31	2.25	3.07	2.77	2.19	21
13		アメリカ経済	3.15	2.44	2.77	2.75	1.71	2.42	2.57	20
14		イギリス・西欧経済	0.95	0.49	1.62	2.75	0.68	1.73	1.40	24
15		ソ連・東欧経済	5.05	3.17	5.31	3.50	5.80	3.46	4.34	9
16		アフリカ・オセアニア経済				0.25		0.35	0.09	26
17		国際経済・世界経済	4.73	2.68	5.54	3.50	7.51	2.77	4.39	8
		計	100.00	100.00	100.00	100.00	100.00	100.00	100.00	
		実数計	317	410	433	400	293	289	2,142	

らの研究にしても，研究所内部での研究との関連で，その関連の深いものが多くなるのは当然である．その場合，日本経済に関する研究部門は，日本経済第1と日本経済第2とがあり，部門数が他の研究部門の2倍であった．また研究部門によっては，比較的多くの所員が在籍した部門と，そうでない部門とがあった．日本経済第1と日本経済第2の場合は，比較的多数の所員が所属してい

第8章 『経済研究』における研究動向　　193

た部門である．したがって，第8.1表において，1950年から1979年の30年間全体でみて，そのウェイトが最も大きくなっているのは当然であったともいえる．しかし，とにかく，『経済研究』における研究の重点が日本経済におかれていたことは明らかである．

　日本経済に次いで高いウェイトを示すのは統計に関連する研究である．これも，研究所に統計学部門と経済計測部門が存在したことと深い関係をもっていよう．ところが，第3位には，学説史関連の研究が位し，8.12%という日本経済に関連する研究，および統計に関連する研究に匹敵するウェイトを示している．このことは，『経済研究』のこれまでの研究動向として注目に値しよう．

　経済成長・景気循環に関する研究のウェイトは6.91%であり，全体の中の第4位にある．そして，その(4/5)は成長に関する研究である．このことは，日本経済の研究ウェイトが第1位であることと照らし合せて，『経済研究』に掲載された研究の1つの大きな重点が，日本経済の成長分析にあったことを如実に示している．

　地域別の研究で，日本経済関連の研究の次に高い百分率を示すのは，ソ連・東欧経済関連の研究の4.34%であり，これは全体の中では第9位となっている．またこれに次いで，社会主義経済論の4.30%が来る．このことは，『経済研究』における研究の1つの重点が社会主義圏に関連するものであったことを物語っていよう．

　さて，ウェイトの動きを通時的にみると，

　(1)　日本経済研究は，初期1950年代には11.36%，12.20%のウェイトを占めていたが，それが1960年代には6.24%，7.00%と半減し，1970年前半に9.22%に上昇した後，その後には再び6.57%へ低落している．したがって，日本経済研究は，時間の経過にともなってそのウェイトを小さくしたということができよう．

　(2)　これに対して統計研究は，すべての期間を通じて8〜10%のウェイトを維持しており，『経済研究』に掲載される研究の多くが，常に実証的であることを示している．

(3) 学説史に関する研究ウェイトは，10年くらいを単位として循環的に変動しているようにもみえるし，また最近は初期の状況に近づいているようでもある．

(4) 経済成長・景気循環に関する研究のウェイトは，1960年代後半から明らかに低下し，70年代後半では2.77%に過ぎない．この分野の研究は，さきに述べたように成長関係の研究が大部分であるので，これは，1970年代に入ってからの反成長思想の擡頭，1970年代前半までの日本経済ならびに世界経済の高成長，1970年代後半からの低成長，成長理論開拓のフロンティアーが消滅したことなどと密接に関連した現象と考えられる．

(5) 生産・分配・支出に関する研究は，1970年代前半までは低下傾向にあった．しかし，1970年代後半に入ると，その趨勢を破って初期の水準に近いウェイトを示している．

(6) 経済史研究のウェイトの動きも，生産・分配・支出のそれと近い形をとっている．

(7) また産業研究にも，その傾向がある．

(8) 国際経済・世界経済に関する研究は，きれいな10年周期サイクルを示している．

(9) ソ連・東欧経済研究は，やはり10年周期のサイクルを示し，国際経済・世界経済研究と同調する傾向がある．

(10) ところが，社会主義経済論は，1970年代前半まで趨勢的に増大していた．しかしこれは，1950年代前年を除き，ソ連・東欧経済研究，国際経済・世界経済研究と同調して変動しているとみるべきかもしれない．

(11) 貨幣・金融関係の研究ウェイトは，初期の僅かに0.95%の水準から一貫して上昇し，1970年代後半には8.30%という高い水準に到達している．これは，『経済研究』における研究が，初期の実物面重視ないし中心の研究から，次第に貨幣・金融面をも考慮した研究へと重点を移しつつあることの1つの証拠であるように考えられる．

(12) 公共経済研究は，1950年代後半の1.22%という低水準を除き，ほぼ

3～6％の研究ウェイトを示した．

(13) 価値論・価格分析も，3～4％の研究ウェイトをコンスタントに維持している．

(14) 人口・労働に関する研究は，1960年代後半の5.00％まで上昇したが，その後3.5％前後の水準を維持している．

(15) 経済理論一般は，初期の4％程度の水準から，最近の2.4％水準へと低下しているというべきであろう．

(16) 経済体制・経済計画は，初期の1.58％を除き，大体3～3.5％水準にある．

(17) 経済政策は，初期の2.53％から1960年代前半の1.62％まで低下の後，1970年代後半の4.84％まで上昇している．最近における政策問題への関心の増大を示すものであろう．

(18) 物価は，1950年代には1.7～1.9％水準であったがその後は3％前後の水準を維持している．

(19) 国民所得・国富研究は，初期の7.26％から急激に低下し，1975～79年には0.69％に過ぎなくなっている．これは，国民所得分析の後退を意味するわけではなく，むしろ逆に，その定着化にともなって，国民所得分析がより外延的な方向において行われていることを暗示するものではないかと考えられる．

(20) アメリカ経済研究は，初期を除き大体2.5％水準を維持しているが，1970年代前半には2％水準を割った．

(21) アジア経済研究は，初期の0.95％から上昇して1970年代前半には3％を越えたが，その後2％強へと低下してきた．

(22) 再生産研究は，初期の4.10％から低落し，最近は1％程度となっているが，これも国民所得研究の場合と同様な意味をもつものであろう．

(23) 企業経済は，初期の0.95％から1970年代前半を除き上昇傾向を続け，最近では3.11％に達している．

(24) イギリス・西欧経済研究には，15年くらいのサイクルがあるようにみえる．

(25) 経済学方法論・経済哲学研究は，1960年代前半の2％水準を除き，0.5％水準で安定している．

(26) アフリカ・オセアニア経済研究のウェイトは極めて低い．これはわれわれの研究所にこの地域関連の研究部門ないし研究項目がないこととも関連していよう．

8.3 事項分類からみた共時的研究動向

次に，『経済研究』1～30巻の全体について研究分野がどのようにクロスしているかを検討してみよう．論文など(書評を除く)の事項索引は，さきに述べたように，1つの研究について1～2の事項分類を付けている．そこで，大分類(ただし経済理論は小分類を含む)単位で，1つの研究がどのような研究分野に同時に属しているかをみよう．第8.2表は，この目的のために作成された行列である．この行列は対称行列であり，1つの行(列)を横(縦)にみていくと，その行(列)の研究分野に属する研究が，他のどのような研究分野に属しているか，その研究の数が示されている．大事項分類相互間では，2個の事項分類が同一の大事項分類に属する研究，および1個の事項分類しか与えられなかった研究が，また経済理論内の小事項分類では事項分類が1個だけしか与えられなかった研究は，この行列の対角線上の要素の示す数となって表わされている．

この事項分類共時行列にみられる『経済研究』における研究の特徴は次のようなものである．

(1) 経済理論一般に分類された研究は，圧倒的に事項分類1個を付与されたものであり，他の分野との関連が少ない．他の分野と関連づけられた研究は，再生産，経済成長・景気循環，経済学説史・経済思想史に関するものであり，マルクス理論関係の研究が多い．

(2) 経済学方法論・経済哲学に分類された研究は，事項分類1個のもの，経済体制・経済計画，経済学説史・経済思想史に関連するものが多く，ここでも経済理論一般の場合と同様な傾向が看取される．

(3) 価値・価格に分類された研究は，その圧倒的多数が，生産・分配・支

出に関する研究となっている．その他では，価値・価格それ自体，物価，社会主義経済論に関連するものが多い．

(4) 国民所得・国富に分類された研究の多くは，国民所得・国富それ自体，統計，生産・分配・支出，経済成長・景気循環に関連しており，国民所得・国富についての理論的研究が行われると同時に，実証的研究，国民所得などによる成長分析が行われたことを示している．

(5) 再生産関連の研究のそれぞれ(1/4)弱が経済成長・景気循環，ソ連・東欧経済に関連するものである．

(6) 生産・分配・支出に関する研究は，価値・価格，生産・分配・支出それ自体，公共経済，統計，経済成長・景気循環，日本経済に関連するものが多く，価値論ないし価格分析との関連でこの側面の研究が行われるとともに，財政との関連があり，また統計的な成長分析などが行われたことを示している．

(7) 物価に関する研究は，統計的・実証的研究が多く，また価値・価格，貨幣・金融との関連で行われてきた．

(8) 経済成長・景気循環に分類された研究は，経済成長論・景気循環論それ自体として研究されるとともに，日本経済の成長・循環分析が行われ，しかもそれが生産・分配・支出という国民所得の3側面に関連して研究され，また再生産，産業，アジア経済との関連で行われたことが看取される．

(9) 経済体制・経済計画に分類された研究は，その約半数近くが社会主義経済論に関連するものであり，体制問題についての研究と社会主義経済論との深いかかわりをうかがわせる．

(10) 社会主義経済論に関する研究は，その(1/3)以上がソ連・東欧経済に関連しており，またその(1/3)弱が経済体制・経済計画に関連するものである．

(11) 経済学説史・経済思想史に分類された研究は，他の分野とはやや独立した形で行われており，人口・労働，経済史に若干の関連をもっていた．

(12) 統計に属する研究は，その(1/3)強が統計それ自体に関連するものであり，その他では，日本経済，物価との関連が強い．

(13) 経済政策に分類された研究は，貨幣政策・金融政策として研究された

第8.2表 『経済研究』第1-30巻

		01	010	011	012	013	014	015	016	017	018	019
01	経済理論	425	41	12	59	35	28	63	20	81	46	39
	010 経済理論一般	41	25	1		1	5	3		5	1	
	011 経済学方法論・経済哲学	12	1	3	2		1			1	3	1
	012 価値・価格	59		2	13	4	1	20	7	3	2	7
	013 国民所得・国富	35	1		4	11	2	8	1	7	1	
	014 再生産	28	5	1	1	2	3	1	1	9	1	4
	015 生産・分配・支出	63	3		20	8	1	17	2	12		
	016 物価	20			7	1	1	2	5	3	1	
	017 経済成長・景気循環	81	5	1	3	7	9	12	3	39	2	
	018 経済体制・経済計画	46	1	3	2	1	1		1	2	8	27
	019 社会主義経済論	39		1	7		4				27	
02	経済学説史・経済思想史	13	5	3	3		2					
03	統計	50	3	1	2	9		13	19		1	2
04	経済政策	4						2	1	1		
05	貨幣・金融	22	4		3	3		2	7	3		
06	公共経済	29	2	1	2	1		16	1	3	3	
07	人口・労働	16	3		1			2	1	7	1	1
08	産業	15		1	1	1	1	1	1	9		
09	企業経済	3			1					2		
10	経済史	6	1						2	2	1	
11	日本経済	39	1		1	4		12	3	14	4	
12	アジア経済	24							1	9	2	12
13	アメリカ経済	12	2				1	1	1	7		
14	イギリス・西欧経済	2								1	1	
15	ソ連・東欧経済	56			4	4	8			1	2	37
16	アフリカ・オセアニア経済											
17	国際経済・世界経済	16	3		1		1			8	2	1
	計	731	65	18	78	57	41	111	57	148	64	92

ものが多く,またアメリカ経済に関係するものが多い.

(14) 貨幣・金融に分類された研究は,貨幣・金融それ自体とともに,政策として研究されている.日本経済の貨幣・金融的側面についても研究があるが,それは貨幣・金融に関する研究の1割程度にすぎない.

事項分類共時行列

02	03	04	05	06	07	08	09	10	11	12	13	14	15	16	17	計
13	50	4	22	29	16	15	3	6	39	24	12	2	56		16	731
5	3		4	2	3				1	1		2			3	65
3	1			1		1										18
3	2		3	2	1	1	1		1				4		1	78
	9		3	1		1			4				4			57
2						1					1		8		1	41
	13		2	16	2	1			12	1	1					111
	19	2	7	1	1	1		2	3		1					57
		1	3	3	7	9	2	2	14	9	7	1	1		8	148
	1	1		3	1			1	4	2		1	2		2	64
	2			1						12			37		1	92
140	3		3		6			6				2			1	174
3	68	1	2	10		11	1		27		1	2	6		2	184
	1	9	17	6		1	1	1	6		8	1		1	3	59
3	2	17	19				5	1	9		5		1		3	87
	10	6		21	1	4			13	2	1					87
6			1		13	1	1	1	25	1			3		1	69
	11	1		4	1	16	4	10	18	3	6		6		2	97
	1	1	5		1	4	4	1	2	1	9	1	4		3	40
6		1	1		1	10	1	48	2	6	3	17	2	1	1	106
	27	6	9	13	25	18	2	2	33	1					12	187
				2	1	3	1	6		1	8				1	47
	1	8	5	1		6	9	3				2	2		6	55
2	2	1			3		1	17				2				30
	6		1		1	6	4	2			2		2		13	93
		1						1								2
1	2	3	3			2	3	1	12	1	6		13		31	94
174	184	59	87	87	69	97	40	106	187	47	55	30	93	2	94	2,142

(15) 公共経済関連の研究は，公共経済それ自体とともに，生産・分配・支出，日本経済に関係する．これは，財政の支出側の経済全体との関連が研究されるとともに，日本経済の財政的側面が分析されたことを示している．

(16) 人口・労働に分類された研究は，その多くが，日本経済に関連するも

のである．

　(17)　産業に分類された研究は，その2割くらいが，日本経済に関連し，その他統計的分析，経済史的分析，成長分析が行われた．

　(18)　企業経済に分類された研究のうち，2割以上が，アメリカ経済に関連していることが注意を引く．

　(19)　経済史に分類された研究は，その半数近くが，経済史それ自体として行われているが，約2割近くのものはイギリス・西欧経済に関係していることが注目される．

　(20)　日本経済に関する研究の多くは，統計的分析であり，また人口・労働に関するものである．さらに，産業，成長・循環，公共経済に関するものもある．この面の研究が，主として人口・労働を中心にして，実物側面について行われてきたことがうかがわれる．

　(21)　アジア経済についての研究は，社会主義経済論に関するものが多いが，これは中国経済についての分析を多く含むためである．また成長分析が多く行われた．

　(22)　アメリカ経済についての研究の多くは，企業経済，経済政策，経済成長・景気循環に関するものであり，そこにアメリカ経済研究の特徴が見出せる．

　(23)　イギリス・西欧経済研究の圧倒的多数(半数以上)が経済史に関するものであることは，注目すべき点であり，これが，イギリス・西欧経済研究の特徴である．

　(24)　ソ連・東欧経済についての研究は，その約40％が社会主義経済論に関するものであり，また国際経済・世界経済に関するものが多い．

　(25)　アフリカ・オセアニア経済についての研究は，前述したように，その研究が極めて少ない．

　(26)　国際経済・世界経済に関する研究は，国際経済・世界経済それ自体の研究であるものが多く(1/3)，その他では，ソ連・東欧経済，日本経済，経済成長・景気循環に関連するものである．

8.4 所内と所外の執筆動向

以上で,『経済研究』に掲載された研究の研究動向を一応概観した. ここで, それらの研究が, 所内と所外とに関してどのような執筆動向を示したかをみてみよう.『経済研究』の創刊のことばでは, 広く世界からの執筆を求め,『経済研究』を開かれた学術雑誌とすることを宣言していた. この理念は, 現実にはどのような姿をとったであろうか.

いま, 1950 年, 1954 年, 1959 年, 1964 年, 1969 年, 1974 年, 1979 年を選び, これらの年に出版された『経済研究』に掲載された論文・調査・寄書など(書評を除く)と書評のそれぞれについて, 全執筆者のうちでの所内執筆者数の割合を計算すると, 第 8.2 図に示したようになる. この場合, 研究所員として在職した人は, その在職以外の期間に『経済研究』に掲載された研究も, 所内執筆者数の中に加えた(以下同様).

さて, 論文などの所内執筆率は, 1960 年代前半までは 50~60% の間で横ばいであるが, それ以後低下傾向がみられ, 1979 年には 33.3% となっている. また書評は, 1954 年の大きく低下した時期を除くと, 初期の 70% を越える所内執筆率から低下傾向をたどり 1960 年代末から 20~25% ラインにいたっている. したがって, 論文などにしても書評にしても, 1960 年代後半からそれまでより『経済研究』の開放性が進展したというべきであろう.

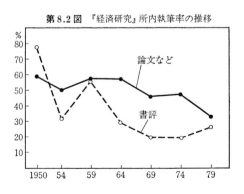

第 8.2 図 『経済研究』所内執筆率の推移

特に，1962年7月から，所外からの投稿を依頼するだけでなく，投稿研究を公募するようになった(採否は審査員の審査によって決定)から，一応その時点から『経済研究』も世界的水準でいうところの学術雑誌となったということができよう．公募投稿の研究がどれほどあったか，1975年までの記録は残念ながら欠けている．記録の存在する1976～79年の4年間についていうと，4年間全体で50の投稿研究があり，このうち半数の25が採用され，また5研究が現在審査中である．年当り12.5の投稿研究があり，1号当り1～2本の公募投稿研究が掲載されていることになる．

次に，研究所在職者の『経済研究』発行期間に含まれる在職期間1年当りの論文・調査・寄書など(書評を除く)の執筆回数をみると(研究所在職期間以外に執筆した論文なども含む)，最高は1.753本であり，最低は0.466本である(日本経済統計文献センター関係者，資料調査室関係者，編集部関係者を除く．書評についても同様)．そして，平均(加重平均)は1.103，標準偏差は0.347の分布を示す．また書評については，最高は0.791であり，最低はゼロであって，平均は0.283，標準偏差は0.211である．第8.2図にみたように，論文などにしろ，書評にしろ，時間の経過とともに所内執筆率が一般に低下して，『経済研究』の開放性が高まっているから，在職期間の短い若い所員の年当り執筆本数が低くなる傾向がある．しかし，執筆本数の散らばりにはその他の要因も作用しているようである．

もちろん，研究所員の研究に関する量的生産性は，執筆回数だけによって表わされるわけではない．それぞれの研究の量的な長さの問題もある．さらにまた，『経済研究』に掲載された研究のみによって研究発表の数が測れるわけではない．したがって，研究についての生産性を，『経済研究』への執筆回数だけから推定することは危険である．しかしながら，以上の事実は，わが経済研究所に所属する研究者は，平均的にいって，年々1本以上の論文などを連続して発表しているということであり，これは国際的にみても国内的にみても，研究者の研究活動としては十分の水準にあるといっても過言ではあるまい．

他方，所外研究者について執筆回数別の執筆者数分布をみると，第8.3表の

第8.3表 所外執筆者の執筆回数別分布

執筆回数	論文など		書評	
	執筆者数	執筆総数	執筆者数	執筆総数
1	318	318	214	214
2	81	162	45	90
3	25	75	14	42
4	9	36	1	4
5	5	25	1	5
6	4	24	2	12
7	0	0	0	0
8	0	0	1	8
計	442	640	278	375

第8.4表 海外よりの寄稿と欧文での寄稿

期間	外国人の論文などの数	外国人の執筆者数	欧文での論文などの数	欧文での執筆者数
1950-54	10	10	7	7
1955-59	14	14	16	16
1960-64	3	3	5	7
1965-69	8	10	8	10
1970-74	9	11	20	23
1975-79	9	9	17	22

ようになる．論文などについては442人の所外研究者が執筆し，執筆総数計は640にのぼっている．また書評においては，278人の所外研究者が執筆し，執筆総数計は375である．所内の論文などの執筆者は，日本経済統計文献センター関係者・資料調査室関係者・編集部・日本経済部門を含めて40であり，執筆総数は718である．また書評については34人の所内執筆者で，184の執筆総数となっている．したがって1~30巻を通じての論文などの所内執筆率は53.4%，書評のそれは33.2%となる．第8.2図でみたように，最近は相当所内執筆率が低下している．しかし，論文などについては，全体としてみてなお50%以上の所内執筆率であり，さらに執筆の所外への開放が進められるべきではないかと

考えられる．所外への開放には，所外の日本の学界への開放と海外への開放があるが，海外への開放の程度はどのようなものであったか．いま，海外よりの『経済研究』への寄稿の状態と，日本語以外の言語(それはこの場合欧文に限られている)での論文などの執筆の状況を5年刻みにみると，第8.4表のようになる．海外からの寄稿は，1955～64年の10年間を除き10本前後で安定している．欧文による発表は，1970年代に入ると急増した．これは日本人の研究の欧文による発表が増加したからである．海外への開放度は，これまでに増して一層高められる必要があろう．

8.5 『経済研究』への需要動向

ここで，この30年間における『経済研究』に対する需要の動向を調べておこう．『経済研究』の定価は，第8.3図にみられるように，1950年の平均定価98.75円から1979年の平均定価1,000円まで上昇してきた．この間，1号当りのページ数に若干の変動があるが，大体96ページ程度に落着いているので，ページ数の変化は無視してよかろう．これと比較する意味で理論・計量経済学会の機関誌『季刊理論経済学』の定価を示した．その平均定価は1950年の122.5円から1979年の850円まで上昇している．『季刊理論経済学』の1号当りのページ数は，初期に極めて大きく変化しているが，その後は80ページ程度で推移している．しかし1977年4月より96ページ建てとなった．したがって96ページ建ての『経済研究』と，96ページ建ての『季刊理論経済学』を比較する場合，最近のところで1,000円対850円となっており，『経済研究』が割高の状態にある．

そして，これら2つの雑誌の定価の動きをみると，『経済研究』のそれが『季刊理論経済学』のそれを2年ほどリードして動いているようにみえる．あるいは『経済研究』の定価は，プライス・リーダーとなっているのかもしれない．

GNPデフレーター(1965年以降は新SNA，それまでは旧SNA, 1970=100)は，1952年から1977年にかけて3.9倍となっている．この間『経済研究』の定価は6.5倍に上昇した．一般の物価に比して『経済研究』の定価の上昇は著し

い.これは,雑誌製本上他の財に比べ労働投入を相対的に多く必要とすること,そして実質賃金率が上昇したことと関係しているように考えられる.

このような定価の動きの中で,『経済研究』に対する需要はどのように動いたか.発行部数は,1950年代は各号当り1,875部程度から1,550部に低下し,1960年代には,1,500部を維持し,1970年代にはそこから1,550部に僅かではあるが上昇している.しかし,この発行部数をみるだけでは『経済研究』に対する需要の動きは,十分には把握できないように思われる.

『経済研究』の発行部数は,非売品部数と売品部数とからなる.非売品は経済研究所で買上げ,交換雑誌として他の研究機関に提供しているものである.研究所はさらに売品部数の一部を買上げ,それを需要者に売却している.残りの売品が岩波書店を通じて一般に販売されている.非売品買上げ部数は,1950年代の1号当り450部から,1960年代には650部へ上昇し,1970年代にはさらに700部となった.また売品のうち研究所が買上げているものは,50年代の250部の水準から60年代には150部の,そして70年代には100部の水準に落ちている.これに対し,岩波書店での売品の部数は,50年代に1,250部から810部へ低下し,60年代には740部へ,そして70年代には726部へと変化している.

ところで,売品として発行されたものがすべて需要者によって購入されてしまうわけではない.その一部は売残り在庫となることがある.したがって在庫の状況をも考慮しないと,需要動向の実態は把握できない.しかし岩波書店での売残り在庫がどのように推移したかについては情報を欠く.そこで,いま,研究所の売品売上部数,その在庫部数,および販売部数をみてみよう(各年発行4号分の合計値による.ここで在庫というのは,通常のように在庫累積量を指すのではなく,各号の売残り——その年間合計——である).

第8.3図をみられたい.1950年代経済研究所による『経済研究』売品中の買上げ部数は,年間計で1,150部の水準を維持していた.ところが,初期には研究所内に売残って在庫となる部分は少なかったが,次第にそれが増加した.そのためであろうか,1960年には売品買上げ部数を年間726部に切下げた.その代り非売品買上部数を年間1,800部から2,290部へ増加させたのである.その

第8.3図 『経済研究』の定価と需要動向

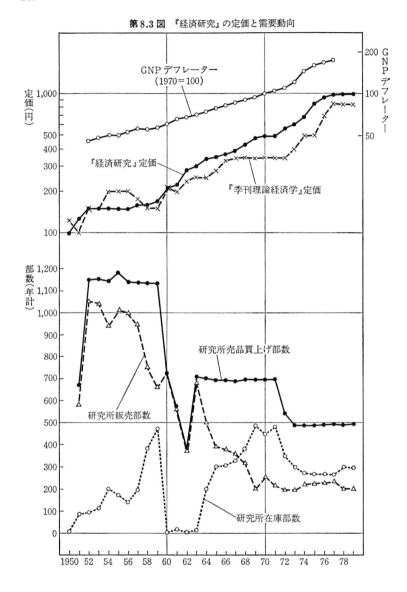

結果,在庫部数は年間計でいって2部に落ちた.そして1962年までさらに売品買上げ部数を非売品買上げへと切換えたこともあり,在庫は1960～63年において10部前後となった[1].

この在庫減少は,確かに一面では売品買上げを非売品買上げに切換えた結果であった.しかし,それだけではなかったように考えられる.というのは,1960年から63年までの4年間をみると,在庫ゼロの号がこの間に発行された16冊のうち11冊を占めているからである.たとえ超過需要が起こっても,手持ちがない限り在庫はゼロとなるのであり,それはマイナスとはならない.そして1963年にそのような需給状況を反映したのか,売品買上げを1962年の年間387部から,年間710部に増加させたのに,この年の在庫は年間計で14部に過ぎなかったのである.

売品買上げ部数から在庫部数を差引くと,研究所での販売部数が出る.それは第8.3図に図示したように動いている.それは1962年の売品買上げ部数の減少に対応して,この年に急減している.しかし,このあたりの期間では研究所での販売について超過需要が存在していた可能性が強いのである.売品買上げを年間600部の線に維持していても,おそらく在庫は僅少にとどまったに違いない.ところが,1964年以降になると,在庫部数は上昇し,研究所での販売部数は低下した.この販売部数低下の動きがとまるのは1969年以降のことである.

すなわち,『経済研究』に対する需要は長期的にみて減少傾向をたどった.しかし1960～63年においては,需要が回復したといえないまでも,需要の減少傾向は一時停滞した.そしてその後1964年から1969年まで需要は減少していったが,1970年代に入って安定した水準を保っているといいうるであろう.このような需要の動向は,どのように理解されるべきであろうか.

1960年,池田内閣の所得倍増計画の発表にともない,民間企業・銀行は競って長期成長計画をたてるようになる.しかし,そのころ民間企業・銀行では,

---

1) 需要動向の検討に際し,売品買上げの非売品買上げへの切換えが在庫に及ぼしたであろう影響については久保庭講師のコメントに負うところが大きい.

なお十分には経済分析の方法に習熟しておらず，そのことが，現状分析方法への関心を高め，『経済研究』への需要をもたらした点があったのではないかと考えられる．

ところが，1964～65年になると，1955年ころに出発した中期の景気循環はその停滞期を迎える．そのため，『経済研究』に対する需要も停滞してきたのではないか．それと同時に，このころより経済予測などに極めて強い偏向をもった研究機関が設立されはじめる．その典型は，1963年12月に設立された日本経済新聞社の日本経済研究センターであろう．

官庁や民間企業・銀行の調査部などは，このころまでに経済分析技術を一応マスターしつつあったし，同時に日本経済研究センターに代表されるような民間企業などの関心をより強く引く機関が設立され，それらが機関雑誌も発行しはじめていた．このようなことが，『経済研究』への需要の停滞を呼んだものと思われる．ここには，コピー機器の普及や情報の不完全性の問題もからんでいよう．

その後，1970年代に入ってからの動きは，浮動的需要層が消滅し，恒常的な需要者層が残り，安定的に需要が推移していると考えるべきなのか，にわかに判断を下しがたい．あるいは70年代に入ってからの世界経済ならびに日本経済での問題の多発が，『経済研究』への需要を安定的にしていると考えるべきなのであろうか？

それにしても，『経済研究』は，相当部数(1号当り800部)の一般的需要を維持している．通常の大学学部機関誌は，その学部の教員と学生を固定読者層とすることによって，また学会の機関誌は，その学会会員を固定読者層とすることによって成立している．しかし『経済研究』にはこのような種類の固定読者層はない．にもかかわらずそれが相当程度の読者を維持しえているのは，他の多くの経済学関係の学術雑誌が閉鎖的であるという日本の現状の中で，開放性をもっているが故ではないかと思われる．この意味からも，『経済研究』の開放性を拡大することが望ましいと考えられるのである．

8.6 『経済研究』と学界・官庁・企業での研究との関係

以上の検討を踏まえ，ここで『経済研究』における研究活動と学界・官庁・企業などでの研究動向との関係を考えてみよう．まず学界での研究をリードした分野としては，日本経済・成長過程に関する実証的・統計的研究，ソ連経済・社会主義経済に関する研究をあげることができるであろう．

この場合，日本経済研究は，①明治以降の戦前期を主要対象とし，②実物分析中心で貨幣的側面の分析が少なく，③計量経済モデル分析であるより National Bureau of Economic Research (NBER) ないし Kuznets 的分析であり，④ミクロ理論的研究よりむしろマクロ理論的研究であり，⑤日本内地の分析から日本帝国の分析へ，また貨幣的側面の分析へ，さらには明治以前および戦後の分析へと重点を移しつつある．

他方，ソ連経済・社会主義経済研究では，①初期には制度研究，産業別の現状分析，社会主義経済の基礎カテゴリー（価値・価格）などの研究が中心であったが，②最近では，それらを含め，さらに政治経済学的接近と機能的接近の2つのアプローチをもってする所有や市場と計画の問題をはじめとする機能メカニズムについての研究に重点を移してきている．

次に官庁における経済分析との関連はどうであったか．戦争直後には，経済の実態の分析方法が，官庁・民間企業などでは理解されていなかった．その時代，わが経済研究所の研究は，官庁における研究を強くリードしていた．その適例は企画庁の『経済白書』であろう．その第1回白書の執筆者が，都留重人であったことは周知のところであるが，1952年と1954年には，『経済白書』が発表された直後，われわれの研究所においてそれについての討論が行われた．これは，その後，毎年いろいろの商業的経済雑誌で行われている経済白書シンポジアムのさきがけとなったものである．

学界では毎年同一の形の研究を繰返して行うことは，予算的にいっても，労力的にいっても，あるいは研究関心的にいっても困難である．例えば，投入・産出表，ディフュージョン・インデックス，国民所得推計，計量経済モデルの

推定，白書的実態分析などがこれである．これらは一度研究を行えば，第2回目からはオリジナリティーをもたない研究となるものが多い．そして，それらを年々メンテナンスしていくには予算的にも労力的にも大学・大学研究所の能力を超えるものが多い．

他方，官庁なり民間企業なりにおいては，初期的には研究なり分析なりの方法を開発することができず，学界に依存することが多い．さきにみた『経済研究』への需要の動きも，このことを表わしているようである．しかし，一度分析方法が確立すると，官庁でも民間企業の調査部でも，それを継続して行っていける能力を，予算的にも労力的にももっているのである．

日本長期信用銀行の竹内宏調査部長は，私が常日頃尊敬している経済研究者であるが，最近次のような発言を行っている．「同じテーマについて学者が「調査」すれば，学界では「研究」といい，民間企業の調査部が「研究」すれば「調査」という．…最近，マクロ経済やミクロ経済の現状分析や見通しについては，官庁や民間の調査機関の活動が目立っている．もちろん，この分野で優れた業績をあげ，尊敬すべき見識を持っている学者は少なくないが，経済学界全体としてみると，民間よりも後れをとっている」[2]．この発言には聞くべき点が多い．しかしそこには上述したような事情が反映しているといわなければなるまい．そして1ついっておきたいことは，『経済研究』には「調査」という欄があって，毎号研究所の所員が執筆し，それが『経済研究』の1つの特徴となっているということである．「調査」とか「研究」とかいう表現にあまりこだわらない方がよいのではなかろうか．

他方，竹内も認めているように，いわゆるエコノミストの短所は，「実務家の議論ではビジョンや視角がはっきりしないことである」[3]．というより，これまでの常套的分析方法で分析が行えないような事態が起こったとき——そのときこそ現状分析の必要性が強くなる——，かれらはお手上げになってしまう可能性がある．これは，場合によっては学者の間でも起こる．このようなときこそ，

---

2) 竹内宏[53, pp. 214–215].
3) 竹内宏[53, p. 225].

研究者はそのオリジナリティーを発揮すべきなのである．ニクソン・ショック前後の状況についての理論的分析，石油危機後から最近にかけての経済状態をどう考えるかについての分析などがそれである．

8.7 『経済研究』における研究の方法

われわれの経済研究所に所属する研究者は，初期には，分析方法と地域を組み合せた行列のどこかの要素となることを要求された．例えば，国民所得に関する部門に属すると同時に，日本経済部門に属するというようにである．あるいは再生産についての部門と同時に，ソ連経済部門に属するというようにである．

これは，さきに掲げた都留の創刊のことばに示されている現実の中から問題を取上げるという理念にそうと同時に，それをなんらかの理論的発想をもち，きちんとした分析方法によって分析しようとする意図からであった．しかしその後，この研究体制はくずれていった．それとともに，われわれは，1つの重要な反省すべき状態に立たされているのではないかと思われる．もっともこのことは，『経済研究』のみに関係することではないのではあるが．

それは，理論的研究と実証的研究との分離・分断傾向である．かつて，T. C. Koopmans は，Arthur F. Burns と Wesley C. Mitchell の *Measuring Business Cycles*, 1946 に対して，あるいはより広く NBER での研究に対して，measurement without theory という批判を投げかけた[4]．当時，Koopmans はシカゴ大学にあった Cowles Commission (後エール大学に移り Cowles Foundation と改称)によっていた．この Cowles Commission での経済分析では，NBER のそれと違って measurement with theory を展開するというわけである．

そして Cowles Commission では，統計学的には計量経済モデルの同時推定方式が開発され，経済学的にはケインズ理論の大枠の中に，ミクロ理論から構築された企業と消費者の行動方程式を盛込んだ L. R. Klein の計量モデルにこ

---

4) T. C. Koopmans[34, pp. 161–172].

の統計的手法が適用され，経済変動の解析が進められたのである[5]．まさに measurement with theory の華々しい展開であった．この方法での日本経済の最初の分析として，山田勇の研究がある[6]．

その後，マクロ計量経済モデルは大型化していったが，それとともに常に行われるべき理論的反省・検討は，ますます稀薄化していき，measurement without theory へ退行していった[7]．

わが国の経済学では，理論的研究と実証的研究とを峻別しようとする傾向が強い．しかし，これは極めて危険な傾向である．理論的研究を行うに当っても，それは theory with measurement でなければならないし，また実証的研究を中心とするにしても，それは measurement with theory でなければならない．この場合 measurement とは，狭く統計データの分析というだけではなく，広く現実・実態への関心・考慮という意味において考えられてよい．マルクス流にいえば，具体から抽象へ，抽象から具体へ，このプロセスの繰返しである．理論研究者の現実無関心，現実研究者の理論的発想・分析道具の貧困，これこそ現在の経済研究における1つの重大な問題点であろう．ここでわれわれは，都留が『経済研究』の創刊のことばで述べた第1の「土俵」の外に出ることの意義を今一度考え直さなければならない．

最後に少しく視角を変え，『経済研究』に掲載された研究を政策的視点から眺めてみよう．ここに政策的というのは，時事的問題への政策的提言を含む分析かどうかということを意味する．この点からみると，『経済研究』に掲載された研究の中には，政策的視点をもつものが極めて少ない．このことは，日本における商業的経済雑誌あるいは総合雑誌の在り方とも関係している．ここにいう政策的視点をもった論文は，商業的経済雑誌や総合雑誌に掲載されることが多い．これらの雑誌は，そのときどきの時流の中に棹さして，啓蒙的な論文を掲

---

5) L. R. Klein[33].
6) 山田勇[57]．なお，日本経済についての初期の計量モデルとしては，藤野正三郎・倉林義正[24]参照．
7) この点で筆者と極めて同様な認識をしているのは，こことは違った文脈においてであるが，佐和隆光[44]である．

げるとともに，政策的発言を含んだ論文を掲載する．これらの論文は時宜に適することが必要であるので，比較的短時間のうちに発表が可能となるこれらの雑誌が強くそのメリットを発揮するのである．

しかし，他方においては，現実の政策的問題について，本格的な研究を展開するには，それらは必ずしも適当ではない．そこでは分析が上滑りになる怖れがある．したがって『経済研究』などの学術雑誌に，この種の政策的視点をもった本格的研究が掲載されることは，大いに歓迎すべきことである．今後，『経済研究』にもこのような視点をもった研究が発表されることが望ましい．

引 用 文 献

[1] Amsden, A. H. & Moser, C., Supply and Demand of Women Economists—Job Search and Affirmative Action, *American Economic Review*, Vol. 65, May 1975, pp. 83-91.
[2] Arrow, K. J. & Capron, W. M., Dynamic Shortages and Price Rises: The Engineer-Scientist Case, *Quarterly Journal of Economics*, Vol. 73, May 1959, pp. 292-308.
[3] Ault, D. E., Rutman, G. L. & Stevensen, T., Mobility in the Labor Market for Academic Economists, *American Economic Review*, Vol. 69, May 1979, pp. 148-153.
[4] Becker, G. S., Optimal Investment in Human Capital, *Investment in Human Capital*, edited by B. F. Kicker, 1971, pp. 40-50.
[5] Boddy, F. M., The Demand for Economists, *American Economic Review*, Vol. 52, May 1962, pp. 503-508.
[6] ―――, Recent Behavior of Economists' Salaries, *American Economic Review*, Vol. 61, May 1971, pp. 316-326.
[7] Campbell, R. & Siegel, N., Demand for Higher Education in the United States, *American Economic Review*, Vol. 57, June 1967, pp. 482-494.
[8] Cartter, A. M., Whither the Market for Economists? *Americn Economic Review*, Vol. 61, May 1971, pp. 305-310.
[9] Claque, E. & Morton, L., The Market for Economists―The Supply of Economists, *American Economic Review*, Vol. 52, May 1962, pp. 497-502.
[10] Cummings, W. K., *The Changing Academic Marketplace and University Reform in Japan* (岩田亮一・友田泰正訳『日本の大学教授』, 1972).
[11] Duesenberry, J. S., *Income, Saving and the Theory of Consumer Behavior*, 1949 (大熊一郎訳『所得・貯蓄・消費者行為の理論』, 1958).
[12] Farber, S. C., A Labor Shtortage Model Applied to the Migration of College Professors, *Journal of Human Resources*, Vol. 10, Fall 1975, pp. 482-499.
[13] Freeman, R. B., *The Market for College-Trained Manpower―A Study of the Economics of Career Choice―*, 1971.
[14] 藤林敬三「最近の労働異動」,『職業研究』, 10巻7号, 1956年7月.
[15] 藤村正司「大学教授市場の変化」, 新堀通也編『大学教授職の総合的研究』, 1984, pp. 52-90.
[16] 藤野正三郎『日本の景気循環―循環的発展過程の理論的・統計的・歴史的分析―』, 1965.

[17] ────「成長の局面」, 篠原三代平等編『日本経済事典』, 1981, pp. 32-41.
[18] ────「エコノミストの労働市場─移動の分析─」, *Discussion Paper Series*, No. 62, The Institute of Economic Research, Hitotsubashi University, July 1982.
[19] ────「エコノミストの年齢分布はなぜ双峰型か─エコノミスト労働市場の需給調整─」,『季刊理論経済学』, Vol. 35, April 1984, pp. 63-84.
[20] ────『所得理論』, 第2版, 1984.
[21] Fujino, S., *A Neo-Keynesian Theory of Income, Prices and Economic Growth*, 1975.
[22] 藤野正三郎・畑中康一「エコノミストの労働市場」, *Discussion Paper Series*, No. 48, The Institute of Economic Research, Hitotsubashi University, September 1981.
[23] ────・────「エコノミストの労働市場─個票にもとづく分析─」,『経済研究』, Vol. 33, July 1982, pp. 263-284.
[24] ────・倉林義正「景気変動と経済模型」,『季刊理論経済学』, Vol. 3, April 1952, pp. 159-166.
[25] 古屋野素材「東京大学大学院に関する統計資料(一)」, 東京大学百年史編集室『東京大学史紀要』, 第1号, 1978年2月.
[26] Garvin, D. A., *The Economics of University Behavior*, 1980.
[27] Hansen, W. L., Newburger, H. B., Schroeder, F. J., Stapleton, D. C., YoungDay, D. J., Forecasting the Market for New Ph. D. Economists, *American Economic Review*, Vol. 70, March 1980, pp. 49-60.
[28] Harman, L. R., The Supply of Economists in the 1970's, *American Economic Review*, Vol. 61, May 1971, pp. 311-315.
[29] 畑中康一「経済学研究者市場の分析─理論的分析─」, 関東学院大学経済学会研究論集『経済系』, 第127集, 1981年3月, pp. 31-38.
[30] 市川昭午・菊池城司・矢野真和『教育の経済学』, 1982.
[31] 慶応義塾『慶応義塾百年史』, 中巻(後), 1964.
[32] 菊井隆雄・藤村正司・村上光朗・押谷由夫「大学教授市場の変動」, 新堀通也編『大学教授職の総合的研究』, 1984. pp. 33-133.
[33] Klein, L. R., *Economic Fluctuations in the United States, 1921-1941*, 1950.
[34] Koopmans, T. C., Measurement without Theory, *Review of Economic Statistics*, Vol. 29, August 1947, pp. 161-172.
[35] 文部省大学学術局大学課「大学院特別研究生および大学院研究奨学生について」, 文部省『大学資料』, 第8号, 1957年10月10日, pp. 39-45.
[36] 中村忠一『私立大学─その虚像と実像─』, 1980.
[37] ────『私立大学─甘えの経営─』, 1981.
[38] ────『私大経営に問う』, 1984.
[39] 西川俊作「最近における工業労働者の労働異動と賃金格差─藤林仮説の統計的検証─」, 経済企画庁経済研究所『経済分析』, 11号, 1963, pp. 44-57.

引　用　文　献　　217

[40] Radner, R. & Miller, L. S., *Demand and Supply of U. S. Higher Education*, 1978.
[41] Reagan, B. B., Two Supply Curves for Economists? Implications of Mobility and Career Attachment of Women, *American Economic Review*, Vol. 65, May 1975, pp. 100-107.
[42] ─────, Stocks and Flows of Academic Economists, *American Economic Review*, Vol. 69, May 1979, pp. 143-147.
[43] Samuelson, P. A., The Pure Theory of Public Expenditure, *Review of Economics and Statistics*, Vol. 36, November 1954, pp. 387-389.
[44] 佐和隆光「マクロ計量モデルの有効性」,『経済セミナー』, 1980年2月, pp. 24-31.
[45] Schultz, T. W., Investment in Human Capital, *American Economic Review*, Vol. 51, March 1961, pp. 1-17.
[46] ─────, Investment in Human Capital: Reply, *American Economic Review*, Vol. 51, December 1961, pp. 1035-1039.
[47] Scott, C. E., The Market for Ph. D. Economists: The Academic Sector, *American Economic Review*, Vol. 69, May 1979, pp. 137-142.
[48] Shaffer, H. G., Investment in Human Capital: Comment, *American Economic Review*, Vol. 51, December 1961, pp. 1026-1034.
[49] 新堀通也『日本の大学教授市場』, 1965.
[50] Somers, G. G., The Functioning of the Market for Economists, *American Economic Review*, Vol. 52, May 1962, pp. 509-525.
[51] Strauss, R. P., A Young Economist's Views on the Market, *American Economic Review*, Vol. 61, May 1972, pp. 327-333.
[52] Strober, M. H., Women Economists: Career Aspirations, Education, and Training, *American Economic Review*, Vol. 65, May 1975, pp. 92-99.
[53] 竹内宏『路地裏の経済学』, 1979.
[54] 寺崎昌男・古屋野素材「戦前の大学院」, 宮原将平・川村亮編『現代の大学院』, 1980, pp. 15-33.
[55] タイル, H.(溝口敏行監訳　森崎初男・佐伯親良訳)『計量経済学序説』, 1982.
[56] 東京大学経済学部『東京大学経済学部五十年史』, 1976.
[57] 山田勇「ケインズの動態体系による日本経済構造の分析」,『一橋論叢』Vol. 19, No. 5-6, 1948, pp. 25-42, Vol. 20, No. 5-6, 1949, pp. 53-64(山田勇『経済の計量』, 1949, pp. 40-84に再計算して収録).
[58] 山野井敦徳「大学人はいかに移動するか」, 新堀通也編『学者の世界』, 1981, pp. 114-143.
[59] ─────「大学教授市場の変動と大学教師のキャリア形成」, 新堀通也編『大学教授職の総合的研究』, 1984, pp. 134-178.
[60] 山崎博敏「大学院修了者の雇用構造と大学教授市場」, 新堀通也編『大学教授職の総合的研究』, 1984, pp. 220-236.

索　引

事項索引

〔イ〕

移動
　——供給(者)　150, 151, 161
　——行列　161-163, 166, 168, 170, 178
　——コスト　151, 155, 159, 161, 168, 177
　——市場　150
　——者の生年分布　183
　——需要(者)　150, 151, 161
　——選好関数　69, 169, 179
　——選好スケール　161, 177
　——選好表　168-183
　——度数分布　161-162
　——率　145-149

〔エ〕

エコノミスト
　——の移動　144
　——の個票　68-72, 75, 85
　——の生年(年齢)分布　108-114, 123, 129, 141, 142
　——の大学間移動　144-149
　——(の労働)市場　68, 69, 73, 110-114, 118, 120-125, 132-136, 138, 141, 142, 144-146, 149, 171

〔オ〕

オーバー・ドクター　37, 43, 48, 63-65, 67, 68, 110, 143

〔カ〕

外部経済　13
学生数の決定　22-26
学歴別の累積所得　5
間接効用関数　4

〔キ〕

期待収入　7
期待生涯所得　2, 5-9, 11, 28, 33, 35, 39, 40, 42
　——仮説　4
　——要因　29
期待所得　2, 3
規模間移動行列　161
規模(間移動)選好表　172, 176, 177
規模間弾力性　177, 183
規模の経済　20, 25
規模の不経済　20
規模別平均人件費　19
客観的需要曲線　27
旧 SNA　204
旧制大学　64, 66, 130
旧制大学院　126, 129-131, 133, 142
教育
　——研究型の大学院教育需要　40
　——コスト　2, 3, 7, 9, 67
　——サービス　1, 2, 12, 14, 23, 24
　——資金　9, 10
　——需要　24
　——投資　3
教員
　——需要　17, 19, 20
　——投入　16, 20
　——投入係数　16, 17
　——投入量　20
　——費用　19, 20
強制的移動　148
均斉成長状態　34
金融学会　72, 102-105, 109

〔ケ〕

Keynes型投資理論　3
経済学史学会　72, 103-105, 109
経済理論学会　72, 102-105, 109
ケインズ理論　42, 211
限界生涯所得　6
限界必要資本係数　34
限界必要人的資本係数　34, 35
限界費用　25
研究奨学生　126-130, 133, 140
建設循環　120, 123, 133
建設投資　45

〔コ〕

Cowles Commission (Cowles Foundation)　211
公共財　12
後発型大学出身者の生年分布　123-126
効用関数　8, 10, 40
国際経済学会　72, 103-105, 109
国民所得の3側面　197
個人財　12, 13
competing group　24, 25

〔サ〕

在庫投資　45
産出量・労働比率　34
参入率　145, 146

〔シ〕

識別問題　27
市場機構と諸制度　12
私大賃金上昇率　53-55
ジニ係数　87-90
自発的移動　144-146, 149-153, 157-162, 165-168, 170, 186
自発的移動行列　163, 164
自発的移動者の生年分布　184-186
自発的移動度数　170, 171
自発的移動の選好関数　174, 175, 179
資本・産出量比率　34
社会経済史学会　72, 103-105, 109
収穫逓減　8
修士課程　121, 123, 155
修士入学者数　122
終身在職権　148
授業料の決定　22-26
出身大学　144, 149, 156, 157, 159, 161
出発大学　144-145, 155, 156, 159, 161, 162
出発母集団サイズ　171
生涯所得　1, 4, 9
私用財　12, 13
消費関数　6
職業特性ベクトル　4
私立大学の経済行動　12-16
私立大学の費用関数　16-22, 25
新規参入者　114, 115, 147, 184, 186
新古典派成長モデル　34
新SNA　202
新制大学　64, 66, 122, 126, 129
新制大学院　122-126, 128-130, 133, 140-142
人的資本　34, 35
人的資本理論　3, 4

〔ス〕

Sweezy型の屈折をもった需要曲線　24-25

〔セ〕

成長率調整モデル　47
設置者間移動　163, 166, 168, 170, 172
設置者間移動(についての)選好表　169, 177
設置者(間選好の)弾力性　177, 178, 183
設備投資　45
先発型大学出身者の生年分布　123-126

〔ソ〕

相対所得仮説　6
想定需要関数(曲線)　24, 27
双峰型の生年(年齢)分布　110, 112, 113,

索　引

129, 141-142, 184, 186

〔タ〕

大学院
　——教育　　1, 39-41, 44, 48, 65
　——教育サービス　　44
　——教育の需要　　39, 40
　——大学　　66, 67
大学エコノミスト　　69
大学学生数　　13, 14
大学学部教育市場　　1
大学教育
　——コスト　　3
　——サービス　　14, 23
　——資金市場　　10
　——支出の内部収益率　　5
　——市場　　27
　——(への)需要　　1-11, 12, 23, 27-33, 35, 39-42
　——需要関数　　27-33, 38
　——需要の長期所得弾力性　　33
　——需要量　　27, 28
　——の供給　　12-26, 27
　——の経済的分析　　1
　——のデモンストレーション効果　　6, 9
　——費　　10
大学教員
　——供給のブロック化現象　　156
　——(についての)生年分布　　113, 114, 142, 143
　——市場　　1, 37-67, 68, 69, 108, 110, 120, 136-143, 146, 149
　——需要関数　　37, 38
　——需要量　　37
　——賃金　　48-57
　——の供給　　39-41
　——の超過供給　　37, 43
　——の年齢分布　　110, 113
　——への需要　　37-39, 56
大学行動の理論的分析　　15
大学授業料　　10

大学進学率　　4, 28-30, 34, 35, 38
大学卒業者(大卒)の労働市場　　1, 27, 33-36, 65-67
大学・大学院制度の改革　　63-67
大学の目的関数　　15
耐久消費財としての大学教育需要　　5-9, 28
退出率　　145, 146
大卒労働供給　　35
大卒労働需要　　35
他律的移動　　149-150
短期大学　　4, 5, 13, 30, 33
短大教育需要の長期所得弾力性　　33
短大(短期大学)進学率　　4, 5, 29
単峰型の生年(年齢)分布　　110, 111, 113, 114, 129, 143

〔チ〕

地域間移動　　163, 164, 166-168, 173
地域間(移動)選好表　　169, 170, 172, 173, 176, 181, 183
地域弾力性　　177, 183
中期の景気循環　　133, 208
長期波動　　133, 135, 136, 142, 143
長期費用曲線　　23

〔テ〕

ディフュージョン・インデックス　　209
定年分布　　152
デモンストレーション効果　　6, 9, 11, 28

〔ト〕

動学的需給調整　　136
動学的調整関数　　136
投資の限界効率　　5
到着大学　　155, 156, 159, 161, 162, 165, 172
到着母集団サイズ　　171
投入産出表　　209
特別研究生(特研生)　　126-130, 133, 140
土地制度史学会　　72, 103-105, 109

〔ナ〕

National Science Foundation 147
National Bureau of Economic Research (NBER) 209, 211

〔ニ〕

日本育英会 127, 128
日本経済政策学会 72, 102-105, 109
日本財政学会 72, 102-104, 109
日本統計学会 72, 103-105, 109

〔ハ〕

博士課程 118, 120-123, 135, 136, 141, 143, 155
博士入学者数 120
Harrod 型経済成長理論 34

〔ヒ〕

非金銭的特性 7, 40
非自発的移動 145, 146, 149-153, 157, 160-163, 166, 168, 179-183
非自発的移動行列 167
非自発的移動者の生年分布 186-188
非自発的移動度数 172
非自発的移動の選好関数 180-182
非自発的失業 42
非組織型の大学院教育需要 40

費用関数 16, 22

〔フ〕

Fisher 型投資理論 3
Fisher-Keynes 型の投資理論 3
prestige の効用極大化行動 15
分布ラッグ 31, 46

〔ヘ〕

平均教員費用曲線 20
平均人件費曲線 19, 20
平均総費用 22
平均総費用曲線 22

〔ホ〕

ボス・システム 149

〔モ〕

文部省 4, 13, 17, 19, 29, 49, 50, 58, 59, 74, 113, 126, 127

〔リ〕

理論・計量経済学会 72, 102-105, 109, 204

〔ロ〕

労働省 28, 30, 50
労働増大的技術進歩 34

人名索引

〔A〕
Amsden, A. H.　68
Arrow, K. J.　42
Ault, D. E.　68

〔B〕
Becker, G. S.　3
Boddy, F. M.　68
Burns, A. F.　211

〔C〕
Campbell, R.　27
Capron, W. M.　42
Cartter, A. M.　68
Claque, E.　68
Cummings, W. K.　149, 150, 153, 154

〔D〕
Duesenberry, J. S.　6

〔E〕
江口英一　170

〔F〕
Farber, S. C.　147, 148
Fisher, I.　3
Freeman, R. B.　3, 4, 6, 7, 40, 42
藤林敬三　146
藤村正司　113, 156
Fujino, S.　34
藤野正三郎　34, 45, 68, 70, 113, 120, 212
古屋野素材　126, 132

〔G〕
Garvin, D. A.　15

〔H〕
Hansen, W. L.　42, 68
原広和　68
Harman, L. R.　68
Harrod, R. F.　34
畑中康一　7, 68, 69, 70
東より子　189
堀内昭義　189

〔I〕
市川昭午　5, 30

〔K〕
金子匡　129
刈屋武昭　173
Keynes, J. M.　3
ケインズ　211
菊池城司　5, 30
菊井隆雄　113
Klein, L. R.　211, 212
Koopmans, T. C.　211
久保庭真彰　189, 207
倉林義正　212
Kuznets, S.　209

〔M〕
マルクス　196, 212
Miller, L. S.　14, 27
Mitchell, W. C.　211
宮地幹夫　68
Morton, L.　68
Moser, C.　68
村上光朗　113

〔N〕
中村忠一　50, 51
Newburger, H. B.　42, 68

西川俊作　68, 146
野島教之　68

〔O〕
押谷由夫　113

〔R〕
Radner, R.　14, 27
Reagan, B. B.　68
Rutman, G. L.　68

〔S〕
Samuelson, P. A.　12
佐和隆光　212
Schroeder, F. J.　42, 68
Schultz, T. W.　3, 5, 6
Scott, C. E.　68
Shaffer, H. G.　5, 6
新堀通也　156
Siegel, N.　27

Somers, G. G.　68
Stapleton, D. C.　42, 68
Stevensen, T.　68
Strauss, R. P.　68
Strober, M. H.　68
Sweezy, P. M.　24, 25

〔T〕
竹内宏　210
寺崎昌男　126
タイル, H.　27
都留重人　189, 190, 209, 211, 212

〔Y〕
山田勇　212
山野井敦徳　146, 149, 156
山崎博敏　57
矢野真和　5, 30
YoungDay, D. J.　42, 68

■岩波オンデマンドブックス■

一橋大学経済研究叢書 36
大学教育と市場機構

1986年3月7日　第1刷発行
2018年5月10日　オンデマンド版発行

著　者　藤野正三郎

発行者　岡本　厚

発行所　株式会社　岩波書店
〒101-8002　東京都千代田区一ツ橋2-5-5
電話案内　03-5210-4000
http://www.iwanami.co.jp/

印刷／製本・法令印刷

© 藤野左由里 2018
ISBN 978-4-00-730752-2　Printed in Japan